LE CUISINIER ROÏAL
ET BOURGEOIS;

QUI APPREND A ORDONNER TOUTE
forte de Repas en gras & en maigre , &
la meilleure maniere des Ragoûts les plus
delicats & les plus à la mode.

*Ouvrage tres-utile dans les Familles , &
fingulierement neceffaire à tous Maîtres
d'Hôtels, & Ecuiers de Cuifine.*

Nouvelle Edition , revûë , corrigée & beaucoup
augmentée, avec des Figures.

A PARIS,

Chez CLAUDE PRUDHOMME, au Palais, au fixiémé
Pilier de la Grand' Sale, vis-à-vis la Montée de la
Cour des Aides , à la Bonne-Foi couronnée.

M. DCCV.

AVEC PRIVILEGE DU ROY.

PREFACE.

UOYQUE quelques-uns aïent voulu imputer le peu de durée de la vie de l'Homme, à son éloignement de la maniere de vivre simple & frugale de nos premiers Peres, & à la multitude des Ragoûts & assaisonnemens dont il a cherché le secret ; il est certain qu'on ne sçauroit le blâmer en cela sans injustice , & sans faire injure à la Providence , qui a créé tant de choses pour ses besoins, lorsqu'il ne donne point dans l'excés , & qu'il n'oublie pas les devoirs de son état.

Ce n'est en effet que par ce principe, qu'on a lieu de condamner

le luxe de ces Princes de l'Antiqui-
té, qui non contens de faire venir
pour leur Table, avec des frais im-
menfes, tout ce qu'il y avoit de
plus rare dans les autres parties du
Monde, portoient encore leur ma-
gnificence à faire fervir en breuva-
ge des perles d'un prix infini ; tandis qu'ils étoient remplis d'autant
de dureté pour les autres , qu'ils
avoient de mollefe pour eux-mê-
mes , & d'aveuglement fur le fait
de la Religion.

Mais quand on eft auffi éloigné
de ces dereglemens, qu'on le doit
aujourd'hui préfumer de l'Homme,
aprés les lumieres dont il a été é-
clairé, & les exemples qu'on verra
dans ce Livre, n'eft-ce pas rendre
une efpece d'hommage à la main
liberale dont on a reçû tant de
biens , que d'en fçavoir ufer de la
maniere la plus parfaite? Et quand
tous ces Ragoûts pourroient contribuer à la corruption du corps,
n'eft-il pas vrai auffi qu'ils fervent

à le foûtenir , & à empêcher le
dégoût que l'affoibliſſement de
ſa nature & les ſoins qui l'agitent
lui communiquent bien-tôt, même dans l'uſage des choſes les plus
délicates , s'il ne ſçait les relever
par la varieté, ou par la nouveauté
des aſſaiſonnemens ?

L'Homme n'eſt pas par-tout
capable de ce diſcernement, qui
eſt neanmoins un raïon de ſa raiſon & de ſon eſprit. Si l'on en
croit les Relations , on void des
Peuples entiers , qui bien loin de
s'entendre aucunement à réveiller
l'appetit , par les apprêts qu'ils
pourroient faire des Mets propres
à leur nourriture , ignorent l'ex-
cellence & la bonté de la plûpart ; leur preferent même ſouvent
ce qu'il y a de plus ſale , ou ne
les mangent que de la maniere la
plus dégoûtante. Ce n'eſt qu'en
Europe où regne la propreté , le
bon goût , & l'adreſſe dans l'aſ-
ſaiſonnement des Viandes & des

alimens qui s'y trouvent , & où
l'on rend en même - tems juſtice
aux dons merveilleux que fournit
l'heureuſe ſituation des autres Cli-
mats ; & l'on peut ſe vanter, principalement en France , de l'emporter en cela ſur toutes les autres
Nations , comme on le fait en po-
liteſſe , & en mille autres avanta-
ges aſſez connus.

Ce Livre en peut être un aſſez
bon témoignage. C'eſt un Cuiſinier qui oſe ſe qualifier Roïal,
& ce n'eſt pas ſans raiſon ; puiſque
les Repas qu'il décrit pour les differens tems de l'année , ont tous
été ſervis depuis peu à la Cour,
ou chez des Princes , & des Perſonnes du premier ordre : Et mon-
trant enſuite à pratiquer ce qui
compoſoit tous ces Repas , il
donne les veritables manieres des
Officiers de chez le Roy, qui y
ont travaillé ; ainſi l'on peut dire
que c'eſt tout ce qu'il y a de plus
à la mode, & de plus exquis.

PREFACE.

L'on trouvera donc ici, bien des chofes inconnuës dans les Livres de Cuifine imprimez ci-devant; & d'autres dreffées avec beaucoup plus d'art & d'un meilleur goût, auffi-bien qu'expliquées d'une façon plus claire & plus intelligible. Dans cette vûë on n'a rien oublié de tout ce que l'art peut apprendre pour rendre les chofes plus fucculentes & plus riches; & neanmoins on avouëra qu'on ne va point au-delà de ce qui peut fe recouvrer affez facilement. Que fi l'on fe rencontre en des lieux, ou des conditions qui ne permettent pas d'y atteindre, on ne laif-fera pas fouvent de bien faire à moins, tâchant d'en approcher le plus prés que l'on pourra; & c'eft en quoi ce Livre ne fera pas inutile dans les Maifons Bourgeoifes, où l'on eft reduit à s'en tenir à peu de chofe : outre qu'il s'y peut prefenter des occafions où l'on eft bien-aife, & quelquefois obligé de donner des Repas qui paffent une dépenfe mediocre ; & alors, comme un Cuifinier peut avoir tout ce qu'il faut, il eft neceffaire qu'il fçache l'emploïer avec efprit, afin de s'en faire honneur.

Il y a d'ailleurs dans ce Livre, mille manieres de chofes affez communes, comme Poulets, Pigeons, & même pour la Viande de Boucherie, qui peuvent donner beaucoup de fatisfaction dans des Ordinaires paffables, fur-tout à la Campagne & dans les Provinces : & l'on peut dire generalement, qu'on n'y a rien omis qui puiffe contribuer à faire vivre un Maître agreablement, & à foulager ceux qui ont foin de lui apprêter à manger ; puifque, toûjours fans s'écarter des meilleures manieres qui font à prefent en ufage, on s'eft étendu à tout ce qui fe peut fervir fur toutes fortes de Tables, fi l'on en excepte ce qu'on appelle du dernier Bour-

geois ; à quoi il auroit été fort
inutile de s'arrêter, parce qu'on
en vient aifement à bout, quand
on fçait faire les autres chofes
qu'on marque ici.

Aprés avoir ainfi rendu compte
du deffein de ce Livre, & de la
fûreté des Inftructions qu'on y
donne, nôtre Cuifinier ne craint
pas qu'on le cenfure; à moins que
ce ne foit en ce qu'il divulgue les
fecrets de fon Art, pour obliger
le Public : ce qui eft affez pardon-
nable, l'utilité commune devant
l'emporter fur celles des particuliers. Il peut arriver qu'en travail-
lant differemment, on fera auffi-
bien : il eft libre là-deffus, de fui-
chacun fa metode, parce que tout
revient au même, pourvû que les
chofes foient d'une grande propreté, d'un bon goût, & dreffées avec
efprit.

On s'étoit propofé d'ajoûter ici
ce qui regarde les Officiers, pour
le Deffert, les Confitures & les

PRÉFACE.

Liqueurs : mais comme ce Volume a paru aff.z gros fans cela, on s'eft contenté d'en toucher quelques articles par occafion ; fça_voir, des pieces d'Entremets, & d'autres qui fervent pour garnitures : & on a refervé d'en traiter à fond dans un autre Voulume, qui n'eft pas d'un moindre fecours que celui-ci, & qui merite d'être reçû auffi favorablement que l'ont été les precedentes Editions, qui n'ont pas plûtôt paru qu'elles ont été portées dans toutes les Provinces, où elles ont été tres-bien reçûës de ceux qui les ont euës.

A l'égard de cette Edition du Cuifinier Roïal & Bourgeois, on peut dire qu'elle eft augmentée d'une quantité de Ragoûts qui n'ont point encore paru ; ce qui fait efperer que l'on n'aura pas moins d'empreffement à les voir & à les pratiquer que les autres.

APPROBATION.

J'AY lû par ordre de Monfeigneur le Chancelier, un Livre intitulé : *Le Cui-finier Roïal & Bourgeois,* avec fa fuite ; & je n'y aï rien trouvé qui doive en empêcher l'Impreffion. A Paris ce 24. Mars 1703.

Signé, POUCHARD.

TABLE
DES REPAS
ET INSTRUCTIONS
contenuës dans ce Livre.

TABLE DES REPAS, &c

TABLE

DES REPAS, &c.

TABLE DES REPAS, &c.

Voïez là-deffus, la Table des Matieres qui eft à la fin du Livre.

Fin de la Table des Repas.

Le prix de ce Livre eft de 36. fols, relié en Veau.

LE

LE
CUISINIER
ROÏAL
ET
BOURGEOIS,

Qui apprend à ordonner toutes
fortes de Repas en gras & en
maigre, & la meilleure maniere
des Ragoûts les plus délicats &
les plus à la mode.

REPAS,
Pour le mois de Janvier.

LORSQU'IL fera queftion de
donner un Repas reglé, vous obferverez le nombre des perfonnes
pour placer vos couverts, & vous aurez
égard à la qualité des Viandes pour les bien

A

ordonner, afin d'éviter le voifinage de deux
plats d'une même façon , fans en intermedier un d'une autre forte ; car autrement la
chofe feroit de mauvaife grace , & pourroit contraindre le goût de quelques-uns de
la table, chacun n'aimant pas la même chofe.

Vous obferverez aufli la forme de la Table , foit ronde , foit ovale ou quarrée, pour
la difpofition de vos Plats & de vos Couverts ; afin qu'il y ait un tel ordre , que
chacun puiffe prendre ce qui conviendra à
fon apetit , & que ceux qui ferviront ne
foient contraints en rien & n'incommodent
perfonne en fervant ou deffervant , qui eft
une chofe fort defagreable , & qui neanmoins n'arrive que trop fouvent.

Tres-peu de perfonnes ignorent ce que
c'eft que nous appellons , en terme de Cuifine , une Entrée ; neanmoins , pour donner une idée de ce que c'eft , nous dirons
que c'eft une forte de Mets qui fe fert immédiatement aprés le Potage , & avant tout
autre Mets. On fert rarement pour Entrée
du Rôti ; mais affez fouvent des pieces de
four , telles que des Tourtres de beatilles à
la moëlle, de pigeonneaux, &c. comme auffi des Pâtez de Gaudiveau, d'Affiette, Pâtez
à la Cardinal , à l'Angloife & autres chofes femblables ; les Ragoûts , les Hachis ,
les Gribelettes , le Boudin blanc , les An-

doüillettes , les Saucisses , le Bœuf à la mode, les Fricassées & autres pareilles Viandes que l'on peut servir chaudes, composent ordinairement les Entrées des bonnes Tables , car rarement on sert des viandes froides pour Entrée.

Supposé qu'on veuille faire une Table de douze Couverts , on peut servir à chaque Service, un bassin au milieu, quatre moïens Plats , & quatre Hors-d'œuvres: par exemple.

Premier Service.

Potages & Entrées.

Deux Potages : un moïen plat d'une Bisque de Pigeons, & l'autre d'un Chapon aux racines.

Les deux autres moïens plats pour Entrées ; l'un d'un Pâté de Perdrix , chaud.

Et l'autre de Poulardes aux truffles, garni de fricandeaux.

La grande Entrée,

Sera de deux Ros de Bif , garni de cotelets de Veau mariné frites , un degout par-dessus , pour le bassin du milieu.

Pour les Hors-d'œuvres.

Un Poupeton de Pigeons.
Un plat de Cailles à la braise.

A ij

Un de Poulets farcis, coulis de champignons.

Un de Perdrix, fauſſe à l'Eſpagnol.

SECOND SERVICE.

Le Rôt,

Sera compoſé de deux moïens plats.

L'un d'un petit Dindon garni de Perdrix, petits Poulets, Becaſſes & Mauviettes.

Et l'autre d'un quartier d'Agneau garni
de même.

Pour l'Entremets.

Une Tourte de crême pour le baſſin du
milieu, garni de feuillantines, de fleurons,
& de beignets au lait.

Les deux autres moïens plats; l'un d'un
Pain au Jambon, garni de petites rôties de
Pain & de Citron.

Et l'autre de Jambon, & autre Salé.

Les Hors-d'œuvres.

Seront; l'un d'un Blanc-mangé,

L'autre de Foies-gras;

Le troiſiéme, d'Aſperges en ſalade;

Et le quatriéme, de Truffles au court-
boüillon.

TROISIE'ME SERVICE.

C'eſt le Fruit & les Confitures , dont on ſe diſpenſera de parler , parce que c'eſt une affaire d'Officier , plûtôt que de Cuiſinier.

Il s'eſt donné un ſemblable Repas le 15 Février chez Monſieur le Duc de Chartres, à Mademoiſelle.

Au lieu de ce qui fut ſervi pour le Rôt, on peut compoſer les deux plats ; l'un , de deux Poulardes graſſes , quatre Poulets de grain , ſix Pigeons de voliere.

L'autre , d'un Oiſeau de riviere, quatre Perdrix , quatre Becaſſes & douze Becaſſines.

Voïez ci-après la liſte de ce qu'on peut ſervir pour diverſifier les Entrées & Entremets , de même que pour les Repas ſuivans.

On ſe reglera aiſément ſur ce premier Repas , pour l'ordonnance & la diſpoſition des autres qu'on voudra faire plus grands , augmentant le nombre ou la grandeur des plats , à proportion du nombre des perſonnes & des Couverts.

REPAS,

Aux mois de Février & Mars.

PREMIER SERVICE.

Entrées.

ON peut donner pour entrées,
Un Pâté chaud de Lapreaux &
Perdrix, dans lequel on mettra en servant
quelque bon Coulis de Perdrix, ou autre
Ragoût.

Un Poupeton farci de vingt ou trente
Pigeonneaux, suivant le nombre des personnes, avec toutes sortes de garnitures.

Un plat de Brusolles à la braise, un
Coulis par-dessus.

Un de Ris-de-Veau farcis à la braise, un
Ragoût par-dessus.

Une Marinade de Poulets frits.

Une Poularde à l'Angloise rôtie, Ragoût par-dessus en servant.

Un plat de Filets en tranche au Jambon.

Un de Croquets.

Un de Filets de Poularde au concombre.

Un de Fricandeaux farcis en Ragoût.

SECOND SERVICE.

Le Rôt.

A proportion des Entrées que l'on aura fervi, & du monde qu'il y aura à Table, fera de trois grands plats, compofez de toute forte de Gibiers de la faifon ; & quatre Salades dans les angles.

Pour l'Entremets.

Douze plats ; fçavoir, un plat de Jambon, garni de Langues fourrées, & Sauciffons de Boulogne.

Une Tourte de crême garnie de Tartelettes.

Un Blanc-manger de divers couleurs de Gelées.

Un plat d'Afperges à la crême.

Un de Morilles à la crême.

Un de Ris-de-Veau & crêtes farcies en en ragoût.

Un de Ris-de-Veau mariné frit.

Un de Foies-gras à la Crêpine, grillez.

Un dè Roignons de Chapons.

Un pain au Jambon.

Un plat de Truffles au court-boüillon.

Un Ragoût de Ris-de-Veau, Champignons & Morilles.

A iiij

Monsieur Langlois a donné un Soupé pareil à celui que nous venons de spécifier, le 28 Mars à Monsieur le Duc d'Orleans. Il y avoit pour Monsieur seul, un potage de santé, composé d'une Poularde aux œufs, & d'un Chapon.

Pour ce Repas, on fit rôtir des Poulardes, Poulets & Perdrix, qui ne servirent qu'à faire les Farces ; par exemple, la Farce des Croquets. L'on prit pour cela l'estomac & les cuisses de ces Volailles ; & on laissa quelques filets pour les Entrées. Cette Farce se fit avec du lard blanchi, de la tetine de Veau cuite, quelques Ris-de-Veau blanchis, des truffles & champignons hachez ; de la moëlle, une mie de pain trempée dans du lait, toute sorte de fines herbes, un peu de fromage à la crême, & de la crême de lait : le tout bien haché & assaisonné, on y mit quatre ou cinq jaunes d'œufs, & un ou deux blancs ; & l'on se servit de cette Farce pour les Fricandeaux, Croquets, & Filets mignons. On forme les Croquets en rond, de la grosseur d'un œuf ; il faut les paner en même-tems, les laisser reposer sur un plat, les frire avec du saindoux, & les servir chaudement.

Les carcasses des Volailles servent à faire differens Coulis, pour diversifier les Ra-

goûts. On peut faire un Coulis de pain ,
de perdrix, de poularde , de poulets , effence de Jambon, du jus de bœuf & de veau :
on paffe les Ragoûts des Entrées & Entremets à part , dans differentes cafferoles , &
par-tout un bouquet de fines herbes. Ceux
où il y entre de la crême , doivent être paffez au bon beurre de Vanvre , ou autre femblable , & un peu de farine à chaque Ragoût ; lequel étant paffé & cuit , on y met
de la crême , & en fervant on les lie avec
quelques jaunes d'œufs.

On trouvera ci-aprés la maniere d'accommoder le refte que nous avons marqué,
tant pour les Entrées, que pour l'Entremets,
aprés que nous aurons parcouru les autres
mois de l'année, & vû ce que l'on peut fervir dans chaque faifon , comme nous avons
commencé de faire.

REPAS,

Pour le même mois de Mars.

PREMIER SERVICE.

Potages.

ON peut servir un Potage de Chapon, coulis de foies d'Agneau.

Un peu de tête d'Agneaux à la purée verte, garni de pieds de même, &

Une Poularde en Bisque.

Grandes Entrées.

On donnera une grande piece de Bœuf.

Une Poitrine de Veau farcie en Ragoût.

Et une fricassée de Poulets, garnie d'une Marinade de Poulets.

Les petites Entrées seront,

Une de Cotelettes de Mouton grillées sur le gril.

Et l'autre de petits Boüillons faits de Blanc de Chapon.

SECOND SERVICE.

Pour le Rôt.

Un plat de Rôt d'un Chapon pané, garni

de trois Pigeons & de trois Poucts.

Un Gigot de Mouton pané , garni de même.

Une Longe de Veau , garnie d'une Marinade de Veau autour.

Un Plat de deux Canards rôtis , une fauffe deffus.

Un de deux Lapins.

Et pour les petits plats , des Poulardes panées.

L'Entremets.

Sera d'un Ragoût d'Artichaux.

Un plat de Truffles , & de Foies-gras en ragoût.

Une Tourte de crême , & un Blanc-manger.

Un plat de Champignons panez mis dans le four.

Un d'œufs frais à la Huguenotte.

Un Pain au Jambon.

Des Beignets de pomme.

Et deux affiettes de Salé.

Ce fut le Dîné de Monfieur le Duc d'Orleans , le 26 Mars jour de Pâques.

POUR LE SOUPE'.

Potages.

UN Potage de ſanté, avec un Chapon.
Une Biſque de Chapon, ou de Pigeons.

Et un Potage avec une Poularde aux œufs, rien que bon jus.

L'Entrée.

Des Ris-de-Veau piquez, rôtis, une bonne ſauſſe deſſous.

Deux Poulardes rôties, un ragoût deſſous.

Et une Compote de Pigeons.

Le Rôt.

Une Longe de Veau garnie de trois Pigeons & trois Poulets, moitié piquez, moitié bardez.

Une Eclanche de Mouton panée, garnie de même.

Un plat de deux Lapins piquez.
Et un de ſix Pigeons rôtis.

L'ordinaire de chez Monſieur, regulierement eſt de la même force qu'on vient de dire. Tout ce qu'il y a, c'eſt que l'on

déguife les Potages & Entremets, fuivant
la faifon des Legumes.

Chez Madame, on fert ordinairement
un grand Potage, un grand plat de Rôti,
un plat d'Entremets, & deux petits plats
chaque fervice.

L I S T E

De ce qu'on peut fervir, outre les
Plats ci-deffus, durant les mêmes
mois de Janvier, Février & Mars.

Potages.

POtage d'Aloüettes à l'Angloife, Po-
tage de Cailles au Boüillon brun, Po-
tage de Chapon defoffé, aux Cardes &
Fromage,
Potage de Cochon de lait.
Potage d'Echignée de Porc aux Pois paffez,
Potage de Faifans au pot-pourri,
Potage au Fromage, ou Jacobine,
Potage de Gigot de Veau farci,
Potage de Gelinote aux Choux de Milan,
Potage de Lapreaux à l'Italienne,
Potage de Mauviettes au Boüillon brun,
Potage d'Oie graffe aux Navets,
Potage de Perdrix aux Champignons,
Potage de Perdrix, à la Reine & à la Roïale,

Potage aux Pigeonneaux gorgez.
Potage de Poule d'Inde à l'Allemande,
Potage de Poulets farcis,
Potage de Ramiers aux choux verds.
Potage de Ris,
Potage de Sarcelle aux Navets paſſez.

Entrées.

Agneaux en Ragoût,
Allouëttes en Ragoût à l'Angloiſe.
Aloïau à l'Angloiſe,
Andoüilles de Porc,
Andoüillettes à l'Eſpagnole,
Boudins,
Cochon de lait au blanc,
Eclanches de pluſieurs manieres,
Epaule de Mouton en Ragoût,
Gigot de Veau étouffé,
Grillade de Poulet d'Inde froid,
Hachi de blanc de Perdrix,
Levraut à la Suiſſe,
Pigeonneaux à l'Italienne,
Poule d'Inde au Pot-pourri,
Poulets à l'Eſpagnole,
Pot-pourri d'Oiſons,
Queuë de Mouton à la Suiſſe,
Sauciſſes,
Vinaigrette de Bœuf.

On ſert auſſit des Pâez chauds de pluſieurs ſortes, que l'on trouvera à la fin,

aprés ce qui regarde chaque Saison, avec les Pâtez froids & les Tourtes, qui se peuvent servir pour Entremets ; parce que cela s'étend à presque toute l'année.

Il en est de même de plusieurs autres pieces d'Entremets, dont on pourra donner aussi un supplément general, quoiqu'il y en ait un assez grand nombre dans les Repas qui sont décrits pour les mois suivans.

A l'égard du Rôti, on peut servir les Viandes suivantes.

Alloüettes,
Becasses,
Becassines,
Beutors,
Bizets,
Cailles,
Canards,
Chapons gras,
Chapons paillers,
Gelinottes de Bois,
Faisans,
Lapins,
Levraux,
Oies-grasses,
Mauviettes,
Perdrix,
Pigeons de voliere,
Pluviers,
Poulets de grain,

Poulets d'Inde,
Poules châtrées, ou Poulardes
Ramiers,
Sarcelles,
Tiers,
Vanneaux.

Ces mêmes Viandes font auffi dans leur faifon pour les mois d'Octobre, de Novembre & de Decembre ; & l'on peut y en ajoûter quelques-unes des mois prochains, que l'on marquera ci-aprés en fon rang.

REPAS,

Pour le mois d'Avril.

Premier Service.

Potages.

DEux Potages ; une Bifque de Pigeons ; & un Potage de fanté, avec une Poularde.

Entrées.

Un quartier de Mouton farci,
Une Poularde en ragoût,
Une Poitrine de Veau farcie ;
Des Pigeons au Bafilic, avec une petite Farce.
Et la grande piece de Bœuf au milieu.

Second

SECOND SERVICE.

Pour le Rôt.

Un grand plat de Rôt : compofé de diverfes Volailles fuivant la faifon, & deux Salades.

L'Entremets.

Un Pain au Jambon.

De la Crême brûlée.

Un Ragoût de Ris - de - Veau & Foies gras.

Un plat d'Afperges, fauffe au jus lié.

C'eft ainfi fept plats à chaque Service.

Monfieur le Marquis d'Arci, ci-devant Ambaffadeur du Roi à Turin, & depuis Gouverneur de Monfieur le Duc de Chartres, donna un femblable Repas chez lui, le 10 Avril.

AUTRE DINE'

Pour le même tems.

PREMIER SERVICE.

Potages.

Deux Potages ; l'un de Poulets farcis aux Afperges; & l'autre un Potage de fanté, avec une Poularde, garni de racines.

B

Pour les Entrées.

Un Poupeton farci de six Pigeons en ragoût.

Des Poulets au Jambon.

Des Langues de Veau farcies en ragoût.

Une ou deux Poulardes en ragoût aux truffles.

Une grande Poitrine de Veau, garnie de Cotelettes de Mouton farcies.

SECOND SERVICE.

Le Rôt.

Un grand plat de Rôt de diverses Volailles, & deux Salades.

L'Entremets.

Des Ris-de-Veau en ragoût de Champignons & truffles, un bon coulis dedans.

Des Asperges, sauffe au jus lié.

Une Tourte de moëlle.

Un Blanc-manger.

Hors-d'œuvres.

Un de cus d'Artichaux à la crême.

Un de Salé en tranches.

Ce Dîné a encore été servi chez Monfieur le Marquis d'Arci, auffi-bien que le fuivant qu'il donna à Monfieur le Duc de Chartres & à Mademoifelle , le 18 Avril.

AUTRE DINE'

Au mois d'Avril.

PREMIER SERVICE.

Potages.

DEux Potages de fanté , avec deux Poulardes , garnis de pointes d'afperges.

Un des Poulets farcis , garnis de laituës farcies.

Une Bifque de Pigeons.

Un Potage de perdrix, coulis à la Reine.

L'Entrée de la Table.

Pour la grande entrée , un quartier de Veau de riviere, ou autre, garni de pain frit, & cotelettes de veau frit , piqué de hattelettes, un falpicon fur la cuiffe.

Les autres feront, un Poupeton farci de fix Pigeonneaux.

Un Miroton.

Des Ris-de-Veau piquez , & farcis en ragoût.

Un plat de Filets de Poularde aux huîtres.

& une Tourte de Lapin.

SECOND SERVICE.

Pour le Rôt.

Deux grands plats de Rôt , & deux petits compofez de diverfes Volailles , avec
deux Salades.

L'Entremets.

Un plats de Jambon , garni de Sauciffons & de Langues fourrées.

Une Tourte de pâte d'amandes , farcie
de marmelade d'abricots.

Un Blanc-manger ,

Un plat d'Afperges , fauffe ordinaire ;

Un de Morilles à la crême ,

Un de Moufferons en ragoût au roux,

Un de Foies-gras en ragoût.

GRAND REPAS.

Au mois de May.

PREMIER SERVICE.

Potages.

QUatre Bisques de Pigeons.
Quatre Potages de Poulets farcis, garnis de laituës facies.

Trois Potages d'Oies aux pois verds, garnis de pointes d'asperges.

Trois petits Dindons à la chicorée blanche.

Deux Oils servis dans les cuvettes.

Entrée de Table.

Quatre grandes Entrées, & douze moïennes.

Deux de deux Croupes de Veau de riviere, garnies de cotelettes, & piquées de hattelettes ; le Veau de riviere moitié piqué, & un Salpicon sur la cuisse.

Deux Ros de Bif de Mouton, garnis de pain frit, & marinade de cotelettes de Mouton.

Pour les douze plats moïens,
Deux Tourtes de Lapreaux,

Deux Tourtes de Pigeons ;

Deux Pâtez de Dindons chauds ,

Deux piéces de Bœuf salé , un hachi de Jambon par-deſſus ,

Deux Poupetons farcis ,

Deux Mirotons.

Hors-d'œuvres.

Trente-deux ; ſçavoir ,

Deux de Pigeons au Baſilic ,

Deux de Poulets au Jambon ,

Deux de Perdrix rôtie , ſauſſe à l'Eſpagnol ,

Deux de Filets mignons , ragoût à part ,

Deux de Filets de Bœuf au concombre ,

Deux fricaſſées de Poulets à la crême ,

Deux de Lapreaux rôtis, coupez par moitié, avec une ſauſſe au Jambon deſſus ,

Deux de Filets de Mouton en ragoût aux Morilles ,

Deux de Poulets farcis en ragoût ,

Deux de Poulets farcis à la braiſe , ragoût par-deſſus ,

Deux de Fricandeaux farcis ,

Deux de Ris-de-Veau au Jambon farcis ,

Deux de Laituës farcies à la Dame Simonne ,

Deux de Ris-de-Veau piquez à broche , & aprés rôtis ; un bon ragoût par-deſſus ;

Deux de Fricandeaux , ſans être farcis ,

Deux de Pains au Veau.

SECOND SERVICE.

Pour le Rôt.

Seize plats de Rôt, autant comme de Potages, composez de toute sorte de Volailles, Gibiers, Marcassins, Cochons de lait, &c.

Dix petites Salades.

L'Entremets.

Deux grands Pâtez de Jambon,
Deux autres de Poulardes & mouton.
Les douze plats moïens:
Deux de Blanc manger,
Deux de Salé,
Deux d'Oreilles de Veau farcies,
Deux de Galantine,
Deux d'Asperges.

Hors-d'œuvres.

Vingt-deux Hors-d'œuvres, qui avec les dix Salades, remplissent le même nombre qu'au premier Service.

Deux de Mine-droit.
Deux de Pieds de Cochon à la Sainte-
    Menehout,
Deux de Hattelettes grillées, panées,
Deux de cus-d'Artichaux, sauce au Jambon.

Deux de Pain au Jambon ;

Deux de Morilles farcies, & Champignons en ragoût,

Deux de Crêtes farcies, & de Foies-gras en ragoût,

Deux de Tourte de blanc de Chapon,

Deux de petits pois à la crême,

Deux de Rissoles, composées de blanc de Chapon,

Deux petites Crêmes brûlées.

Pour un semblable Repas, il faut s'y prendre dés la veille ; mettre le soir trois ou quatre grandes marmites au feu, avec quantité de Viandes, & des bouquets de fines herbes, & des oignons entiers. L'on fait cuire en même-tems une quantité de Poulets & Poulardes, avec quelques Perdrix rôties, qui avec du Lard blanchi & de la Graisse, servent pour les Farces qui se feront le jour du Repas; & les Boüillons serviront pour faire le jus de Bœuf & de Veau, Petit-jus & Coulis, & Essence de Jambon.

Pour les Potages, il faut faire les Jus & Coulis à part; & de même pour les Entrées & Entremets. Il faut aussi avoir beaucoup de ciboulle & persil haché, & plusieurs bouquets de fines herbes, pour mettre dans les Ragoûts. On fait beaucoup de Coulis de Perdrix, Pigeons & Poulets, le tout à part.

Monsieur

Monfieur le Marquis de Seignelai donna un pareil Repas à Seaux, à Monfeigneur,
Monfieur, Madame, Monfieur le Duc de
Chartres, Mademoifelle, & toute la fuite
de la Cour le 14 Mai.

La baterie de Cuifine qui y fut emploïée,
confiftoit en foixante petites Cafferolles
à main, vingt Cafferoles rondes, tant grandes que petites; vingt Marmites tant grandes
que petites; trente Broches : & pour faire cè
Repas, il y eut trente-fix Officiers de Cuifine, tant Chefs, qu'Aides.

AUTRE REPAS.

Pour le même mois de May.

PREMIER SERVICE.

Potages.

TRois Bifques de Pigeons,
Trois Potages d'Oifons aux pois ; ou
afperges,
Trois de Poulets farcis à la purée verte,
Trois Juliennes aux Poulardes.

Les Juliennes garnies de concombre : les
Oies, de petit lard : la purée, de laituës
farcies, & pointes d'afperges ; & les Bifques, de citron.

C

Entrées de Table.

Deux Tourtes de Pigeons,
Deux entrées de Bœuf à demi salé ,
Deux de Filet de Bœuf au concombre,
Deux de Fricassées de Poulets à la crême,
Deux de Poulardes à la braise ,
Deux Mirotons.

Hors-d'œuvres.

Deux de Pâté à l'Espagnol ,
Deux de Cotelettes de Veau grillées,
Deux Lapreaux à la Saingaraz ,
Deux de Pigeons au basilic ,
Deux Grenadins de Poularde.

SECOND SERVICE.

Pour le Rôt.

Deux plats de Marcassins.
Huits plats moïens : deux de quatre Dindons à chaque plat.
Deux de Poulets garnis de Pigeonneaux,
Deux de Lapreaux ,
Deux Faisans ;
Et huit petites Salades.

L'Entremets.

Deux grands plats de Pâté de Jambon.
Deux de Langues de Bœuf parfumées &
Saucissons.

Douze plats moïens : deux de petits pois à la crême,

Deux d'Artichaux à l'estoufade,

Deux de Champignons & Foies-gras,

Deux de pain au Jambon,

Deux d'Asperges à la crême,

Deux de Ris-de-Veau, & Crêtes.

Hors-d'œuvres.

Huit : deux de Blanc-manger,

Deux de Beignets,

Deux de Pieds à la Sainte-Menehout ;

Deux Tourtes de blanc de Chapon.

Ce Repas a été servi le 18 Mai de l'année 1690.

REPAS.

Pour le mois de Juin.

PREMIER SERVICE,

Potages.

UN Potage d'Allebrans, ou Poulets aux pois, garnis de concombres.

Une Bisque de Pigeons,

Un Potage de Navets au Canard,

Un Potage de Choux aux Perdrix,

Un Potage de santé au Chapon ;

Un Potage d'une Casserole au Parmesan.

Un Potage de Ramereaux,

Et un autre de Cailles aux racines.

L'Entrée de Table.

Une cuisse de Fan , la croupe attachée ;
moitié piquée & moitié panée , garnie de
petits Pâtez , une poivrade dessus.

Une piece de bœuf à demi salé à la braise.

Et pour la grande Entrée , un Ros de
bif , garni d'une marinade, & cotelettes de
Veau frites.

Aïant levé les Potages , on a mis les plats
suivans.

Hors - d'œuvres.

Pieds de Moutons farcis , de même que
les Croquets.

Un Filet de Poularde aux huîtres.

Des Langues de Mouton grillées , une
Ramolade pour la sauffe.

Une fricassée de Poulets au Brocher.

Un Dindonneau farci aux fines herbes.

SECOND SERVICE.

Le Rôt.

Composé d'un grand plat de toute sorte

de Gibier , avec quatre Salades.

L'Entremets.

Une Tourte d'Amandes.

Des Artichaux à la Saingaraz , garnis d'Artichaux frits.

Un Ragoût de Foies-gras , Champignons & Jambon.

Des Pois à la crême garnis de Rame-quins au fromage.

Hors-d'œuvres.

Quatre : un de Beignets à l'eau ,
Un de Riffoles ,
Un de Champignons à la crême ,
Un d'œufs à l'orange.

C'est ainsi que l'on sert au Petit-Commun chez le Roi. Voici le modéle d'un autre Repas qui y fut encore servi l'année derniere pour Monsieur de Livri premier Maître d'Hôtel du Roi.

AUTRE REPAS.

Pour le mois de Juin.

Table de douze Couverts.

PREMIER SERVICE.

UN grand Potage, & six Entrées.
Le Potage est un grand Oil servi
dans une cuvette de vermeil, ou autre sur
un grand plat.

Pour les Entrées.

Un Pâté chaud de Levraux.
Une Entrée de Pigeons au fenoüil.
Un Filet de Poularde au concombre.
Une entrée de Ris-de-Veau à la Dauphine.
Une de Queuës de Moutons à la Sainte
Menehout.
Une de Fricandeaux farcis.
Les plats garnis de pain frit, de croquets,
de Marinades, & de pain aux Perdrix.

SECOND SERVICE.

Le Rôt.

Quatre plats de Rôt de toutes sortes de

Volailles , felon la faifon ; un Ros de Bif
entr'autres , garnis de hattelettes ; & deux
Salades.

L'Entremets.

Pour le grand plat , des Artichaux en
étuvée, garnis d'Artichaux frits.

Une Tourte d'Amande , garnie de Beignets de pomme.

Des pois à la crême , garnis de Ramequins au fromage.

Un plat de Jambon.

Et un de Riffoles.

AUTRE REPAS.

Pour le même mois de Juin.

PREMIER SERVICE.

Potages.

QUatre Potages : une Bifque de Pigeons.

Un Potage de fanté , avec une Poularde.

Un petit Potage de Poulets farcis à la
purée verte.

Et un Potage de Cailles , façon d'Oil.

Entrées.

Une grande Entrée , d'une Longe de Veau moitié piquée , un salpicon dessus , garnie de cotelettes marinées de Veau.

Deux moïennes Entrées ; l'une d'un Pâté de Lapin ;

Et l'autre, un Chou farci , garni de fricandeaux farcis.

Deux petites Entrées : une Fricassée blanche de Poulets , garnie de marinade :

Et l'autre, de Lapreaux à la Saingaraz.

Les Hors - d'œuvres.

Un de Poularde farcie à la crême.

Un de Poulets à la Polacre , avec une ramolade.

Un pain de Perdrix.

Et une Queuë de Mouton à la Sainte-Menehout.

Aprés avoir levé les quatre Potages, on a mis quatre autres Hors-d'œuvres ;

L'un , d'un pain de Veau,

L'autre, de Pigeons au Basilic.

Un de Hattelettes.

Une Grenade.

Et deux autres Hors-d'œuvres , composez d'Esturgeons au gras , de deux manieres.

L'une , en maniere de Fricandeaux piquez ;

Et l'autre à la Sainte-Menehout, par groffes tranches.

SECOND SERVICE.

Le Rôt & l'Entremets, eſt de la force
des precedens.

On ſervit un pareil repas le 20 Juin 1690.
devant Monſieur le Cardinal d'Eſtrées & les
Ambaſſadeurs, à la Table du Grand Cham-
bellan, Petit Commun du Roi.

Parmi les Potages ſcrvis dans ce ſe-
cond Quartier, on en a pû voir qui ont
déja été marquez pour les trois premiers
mois de l'année : voyons ce qu'on y peut
encore ajoûter, auſſi-bien qu'aux Entrées, &
à l'égard du Rôti.

LISTE

De ce qu'on peut ſervir, outre les
Plats ci-deſſus, durant les mois
d'Avril, Mai & Juin.

Potages.

POtage d'Agneau aux l'aituës Romai-
nes.

Potage de Cailles au blanc-mangr naturel.

Potage de Chapon defoffé aux champignons.

Potage de Chevreaux au boüillon blanc.

Potage de Choux blancs farcis.

Potage de petites Citroüilles farcies à l'Efpagnole.

Potage de cus d'Artichaux, Concombres & Laituës.

Potage de Dindonneaux aux morilles farcies, & aux choux blancs.

Potage de Lapreaux aux petites raves.

Potage d'Oifons aux afperges.

Potage de Pain farci aux laituës farcies.

Potage de Perdrix au boüillon brun.

Potage de Poitrine de Veau farcie.

Potage de Poulets aux concombres farcis.

Potage de Poulets en ragoût.

Potage d'un Poupeton en triangle.

Potage de Pieds & Fraifes de Veau.

Potage de tête d'Agneau.

Potage de tête de Veau à deux faces.

Potage à l'Italienne.

Entrées.

Andoüilles de Veau.

Carré de Mouton à la broche.

Foies de Veau.

Fraife de Veau frite.

Gigot de Veau piqué menu , à la daube.

Griblettes de Veau à la perfillade.

Lapreaux à la fauffe blanche & brune.

Longe de Veau en ragoût.

Oifons en ragoût.

Oifons à la daube.

Pieds de veau piquez , & à la fauffe blanche.

Pigeonneaux marinez & en fricaffée.

Poitrine de veau marinée.

Poulets à l'étuvée.

Poulets defoffez.

Poulets fricaffez à la crême.

Poulets-d'Inde à la Suiffe , & frits au concombre.

Petits Poulets encerifez.

Poupeton farci de Pigeonneaux.

Têtine de Vache à la fauffe douce.

Pour le Rôt.

C'eft la faifon des Agneaux ,

Du Chevreau ,

Des Cochons de lait ,

Des Dindons de l'année ,

Des Faifans ,

Des Lapreaux ,

Des Levraux de Janvier ;

Des Oifons ,

Des Marcaffins ,

Des Perdrix ,

Des Pigeonneaux & Poulets , &
Des Ramereaux, ou Pigeons de campagne.

GRAND REPAS.

Pour les mois de Juillet & Aoust.

PREMIER SERVICE.

Potages.

DEux Bisques de Pigeons.
Deux Potages de Julienne , avec
des Poulardes.
Deux de Cailles au basilic ,
Deux de Pois au Canard.
Deux Potages de Concombres farcis, au
Chapon.
Deux Potages d'Oils ,
Deux de Cafferoles ,
Deux de Racines aux Ramereaux,
Deux de Navets aux Poulets farcis ,
Deux de Porreaux aux Oies ,
Deux de Chicorée aux Dindons.

Entrées.

Deux Tourtes de Pigeons ,
Deux Pâtez de Lapreaux ,
Deux Eclanches de Mouton à la Roïa le

Deux Entrées de Perdrix à la braise,
Deux de Poulardes à la Saingaraz,
Deux de Poulardes farcies à la crême,
Deux Mirotons,
Deux Pains de Veaux,
Deux Terrines, &
Deux Entrées de Canards aux huîtres.

Deux grandes Entrées, de Ros de bif, garni de cotelettes de Mouton.

Et deux autres, de Veau de riviere, garnies de cotelettes de Veau frit, un hachi sur la cuisse.

Hors-d'œuvres.

Deux de Croquets,
Deux de Saucisses franches,
Deux de Saucisson roïal,
Deux de Veau à l'Italienne,
Deux de Pigeons au fenoüil,
Deux de Poulets farcis à la braise,
Deux de Pigeons au basilic,
Deux de Poulets à la Tartre,
Deux de Poulets à la sainte-Menehout,
Deux de Boüillans,
Deux de Marinades de Poulets,
Deux Entrées de pigeons au blanc, &
Deux de pain de perdrix.

SECOND SERVICE.

Ving-deux plats de Rôt, composez de

toute forte de groffes pieces de Bœuf,
Mouton & Veau; & de toute forte de Volail-
le, Gibier, Marcaffins, Cochons de lait,
Faifans, &c. avec les Salades.

L'Entremets.

Vingt-quatre plats d'Entremets ; dont,
Deux de Pâtez de Jambon,
Deux de Faifans,
Deux de Salé, Langues & Sauciffons.
Deux Tourtes de blanc de Chapon, garnies
  de Tartelettes.
Deux Toutes de pâtes croquantes, le de-
  dans d'une marmelade d'Abricots.
Deux Blancs-mangers, garnis de diverfes
  Gelées.
Deux de Ris-de-Veau à la Dauphine,
  garnis de Ris-de-Veau frits.
Deux de Beignets de Blanc-manger, gar-
  nis d'autres Beignets à l'eau.
Deux de pieds de Cochon à la Sainte-Me-
  nehout.
Deux de Mine-droit,
Deux de Hattelettes,
Et deux de Galantine.

Hors-d'œuvres.

Deux de pain au Jambon,
Deux de Champignons à la crême,
Deux de Crêtes farcies, & Morilles,

Deux de cus d'Artichaux ,

Deux Omelettes , & un hachi de Jambon
   par-deſſus.

Deux Omelettes au ſucre.

Deux de Beignets de pomme ,

Deux de Crême brulée ,

Deux de Riſſoles.

Deux de Foies-gras ,

Et deux de truffles au coutt-boüillon.

Monſieur le Marquis de Louvois don-
un ſemblable Repas , le 25 d'Aouſt
en ſon Château de Meudon , à Monſei-
gneur , Monſieur , Madame , Monſieur le
Duc de Chartres , Mademoiſelle , & toute la ſuite de la Cour. Il y avoit trois Tables qui furent ſervies tout de même , ainſi
l'on avoit redoublé preſque pour trois plats
de chaque choſe.

AUTRES REPAS,

Qu'on peut donner dans la même
ſaiſon , & dans les mois
ſuivans.

TRois grandes *Entrées* , de trois pieces
de Bœuf, garnies de Marinade en cuvette ou en baſſin.

Douze plats ; sçavoir ,
Trois de Poulets gras & Dindons ;
Trois de Carbonnades de Mouton ,
Trois de Pâté à l'Espagnol ,
Deux de Laituës farcies ; &
Un de Pigeons au fenoüil.
Quatre *Hors-d'œuvres.*
Deux de Ris-de-Veau au blanc ;
Deux de Filets au concombre.

Un autre jour.

Pour les douze plats :
Trois de Poulets gras & Poulardes,
Trois de Saucissons & Perdrix,
Trois de Fricassées de Poulets,
Trois de Pâtez de Faisans , Perdrix &
Lapreaux.
Hors-d'œuvres.
Trois de Boudin blanc , Saucisses & An-
doüilles ; & trois autres de Carbonnades

A des Tables moins fortes.

Une grande *Entrée* de piece de Bœuf.
Deux moïennes de pieces de Bœuf aussi,
mais diversifiées de quelqu'une des manie-
res, que l'on peut voir ailleurs.
Une Tourte de Pigeons ,
Et une Fricassée de Poulets,
Pour *Hors-d'œuvres.*
Un Filet au concombre ,

Un

Un de Carbonnade,

Un Filet au blanc,

Un de Dindons en Salmi.

Une autre fois.

Pour la grande *Entrée* une piece de Bœuf.

Deux moïennes *Entrées* ; l'une de Filets aux concombres, garni de Carbonnade.

Et l'autre de Poulardes entieres, aux truf-fles.

Pour *Hors-d'œuvres.*

Quatre, de Saucisses, Boudins & An-doüillettes.

Un Filet de Mouton aux truffles.

Une Fricassée de Poulets & des Pâtez.

Pour des Soupez.

Trois grandes *Entrées* de Veau, garnies de marinade & de hattelettes.

Douze autres plats,

Trois de Poulets & Dindons,

Deux de Pigeons au fenoüil,

Un d'un Gigot à l'ail,

Deux de Dindons au Jambon,

Un de Pigeons au basilic,

Trois Hachis de Perdrix,

Hors-d'œuvres : quatre ; sçavoir,

Deux de Filets au concombre ;

Et deux Marinades de Poulets.

D

Autre Table moins forte.

Un quartier de Veau garni de marinade,
pour la grande *Entrée.*

Deux autres moïennes *Entrées ;*
L'une d'une Poularde au Jambon,
Et l'autre , d'une Eclanche.
Pour *Hors-d'œuvres* ,
Un de Dindons en Salmi ,
Un de Ris-de-Veau en rond ,
Un de Hachi de Perdrix ,
Un Filet au blanc.

Autre Table.

Trois Quartiers de Veau garnis de marinade, pour les grandes *Entrées.*

Douze plats ; sçavoir , trois de Poulets
gras , & Dindons,
Trois de Filets d'Aloïau dans le jus ,
Trois de Dindons à la saussé au Jambon.
Et trois de Salpicons.
Pour les *Hors-d'œuvres* : deux de Ris-
de-Veau frits , & deux, de Poularde au
blanc.

Autre Table.

Deux *Entrées :*
Une de Langues de Veau ,
Et l'autre de Poularde au Jambon.

Quatre *Hors-d'œuvres.*
Un de Filet au concombre ;
Un d'une Fricaſſée de Poulets ;
Un autre, d'un Filet dans le jus ;
Et un de marinade de Poulets.

L'ordre de tous ces premiers Services eſt
tel qu'on les fait ordinairement en pareille
ſaiſon à la Cour, pour le Roi, pour les
Princes, & pour Monſieur l'Intendant.

LISTE

De ce qui peut être ſervi, oûtre
les Viandes ci-deſſus, durant les
mois de Juillet, Aouſt & Septembre.

Potages.

POtage de Cailles farcies.
　De Chapon aux Champignons ;
De Chapon aux Prunes de Brignoles ;
De Dindonneaux aux Concombres,
D'Epaule de Mouton aux Navets,
Des Faiſandeaux aux Truffles,
Des Gelinotes à la Chicorée blanche ;
De Gigot de Veau farci & piqué,
De Griblettes de Veau piquées,
De Grives au boüillon brun,

D ij

De Jaret de Veau à l'Epigramme,
De Melon aux petits Poulets,
D'Oisons aux Navets,
De petite Oie d'Oisons,
De perdrix à la capilotade,
De Perdreaux au boüillon passé,
De Poulets farcis à la purée verte,
De gros Poulets aux Choux,
De Poulet - d'Inde desossé,
De Ramereaux aux Champignons,
De Ris-de-Veau,
Et le Potage de santé, au Jaret de Veau
& Chapon.

Entrées.

Bœuf à la mode,
Cochon de lait à l'Allemande,
Civet de Lievre,
Eclanche à la Suisse,
Epaule de Veau aux Champignons,
Grives en ragoût,
Haut-côté de Mouton boüilli, & passé
par la poële.
Langues de Bœuf fraîches lardées,
Langues de Veau à la sausse douce,
Lapreaux en Casserole,
Longe de Veau en hachi,
Oisons par quartiers,
Pigeonneaux en fricassée,
Pigeonneaux à la poivrade,

Poitrine de Veau en ragoût.
Poulet-d'Inde au Pot-pourri ;
Poulet-d'Inde defoſſé.
Roüelle de Veau en ragoût,
Queuë de Mouton paſſée à la poële ,
Tête de Veau frite ,
Tetine de Veau à la ſauſſe douce.

Rôti.

Becfigues ,
Cailleteaux ,
Chaponneaux ou Poulets gras ;
Cochon de lait ,
Faiſans , Faiſandeaux ,
Grives ,
Levraux ,
Marcaſſins ,
Mauviettes ,
Perdreaux ,
Pigeonneaux de voliere ;
Poulardes de l'année.

Ces mêmes viandes ſont encore bonnes
pour les mois ſuivans , de même que beaucoup de celles qu'on a marquées pour la
premiere & la ſeconde Saiſon , peuvent
être ſervies dans un autre temps , ſi l'on en
a. On n'a donc qu'à conſulter là-deſſus ſa
commodité ; & ſi elle le permet, s'attacher
en tout à ce qui compoſe les Repas que l'on

décrit, preferablement au contenu des Lis-
tes, qui font des Ragoûts moins à la mode,
& plus communs.

REPAS

*Qu'on peut donner les mois d'Octobre,
Novembre & Decembre.*

PREMIER SERVICE.

Potages & Entrées.

UN grand plat, quatre moïens, &
quatre hors-d'œuvres; sçavoir,
Une Bifque de Pigeons.
Un Potage de Canard, au coulis de Nan-
tilles.
Trois Entrées; l'une, de Poularde à la
Singaraz, garnie de marinade.
Un Pâté de Lapin,
Et un Aloïau servi avec le Filet, garni de
Fricandeaux.
Les quatre petits plats, ou *Hors-d'œuvres,*
font,
Un de Perdrix, fauffe à l'Espagnol,
Un de Filets mignons,
Une Fricaffée garnie à la braife,
Et un de Mauviettes farcies à la moutarde.

SECOND SERVICE.

Rôt & Entremets.

Deux moïens plats de diverses Volailles,
  & Gibiers de la saison,
Une grande Tourte de pâte croquante,
  garnie de Tartelettes & Beignets,
Un plat de Blanc-manger,
Un Pâté au Jambon.
Les quatre *Hors-d'œuvres*, sont,
Un de Cardons au Parmesan,
Un de Truffles au court-boüillon,
Un de Ris-de-Veau, & Crêtes farcis,
Un de Hattelettes, & quatre Salades.

On servit un Soupé de cette maniere chez
Monsieur le Duc de Chartres, le premier
Decembre.

AUTRE GRAND REPAS.

Pour le mois de Decembre.

PREMIER SERVICE.

Potages.

DEux Bisques de Pigeons;
Deux Casseroles au Parmesan;
Deux Potages de Poulets farcis, à la purée
    verte,
Deux de Canards aux Navets,
Deux de Poulardes à la Chicorée,
Deux de Cailles farcies aux Truffles;
Deux de Cercelottes au Basilic,
Deux de Perdrix, coulis à La Reine.

Entrées.

Trois grandes Entrées; sçavoir,
Une grande Longe de Veau, garnie de
    marinade, & piquée de hattelettes.
Une piece de Bœuf, avec le Filet garni de
    cottelettes.
Et un Ros de bif de Mouton, garni de co-
    telettes farcies.
Dix moïennes Entrées; sçavoir,
Deux de tranches de Bœuf roulé & farci.
Deux d'Oiseaux de Riviere farcis aux
    huîtres.

Deux

Deux de Faiſans hachez en pâtiſſerie,
Deux de Poulets gras aux truffles ;
Deux de petites Poulardes au coulis d'Ecre-
vices.

Hors-d'œuvres.

Deux de Grenadins aux Poulardes,
Deux de Veau à la Bourgeoiſe,
Deux de Perdrix à l'Eſpagnole,
Deux de Faiſans, ſauſſe à la Carpe,
Deux de Poulets marinez,
Deux de Becaſſes rôties au vin,
Deux de Cailles à la braiſe,
Deux Biberots de Perdrix,
Deux Mirotons de Veau aux aſperges,
Deux de Filets de Poularde au blanc,
Deux de Filets de Bœuf aux Concombres,
Deux de Pigeons au baſilic,
Deux de Perdrix aux Olives,
Deux de Saucifſon Roïal.

SECOND SEVICE

Pour le Rôt.

Seize plats de toute ſorte de Gibier, Ortolans, Faiſans, Marcaſſins, & autres eſ-
peces de Volailles ; avec douze petites Salades.

E

Entremets.

Les trois grands plats, de trois Pâtez de
　Jambon.

Les dix plats moïens :

Deux de Blanc-manger ,

Deux Tourtes de blanc de Chapon ,

Deux de Gâteaux farcis de marmelade,

Deux Tourtes croquantes garnies d'autre
　marmelade.

Deux Omelettes au Jambon.

Hors-d'œuvres.

Deux de Beignets de pommes ,

Deux de Beignets de Blanc-manger ,

Deux de Rissoles ,

Deux de Champignons à la crême ,

Deux de Pain au Jambon ,

Deux de Crême brûlée ,

Quatre de Truffles au court-boüillon,

Deux de cus d'Artichaux ,

Deux d'Artichaux frits ,

Deux d'Artichaux à la glace ,

Deux d'Asperges en Salade ,

Deux de Mine-droit ,

Deux de Galantine.

　　Il y eut un semblable Festin chez Monfieur le Duc d'Aumont , le 27 Decembre.
La Table étoit en fer à cheval ; & comme
il y avoit quarante-deux Couverts , on fut

obligé de redoubler jufqu'à trois plats de plufieurs chofes, tant aux Entrées, que pour le Rôt & l'Entremets.

Si ces modeles ne fuffifent pas pour diver-fifier en des jours differens les Repas que l'on aura à fervir, ou que la commodité des perfonnes & des lieux n'y répondent pas, on peut choifir dans la Table fuivante.

LISTE

De ce qu'on peut fervir, outre les Plats ci-deffus, durant les mois d'Octobre, Novembre & De-cembre.

Potages.

POtages d'Alloüettes à l'Hipocras ; D'Andoüilles aux Pois, De Tête d'Agneau, De Canards aux Choux, De Cailles aux Champignons, De Champignons farcis, De Chapons aux Choux-fleurs, De Chapons aux Cardes, au boüillon blanc, De Chapon defoffé aux Huîtres, D'Eclanche farcie aux Navets, De Gigot de Veau farci, au blanc, De Jarret de Cerf, ou de Sanglier,

D'Oie-grasse aux Pois passez,
De Perdrix aux Choux de Milan;
De Perdrix farcies,
De gros Poulets farcis, desossez;
De petits Poulets de grain en Bisque, aux
   Truffles.
De Poupetons,
De Sarcelles aux Champignons,
De Sarcelles à l'Hipocras,
De Santé,
Et de Vermicellis d'Italie.

Entrées.

Boudins de Foie de Veau,
Capilotade de Perdrix & Chapon;
Canard en ragoût,
Canard farci, à la sausse douce,
Chapon gras à la Daube,
Daube de Veau, haché & piqué;
Foie de Veau en Marinade,
Foie de Veau piqué & rôti,
Foie de Porc en ragoût,
Gallimafrée d'Epaule de Mouton,
Haricot de Poitrine de Mouton,
Langue de Bœuf piquée,
Langues de Mouton à la grillade,
Marinade de Perdrix,
Perdrix à la Daube,
Piece de Bœuf lardée de gros lard,
Pieds de Mouton à la sausse blanche;

Queuë de Mouton à la croûtade,
Roüelle de Veau aux Huîtres,
Tête de Veau en Mine-droit.

Pour le Rôti, voïez page 15. parce que
les mêmes Viandes peuvent servir en cette
Saison, ainsi qu'il a été remarqué. Ce qui
regarde l'Entremets est encore plus general,
quisqu'il s'étend pour la plûpart à toute
l'année. Par cette raison, on va recueillir
en cet endroit, les differents Mets qu'on
a servis dans les Repas qu'on a décrits pour
chaque Saison; & nous y en ajoûterons quelques - autres, que l'on y pourra substituer
dans les occurrences, & suivant ses moïens.

TABLE GENERALE d'Entremets.

Artichaux à la sauffe blanche,
Artichaux frits,
Artichaux à la glace,
Artichaux à la Saingaraz,
Artichaux au beurre blanc,
Artichaux à l'estoufade,
Cus d'Artichaux empâtez, & frits,
Cus d'Artichaux sauffe au jambon,
Asperges au jus de Mouton,
Asperges au beurre blanc,
Asperges à la crême,
Asperges en salade,

Beatilles en ragoût,

Beignets de Blanc-manger,

Beignets à l'eau,

Beignets de Pommes,

Blanc-manger de plusieurs façons,

Cardons au Parmesan,

Champignons à la crême,

Champignons frits,

Champignons en ragoût,

Champignons en Casserole,

Choux-fleurs au beurre blanc, & au jus
   de Mouton,

Concombres,

Crêmes de plusieurs especes,

Crêtes farcies, & Foies gras en ragoût,

Echaudez glacez,

Féves à la crême, & au lard,

Foies gras à la crêpine,

Foies gras à la broche,

Foies gras & Champignons,

Foies gras d'autre maniere,

Foies de Lapin en Omelette,

Galantine,

Gelées de plusieurs sortes,

Gruot,

Hattelettes,

Hure de Sanglier,

Jambon en tranches, & en hachis

Lait d'Amandes,

Langues de Bœuf parfumées,

Langues de Porc,

Mines-droits,

Mousserons & Morilles, farcies & frites,

Oeufs & Omelettes de plusieurs manieres,

Oreilles de Porc à la Barbe - Robert,

Oreille de Porc frite en pâte,

Oreilles de Veau farcies,

Pain au Jambon,

Pâté froid de Faisans, Poularde, Venaison,
   & autres,

Pâté de Jambon,

Petits Pois au lard, & à la crême,

Pieds de Cochon à la Sainte-Menehout, &
   fur le gril,

Poupelins,

Ris-de-Veau farcis à la Dauphine,

Ris-de-Veau, & Crêtes farcies,

Rissoles de blanc de Chapon,

Roignons de Coq en ragoût,

Rôties de Roignons de Veau, & autres.

Salé,

Talmoufes,

Tourtes de plusieurs fortes,

Truffles au court-boüillon,

Truffles à la braise,

Truffles au jus de Mouton,

Truites, & autres Poissons au gras.

Pour ne pas lasser le Lecteur, par une
trop longue suite de pareils Catalogues tou-

chant les Pâtez, tant chauds que froids, &
pour les Tourtes, de même que pour les
differentes fortes qui font propres à certaines chofes exprimées dans la Table ci-deffus ; on le renvoie à la Table des Matieres,
à la fin de ce Livre, où il en trouvera le
détail : ou bien à chaque Lettre qui s'y rap-
portera, dans l'Inftruction Alphabetique,
qui traitera de chaque chofe en particulier,
aprés que nous aurons vû ce qui regarde les
jours maigres.

REPAS EN MAIGRE.

Pour toute l'Année.

ON pourroit ne point tirer ici de Service, parce qu'il eft aifé de fe regler là-
deffus, fur les Repas qu'on a décrits pour
le gras : Cependant on ne laiffera pas d'en
donner quelques modeles, aprés que nous
aurons marqué ce qu'on peut fervir, tant
pour les Potages & Entrées, que pour l'Entremets ; les fritures des mêmes Poiffons
dont il fera la faifon, tenant lieu de Rôt.
Commençons par les Potages:

PREMIER SERVICE.

Potages maigres, pour les mois de Janvier,
Fevrier & Mars.

Potages de Brochet aux Navets,
De Brochet farci,
De Cardes d'Artichaux,
De Choux de Milan,
D'Ecrevices,
D'Esturgeon,
D'Eperlans au boüillon brun,
D'Huîtres,
De Juliennes,
De Laites au Laitances,
De Langoustes aux Pois,
De Macreuse,
D'Oignons au basilic, & autrement,
De Parmesan,
De Profitrolle,
De Saumon frais,
De Soles farcies,
De Soles en filets au blanc, au basilic, aux
    nantilles, au concombre,
De Soles, aux Oignons, au blanc,
De Turbot,
De Tanches farcies,
De Tortuë.

On peut y ajoûter des Potages aux Racines & aux Legumes, que l'on trouvera

ci-aprés, fur-tout l'Oil maigre ; & même
des Potages aux Poiffons qui font marquez
pour les mois fuivans.

Potages maigres, pour les mois d'Avril,
Mai & Juin.

Potages d'Afperges,
De Champignons,
De Choux Blancs au lait,
De Concombres farcis,
De Framboifes,
De Grenoüilles,
De Goujons,
De Lamproies,
De Laituës farcies ;
De Maquereaux frits,
De Morilles,
De petits Pois verts,
Et le Potage de Santé aux Herbes, qui eft
   commun pour les mois fuivans,

Potages maigres, pour les mois de Juillet,
Août & Septembre.

Potages d'Anguilles ;
De Barbottes au boüillon brun,
De Barbeaux à la purée de Féves frites ;
De Brochet farci,
De Carpes farcies,
De Choux blancs,
De Citroüille au Lait,

De Grenoüilles au boüillon brun ;
De Lait avec Piftaches,
De Melon,
De Moules,
De grains de Mufcat,
De Perches au boüillon blanc ;
De Poiffons en Bifque,
De Purée de Pois verts,
De Saumon aux Champignons.

Potages maigres, pour les mois d'Octobre,
Novembre & Decembre.

Potages d'Andoüillettes de Poiffon,
De Barbuës,
De Brochet aux Choux,
De Cardes d'Artichaux
De Champignons farcis,
D'Eperlans au bouillon blanc ;
De Hure de Saumon falé, à la purée,
De Lait niarbré,
D'Oeufs pochez au Parmefan,
De Perches au boüillon brun,
De Pigeonneaux de Poiffon.

On a de plus pour tous ces tems, les Potages de Ris, de Vermicellis, de Lait d'A-
mandes, & autres.

Entrées de Poiffon pour toute l'Année.

Alozes,
Anguilles rôties,

Anguilles grillées, sauſſe Robert,
Anguilles à la ſauſſe blanche,
Anguilles frites,
Anguilles à la ſauſſe brune,
Aumat en ragoût,
Barbuës & Barbottes en ragoût, en Caſſe-
   roles, en Filets.
Barbuës à la crême, ou aux Anchois,
Bouillans de Poiſſons,
Bremmes en ragoût & rôties,
Brochet farci,
Brochet en Caſſerole,
Brochet en fricaſſée,
Brochet farci, à la ſauſſe d'Anchois,
Brochet frit, en pâte,
Brochet en ragoût, par tronçons.
Carlets & Cancres.
Carpes en ragoût, & à la daube.
Carpes en filets à l'étuvée, ſauſſe Robert.
Carpes farcies en ragoût,
Carpes au demi court-bouillon,
Caſſeroles de Poiſſons,
Cervelats de Poiſſon,
Chevrettes frites,
Congres frits par tronçons, à l'Anchois,
Congres à la Marinade.
Daubes de chair d'Anguille,
Dorades en fricaſſée, en tourte, &c.
Ecrevices en ragoût, & à la ſauſſe blan-
   che,

Eperlans aux Anchois , & en Cafferole ,

Filets de Carpes , de Soles , de Perches ,
&c.

Fricaffées de Brochets, de Vives, de Soles,

Flais en Cafferole , & frits ,

Grenouilles de même ,

Goujons empâtez , & à l'étuvée ,

Hachis de Carpes , d'Ecrevices , de Perches , de Brochet ,

Harans frais , & autres ,

Haricots de Poiffon ,

Huîtres fur le gril , en ragoût , fritcs , ou
farcies ,

Lamproies ,

Langouftes en ragoût , en hachis ,

Limandes ,

Loup d'Etang de mer ,

Macreufe au pot-pourri ,

Maquereaux ,

Merlans en Cafferole ,

Merluche ,

Mirotons de Poiffons ,

Moruë fraîche , & autre ,

Moules à la fauffe blanche & brune ,

Mulets frits , fauffe à l'Anchois , & fur
le gril ,

Pains de Poiffons ,

Pâtez chauds de Poiffons ,

Petits Pâtez au blanc ,

Perches , fauffe aux Anchois ,

Perches farcies,

Perches à la sauſſe blanche ou verte, où aux concombres,

Pigeons de blanc de brochet,

Plies de Loire en ragoût,

Poiſſons·de Saint Pierre aux truffles, au blanc, aux artichaux, au concombre, ou à la ſauſſe verte.

Poupetons de Poiſſons,

Raie frite, & à la ſauſſe Robert,

Rougets en Caſſerole,

Rougets grillez, panez,

Rougets farcis, ou en pâté,

Sardines,

Sauciſſes de Poiſſons,

Saumon en ragoût, avec champignons,

Soles grillées aux Anchois,

Soles marinées, farcies, en ragoût, au blanc, aux fines herbes,

Soles en filets, aux nantilles, au baſilic, au concombre, à la ſauſſe Robert, aux truffles, à l'Eſpagnole, aux Ecrevices, & au coulis de Capres, ou d'Anchois.

Soles à la Sainte-Menehout,

Soles en fricaſſée de Poulets, ou au roux,

Soles en Pigeons,

Soles au Laurier,

Tanches farcies en ragoût, en fricaſſée, ou en caſſerole,

Thon mariné, ſur le gril, ou en pâté en pot,

Thon en tranches, à la fauſſe au pauvre-
  homme.
Tortuës en ragoût, en marinade,
Truites en ragoût.
Turbot à l'huile, ou à la fauſſe aux Anchois.
Turbot en ragoût.
Vives en filets, aux concombres, aux ca-
    pres ou aux mouſſerons,
Vives au Coulis d'Anchois,
Vives deſoſſées, à l'étuvée,
Vives en fricaſſée de Poulets, au blanc;
Vives frites en ragoût.

  Vous pouvez ajoûter à ces Poiſſons, des
plats d'Epinards, de Choux farcis, de Pois,
& autres Herbages ou Legumes, ſuivant les
ſaiſons.

POUR LE SECOND
SERVICE.

  On ſert les mêmes Poiſſons que deſſus,
au court-boüillon & frits, ou ſur le gril &
à la broche ; entre-autres les ſuivans.
  L'Aloze rôtie, & au court-boüillon.
Les Barbuës au court-boüillon,
Le Brochet de même ; ou bien, piqué
    d'Anguille, & à la broche,
Les Carpes au court-boüillon, ſur le gril
    & frites,
L'Eſturgeon de même,
Les Eperlans frits,

Les Maquereaux fur le gril,
Les Plies frites,
Le Saumon au court-bouillon,
Les Soles frites & grillées,
Les Tanches de même,
Le Turbot au court-bouillon,
Les Vives fur le gril, fauffe aux Anchois.

On fert auffi des Pâtez de Poiffons & des Tourtes, que l'on verra marquées ailleurs ; & l'on y peut ajoûter plufieurs pieces d'Entremets des jours gras, comme Champignons, Artichaux, Afperges, Morilles, Concombres, &c. Hors du Carême, on a le fecours des œufs, avec lefquels on peut déguifer un tres-grand nombre de plats : & dans ce même tems, on peut en choifir parmi ceux qui font defignez dans le Repas en Racines, que nous décrirons ci-après.

Voici feulement les Salades de Poiffons, qui font encore partie de ce Service.

LISTE DES SALADES de Poiffons.

Salades de filets de Soles,
De Turbot frais,
De Barbuës fraîches,
D'Huîtres fraîches,
De filets d'Eperlan,
De Truite faumonée,

De

De Raie,

De filets de Merlan,

De filets de Vives,

De Thon frais,

D'Anchois & de Sardines ;

De Saumon frais,

D'Ecrevices ,

De Langouftes , & autres.

On trouvera ci-aprés les Salades de Racines. Pour celles d'Herbages durant l'Eté , rien n'eft plus facile que de fçavoir dequoi les compofer : on en a pour lors une fi grande abondance , qu'on en peut changer aifément chaque jour ; & en fervir de plufieurs fortes differentes à la fois.

A plufieurs Filets de Poiffon , on fait une fauffe qu'on appelle Ramolade , compofée de Perfil haché , de la Ciboule hachée , des Anchois hachez, des Capres hachées , du bafilic , de la fariette , & un peu de poudre de thin , le tout mis dans un plat , avec un peu de fel, de poivre, de mufcade, d'huile & de vinaigre bien délaïez enfemble: & aprés avoir dreffé les Filets dans fon plat , on les arrofe de cette Ramolade; & à quelques plats on y ajoûte du jus de Citron , pour les fervir froids.

Si l'on veut maintenant des modeles de Repas en maigre , en voici d'un Ordinaire fort confiderable , qui eft de chez Monfieur

Duc de C.... Quand on aura de plus grandes Tables à servir, on pourra se regler pour l'ordonnance, sur les Repas qu'on a marquez pour le gras; & si l'on se trouve dans des Ordinaires moins forts, on sera moins en peine de retrancher le nombre des plats, que d'avoir de quoi les bien assortir.

MODELES DE REPAS
en Maigre.

Pour un fort Ordinaire.

Potages.

Deux moïens Potages, & quatre petits. Les deux moïens : l'un d'Ecrevices; & l'autre de Soles farcies.

Les quatre petits : l'un, de Santé; l'autre, aux Choux; le troisiéme, aux Pois; & le quatriéme, aux Oignons.

La grande Entrée.

Une Tourte d'Anguilles.

Deux autres petites Entrées;

Une, de Perches entieres, à la sausse blanche;

Et l'autre, de quatre Brochets.

Huit hors-d'œuvres.

Un d'Huîtres fricaſſées,
Un d'Epinars,
Un de petits pains de Soles,
Un de Soles en filets au concombre,
Un de filets de Perches au blanc,
Un de filets de Vives aux capres,
Une petite fricaſſée de Brochet,
Et le dernier, d'Anguille grillée, ſauſſe Ro-
  bert.

Le Rôt.

Deux moïens plats, compoſez de deux
  Brochets, & de huit Soles chacun.
Le grand, d'une Carpe, & ſix Brochetons
  autour.
Et le reſte de ce Service, de pieces d'Entre-
  mets, & filets en Salades.

POUR LE SOUPE'.

Potages.

DEux moïens Potages : l'un de Tor-
  tuës ;
L'autre, de Brochet farci.
Deux petits : l'un de filets de Soles au baſi-
  lic ;
L'autre, de Soles aux Nantilles.

Entrée de Table.

Pour la grande Entrée, des Meuges farcis.
Quatre autres Entrées ; sçavoir,
Une Tourte de Brochet,
Une Entrée de Dorades,
Une Etuvée de Carpes,
Une de Loup d'étang de mer.

Huit Hors-d'œuvres.

Sçavoir, un Hachis de Carpes,
Un de Perches,
Un Brochet farci,
Des Tortuës,
Des Soles farcies ;
Des filets de Soles à la sauffe Robert ;
D'autres aux Truffles, & d'autres aux Ecre-
vices.

Pour le Rôt.

Deux moïens plats ; d'Efturgeon, & des
Rougets autour.
Deux petits ; de cinq Soles à chacun.
Le refte de ce Service, de pieces d'Entre-
mets.

SECONDE TABLE

Grande Entrée ; de dix Soles aux Anchois
Quatre autres ; sçavois,
Une Tourte,

Une fricaſſée de Brochet,
Deux de Dorades,
Et deux plats de Rôt.

ORDINAIRE
d'un autre jour.

Potages.

DEux moïens, & quatre petits.
Les deux moïens : l'un de Perches
au blanc ; & l'autre, de Langouſtes.
Les quatre petits : l'un de Santé ; l'au-
tre, d'Oignons au baſilic ; le troiſiéme, de
Profitrolles ; & l'autre, de Laites.

Entrées.

Grande Entrée ; de Rougets.
Deux moïennes : l'une, de Perches farcies : l'autre, de Carpes entieres.

Huit Hors-d'œuvres.

Un Poupeton de Thon,
Des filets de Perche à la ſauſſe verte ;
Des Huîtres farcies,
Un Haricot,
Filets de Soles aux truffles,
Des Bouillans,
Des Soles grillées, aux Anchois ;

Et un Pâté au blanc.

Pour le Rôt.

Deux moïens plats ; de six Brochets, & quatre Soles à chacun.

Deux autres plus petits ; de deux Barbuës, & quatre Soles autour.

Le reste de ce Service , de pieces d'Entre-mets , & Filets en Salade.

POUR LE SOUPE'.

Potages.

DEux moïens Potages :
L'un, d'un Oïl ; & l'autre, de Mou-les.

Deux petits : l'un, de Macreuses aux Nantille ;

Et l'autre, de Soles au concombre.

Entrées.

Pour la grande, de la Raie.

Les quatre autres : l'une de Rougets ; l'autre, de Vives en fricassée de Poulets ; l'autre, d'une Tourte ; & la quatriéme, de Grenots.

Hors-d'œuvres.

Soles à la Sainte Menehout ;

Filets de Perches au blanc,
Filets de Barbuës aux Anchois,
Un Hachis,
Des Tanches,
Un Chou farci,
Vives aux Mousserons,
Une Casserole.

Pour le Rôt.

Deux moïens plats, de sept Soles chacun.
Deux petits : l'un, d'une Carpe; & l'autre de Brochet.

ORDINAIRE
d'un autre jour.

Potages.

LEs deux moïens : l'un de Grenots farcis;
L'autre, de Brochet aux Huîtres.
Les quatre petits: l'un d'Epinars; l'autre,
de Nantilles ; le troisiéme, de Soles farcies
sur l'arête; & le quatriéme, d'Oignons, un
Pain au milieu.

Entrées.

Un Pâté de Brochet pour la grande Entrée.
Les deux autres :
L'une, de Thon grillé;
Et la seconde, de Barbuës.

Hors-d'œuvres.

Un Miroton,
Des Pains de Soles ;
Des Filets de Carpes aux concombres,
Des Filets de Soles au coulis de capres ;
Vives grillées,
Rougets farcis.

Pour le Rôt.

Deux moïens plats, de douze Soles pour
les deux.
Et deux petits ; de deux Barbuës à chacun.

POUR LE SOUPE'.

Potages.

Deux moïens : une Julienne ; & l'autre, de Filets de Soles.
Et deux petits : l'un au Parmesan ; l'autre,
de Cancres farcis.

Entrées.

La grande Entrée; de Merlans en Casserole;
Les quatre moïennes :
L'une, de Maquereaux;
L'autre, de Moruë fraîche ;
La troisième, d'un Poupeton de Tortuës ;
Et l'autre, de Rougets panez sur le gril.

Huit

Huit Hors-d'œuvres.

Un Pain farci,
Un Gâteau de Soles,
Des Vives au concombre, & aux mouf-
   ferons.
Soles à l'Espagnol,
Langouftes en hachis,
Un Pâté d'affiette,
Poiffons de Saint Pierre, au blanc.

Le Rôt.

Un grand plat, d'un Turbot & d'une Barbuë, garnis de Rougets.
Deux plats moïens : l'un d'Aloze ; l'autre,
   de Saumon frais.

En voilà plus que fuffifamment, pour
fçavoir regler & difpofer un Ordinaire
auffi fort. A d'autres qui le feroient moins,
on peut fe contenter d'autant d'Hors-d'œuvres qu'il y aura de Potages ; afin de fervir
ceux-là en levant ceux-ci : & l'on propor-
tionnera ainfi le refte pour le fecond Service, chacun fuivant la portée de la dépenfe.
Voïons maintenant pour ce qui regarde les
Racines.

G

REPAS EN RACINES.

PREMIER SERVICE.

Potages.

SIx Potages ; deux petits, & quatre
moïens.

Un Potage de petits Oignons , un Pain au
milieu.

Un Potage de Nantilles à l'huile , garni de
pain frit.

Un d'Asperges à la purée verte ,

Un Potage sans beurre.

Les deux petits Potages : l'un de lait d'A-
mandes , garni d'Amandes à la Prâline ; &
un Potage de Morilles.

On peut servir aussi un Oil de Racines,
& herbages à l'huile.

Entrées.

Un plat de Nantilles en ragoût , aux fines
herbes ,

Un de Purée aux Pois , aux fines herbes ,

Un de Haricots ,

Un de Racines en ragoût ,

Un de Topinambours ,

Un d'autres Racines differentes ,

Quatre plats d'Huîtres.

SECOND SERVICE.

Pour les Entrées.

Il faut prendre dés Racines, comme Panais, Racines de Perſil, Topinambours, Salſifix, Navets, &c. le tout bien ratiſſé & bien blanchi ; & étant comme cuites, prendre une Caſſerole, avec quantité de bon beurre, & des Oignons hachez: quand le beurre eſt un peu roux, on y met une poignée de farine, aprés on y jette ſes Racines, on les frit & aſſaiſonne comme il faut ; & on hache enſuite le tout ſur la table, pour en faire une Farce, mêlée d'un peu de perſil & de ciboule, de toute ſorte de fines herbes, quelques morceaux de truffles & de champignons, un bon morceau de beurre. un peu de mie de pain & de la crême de lait ; en ſorte que cette Farce ſoit délicate & pas trop graſſe, & aſſaiſonnée comme il faut.

Avec cette Farce, on forme ſur des aſſiettes telle maniere de Poiſſons que l'on veut; à l'une, des Soles ; à l'autre, un Turbot ; ſur l'autre, des Carlets; ſur une autre, des Rougets, des Vives, des Maquereaux, & ainſi du reſte. A chaque aſſiette, il faut un peu de beurre deſſous vôtre Farce formée en maniere de Poiſſons. Vous

les panez enſuite proprement par - deſſus ;
& les faites cuire au four.   Pour des Soles,
on les peut encore former ſur une feüille de
Patience qui en a aſſez la figure , & les fri-
ro de la ſorte avec beaucoup de facilité.

On peut prendre auſſi des Carotes , &
ſur-tout des Betteraves , leſquelles étant
bien ratiſſées & cuites à proportion, chaque
racine à part , on les coupera par belles
tranches largés ; les unes en maniere de
Soles , les autres en maniere de Vives, &
ainſi des autres manieres : & vous mettrez
le tout un peu mariner , tandis qu'avec de la
farine , du ſel & du vin blanc , vous ferez
une pâte comme celle de beignets de pomme , pour empâter vos racines , avant que
de les frire avec du bon beurre & huile,
chaque choſe à part ; & les frirez comme
d'autre marinade , de même que des Salſifix & autres Racines , dont on peut faire un
ou deux plats pour le Rôt.

Pour les déguiſer, il faut avoir des ragoûts
à part de pluſieurs ſortes ; les uns , de
champignons hachez; les autres, de truffles;
d'autres , de pointes d'Aſperges ; d'autres,
de morilles : une bonne ſauſſe Robert auſſi
à part; une ſauſſe blanche , qu'il n'y entre
pas d'Anchois ; ce qui ſervira principalement pour les plats façon de Poiſſon, compoſez avec la Farce. On les garnira de

quelque peu de Pain frit , Perſil frit , Racines marinées frites en pâte , cus d'Artichaux frits en pâte , & quelques morceaux
de concombres.

Pour l'Entremets.

Un plat d'Afperges à la crême ,
Un de Tourte de lait d'Amandes , & fleur
  de lait ,
Un de Crême brûlée ,
Un de Morilles à la crême ,
Un d'Afperges en Salade,
Un de Gelée de corne de Cerf ,
Un Blanc-manger ,
Des Champignons panez & mis au four ,
Des choux en Salade .
Des Concombres en Salade ,
Des Epinars à la crême ,
Des Haricots en coſſe qu'on avoit conſer-
  vez ſecs , ſervis en Salade ; & d'autres à
  la crême ,
Des Artichaux ſalez , à la ſauſſe blanche ,
Des Truffles ſeches à l'huile ,
Des Beignets de pomme.

Le Repas que l'on vient de décrire, fut
le Dîné de Monſieur le Duc d'Orleans, le
jour du Vendredi-Saint. On fit porter les
Racines dés la veille ; il y en avoit trois ou
quatre Tables chargées : on les éplucha,

ratiffa & blanchit à l'ordinaire, tant pour les Ragoûts & Entrées, que pour le Rôt ; en forte que tout étoit prêt dés le matin pour les Farces. On fit auffi cuire dés le foir une grande quantité de Pois ; ce qui fervit pour faire beaucoup de jus à l'Oignon, & pour empoter les Herbages & Racines de l'Oil.

Quoiqu'à pareil jour on n'ait guere befoin d'une grande diverfité de Mets, on ne laiffera pas d'ajoûter ici dequoi diverfifier, ou augmenter ceux que l'on a marquez; parce qu'ils peuvent fervir pour d'autres occafions, durant tout le Carême. Par exemple,

Pour les Potages.

On en peut faire aux Brocolis ,
A la Ciboulette , au Lait ;
Aux Champignons & Moufferons ,
Aux Petits Pois,
Aux Truffles ,
Aux Raves ;
Et de cus d'Artichaux.

Pour les Entrées & pour l'Entremets.

Outre les Crêmes, les Beignets & les Blanc-mangers ordinaires, & les Racines empâtées & frites dont nous avons parlé , on peut faire des Tourtes de quelques-unes;

comme d'Epinars, de Champignons, de
Truffles, de Morilles & Moufferons, de
Prunes, de Betteraves, &c. On fert auffi
des Oeufs & des Omelettes falfifiées de
plufieurs fortes : & pour ceux qui mangent au beurre, on accomode plufieurs Racines à la fauffe blanche ou rouffe ; & l'on
remplit ainfi aifément un tres-grand Service
quand on en a affaire ; ou l'on fe paffe avec
ce qu'on a, d'une maniere qui ne laiffe pas
de pouvoir donner de la fatisfaction, autant que l'abftinence du tems le peut per-
mettre. Il ne nous refte qu'à marquer les
Salades que l'on peut fervir, parce que c'eft
en ce jour qu'il en faut davantage.

Lifte des Salades.

Artichaux,
Afperges,
Betteraves,
Brocolis,
Celeri,
Cardes,
Champignons en Compote,
Chicorée fauvage,
Choux-fleurs,
Citrons,
Concombres frits,
Grenades,

Haricots,
Laituës,
Oranges,
Olives,
Oublon,
Perſil de Macedoine,
Pourpier,
Salſifix,
Scorſonnere,
Topinambours,
Truffles,

Venons maintenant au travail & à la
pratique: car ces idées generales que nous
avons données peuvent bien ſuffire pour les
Maîtres d'Hôtels & les Pourvoïeurs;
voïant aſſez par-là ce qu'ils ont à acheter,
& l'ordonnance des Repas dont ils peuvent
avoir le ſoin. Mais il faut quelque choſe
de plus à ceux qui ſe mêleront de la Cuiſine:
il eſt neceſſaire de leur expliquer la maniere
de chaque apprêt, afin qu'ils y puiſſent
réüſſir ſans peine; & c'eſt ce que nous allons faire dans la ſuite, ſans leur rien ca-
cher de ce qui eſt de plus à la mode & de plus
en uſage à la Cour & dans les autres meilleures Tables, telles qu'on a vû que ſont
celles que nous avons donné pour modeles.

Modele pour une Table de six Couverts, servie à un grand Plat & quatre petits.

PLS

Modele pour une Table de huit Couverts, servie à un grand
Plat, deux moïens & quatre Assiettes.

Modele pour une Table de dix Couverts, servie à trois grand Plats & quatre petits.

Modele pour une Table de douze Couverts, servie à deux grands
Plats, un moïen, quatre petits, & deux Assiettes dans les flancs.

PLS

* iiij

Modele pour une Table de quatorze à quinze Couverts, servie à un grand Plat, deux moïens, six petits, & quatre Assettes.

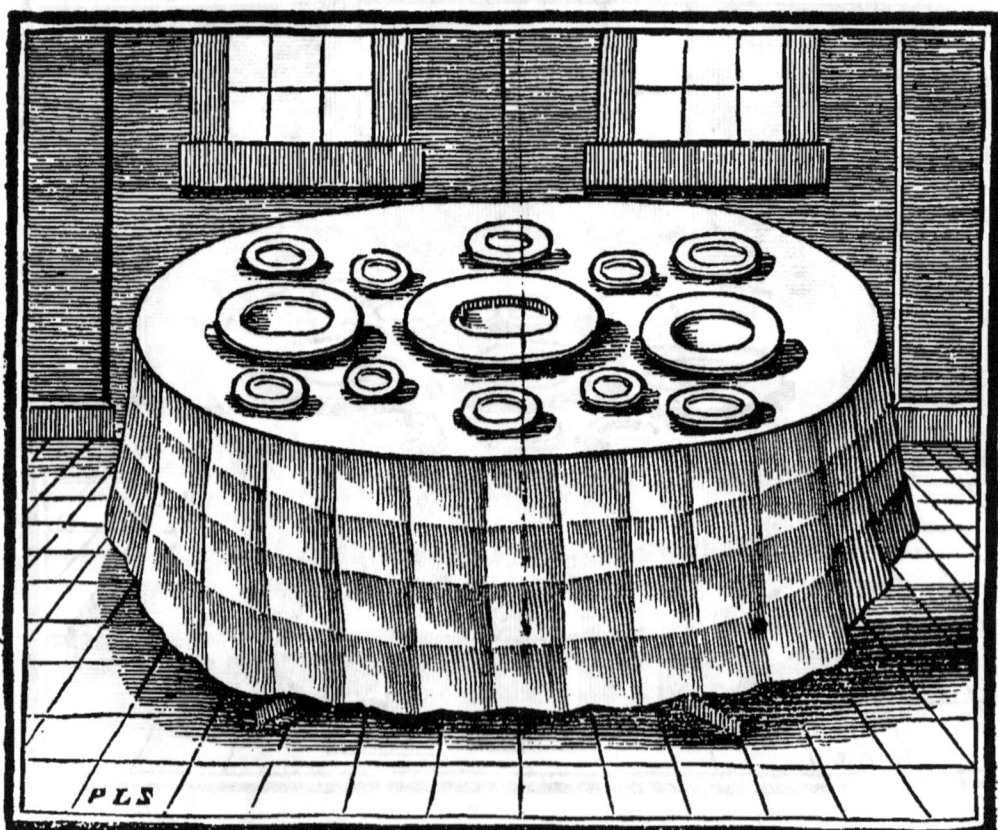

PLS

Modele pour une Table de dix-huit Couverts, servie à trois
grands Plats, six moïens & huit petits.

Modele pour une Table de vingt Couverts, servie à trois
grands Plats. huit moïens & quatre Assiettes.

*Modele pour une Table de vingt-cinq Couverts, servie à
cinq grands Plats, dix moïens & quatre petits.*

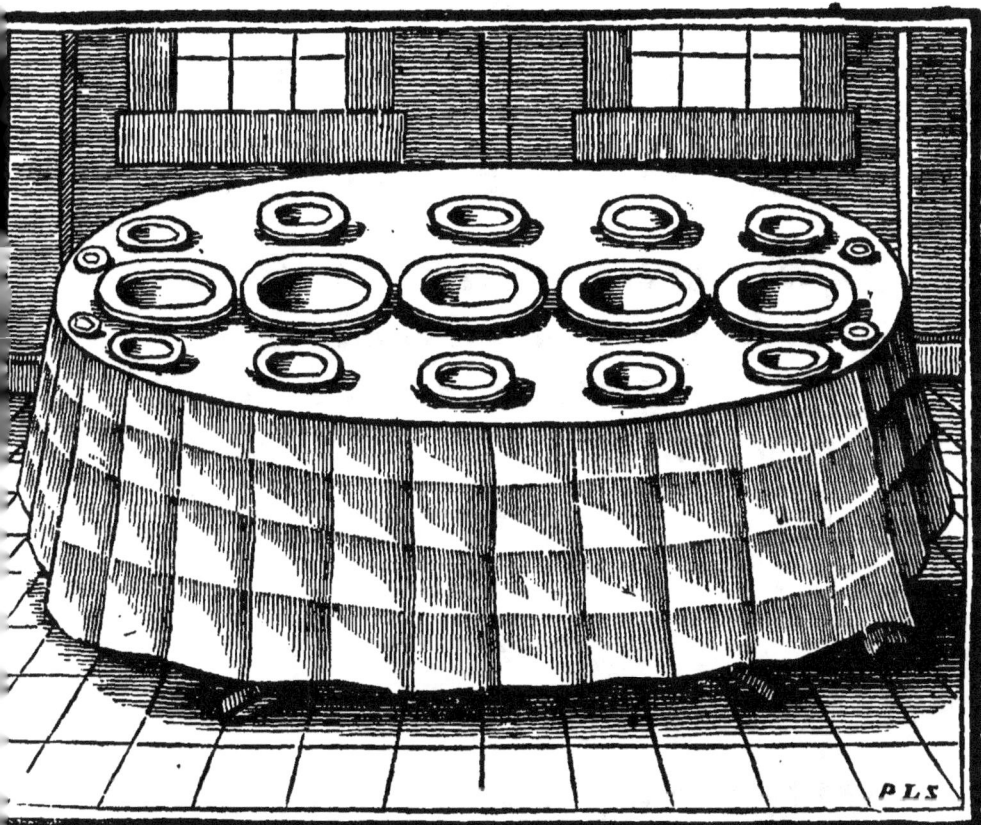

PLS

INSTRUCTION

SUIVANT L'ORDRE

A LPHABETIQUE.

Enseignant la maniere d'apprêter tou-
tes sortes de Viandes grasses & mai-
gres, & comment on doit les servir
pour Entrées, pour Entremets &
pour le Rôti, ou de toutes autres
façons.

A.

ABBATIS.

NOUS entendons sous ce nom d'Abbatis, les têtes, pieds, foies & autres choses semblables des Animaux, soit volatils ou terrestres. On en fait des Potages & des Entrées.

Potage d'Abbatis d'Oisons.

Vos Abbatis étant bien échaudez & nettoïez, faites-les cuire dans de bon boüillon, assaisonné d'un bouquet de fines herbes, & sel. Etant cuits, coupez-les par morceaux & les passez à la poële, avec lard fondu, persil, cerfeüil, un peu de poivre blanc; & ayant blanchi le tout avec jaunes d'œufs, un filet de verjus & un jus de citron, dressez vôtre Potage sur croûtes mitonnées. On en peut faire autant des beatilles d'autres Volailles.

Il s'en fait aussi des Tourtes de cette maniere. Mettez les Abbatis par morceaux, échaudez-les & les nettoyez: formez-en ensuite vôtre Tourte, entre deux abaisses de pâte fine; assaisonnez de poivre, sel, clous, fines herbes, ciboule, muscade, lard pilé, cus d'artichaux, champignons, morilles; & l'aïant fait cuire environ deux heures, mettez-y une petite sausse blanche en servant.

AGNEAU.

L'on ne s'arrêtera pas à remarquer que l'on sert des *Quartiers d'Agneau*, ou des moitiez d'Agneaux entiers pour la grande piece de Rôti, quand c'en est la saison, principalement pour les Tables ordinaires.

Comme il n'y a rien en cela de difficile ni d'inconnu , on viendra d'abord à la maniere de faire un Potage de têtes d'Agneaux ; & l'on marquera ensuite, comment accommoder l'Agneau & les pieds pour Entrées.

Têtes d'Agneaux en Potage , ou pour Entrée.

Ayant bien échaudé les têtes d'Agneaux & les pieds, faites-les cuire avec les foies & du petit lard, dans une grande marmite avec du boüillon , assaisonnez de sel , poivre, clous , & un bouquet de fines herbes : étant cuit, faites mitonner votre Potage avec de bon boüillon & bon jus ; rangez vos têtes d'Agneaux au milieu ; faites frire les cervelles, les aïant bien panées , en sorte qu'elles soient comme des croquets , & les remettez en leur place ; & garnissez votre Potage des foies , des pieds , & du petit lard : ajoûtez-y un coulis blanc , fait avec un morceau de mie de pain trempée dans de bon boüillon , une douzaine & demie d'a-mandes douces, & trois jaunes d'œufs durs, le tout pilé dans un mortier , & passé par l'étamine , bien mitonné & bien assaisonné ; & un jus de citron en servant.

On peut aussi faire un coulis verd , avec du verd de ciboule , des épinars , & des croûtes de pain que vous faites mitonner

de même dans une casserole avec de bon
boüillon , bien assaisonné de clous , thim ,
& jus : vous pilez votre verd de ciboule
& vos épinars dans le mortier ; & l'aïant
passé avec le reste par l'étamine, vous le jettez sur votre Potage , avec des asperges en
petits pois semées par-dessus , & un jus de
citron.

A la place de ce coulis , on peut mettre
sur le Potage de têtes d'Agneaux, une bonne purée verte : & pour le déguiser une autre fois , on fera un coulis des foies ; &
l'on garnira des pieds & du petit lard. Une
autre fois on les peut couvrir de petits pois,
& un coulis de même, selon la saison. Et
une autre fois , on peut échauder les têtes
d'Agneaux bien proprement , prenant garde
que l'eau ne soit pas trop chaude ; après on
ôtera tous les os & la langue, aïant soin
que la peau reste toute entiere : on farcira
ces têtes de quelque bonne farce ; & les
aïant ficelées, on les fera cuire. Après
qu'elles seront cuites , on les dressera sur le
Potage, & on le garnira de même que ci-
devant , ou bien du moû d'Agneau mariné,
& frit en pâte.

On fait aussi une petite Entrée de têtes
d'Agneaux, avec un bon ragoût par-dessus:
& un Potage d'Agneau aux Laituës Romai-
nes farcies ; garnissant encore ledit Potage ,

des tiges de Laitues passées à la poële avec lard fondu & farine frite , & mitonnées ensuite dans un pot avec bon boüillon, que l'on blanchira avant que dresser , avec des jaunes d'œufs passez par l'étamine.

Entrées de pieds d'Agneaux.

Echaudez-les bien & les faites cuire; étant cuits , levez l'os du milieu & les farcissez d'une bonne Farce ; étant farcis , trempez-les dans des œufs battus , ensuite panez-les bien, c'est-à-dire, jettez dessus de la chapelure de pain bien menu , après faites-les frire comme des croquets , & garnissez votre plat avec du persil frit.

Ils vous peuvent aussi servir pour Hors-d'œuvres , ou pour garnir une Entrée de tête d'Agneau au blanc , comme si c'étoit des Pigeons au blanc. On en peut encore garnir le Potage de têtes d'Agneaux ci-devant ; & il faut servir le tout chaudement.

On fait un autre Ragoût d'Agneau , le coupant en quatre ; & après l'avoir lardé de moïen lard , & lui avoir donné un peu de couleur , on le fait cuire dans une terrine ou casserole , avec boüillon , sel , poivre, clous, champignons , & un bouquet de fines herbes. Etant cuit , passez huîtres par la poële , un peu de farine, deux anchois, jus de citron en servant , & garniffez de champignons frits.

A L O Ï A U ,

Eft le nom de certaines pieces de Bœuf qui fe prennent au-deffus des côtes , & qui fe mangent ordinairement rôti , & d'autres manieres.

Aloïau à la Godard.

Faites cuire un Aloïau de la premiere piece à la broche , à moitié piqué de gros lard , c'eft-à-dire le Filet. Etant à demi cuit, vous le retirerez , & le mettrez dans une marmite , avec un bon affaifonnement & jus bien nourri , un peu de truffles , champignons , morilles , artichaux , feulement pour donner goût ; parce que vous faites un autre Ragoût de truffles, champignons, morilles , cus d'Artichaux , ris-de-veau , crêtes , le tout bien lié , lequel vous mettez par-deffus votre Aloïau , & le garniffez de marinade de Poulets , ou cotelettes marinées.

Aloïau à l'Angloife.

Prenez un Aloïau de la premiere piece, & le mettrez deux jours au fel : enfuite mettez le à la broche ; & étant bien cuit, panez-le , & jettez un bon ragoût par-deffus

& par-deſſous ; garniſſez-le de hattelettes,
de marinade , ou de poupietes cuites à la
broche.

Aloïau au Concombre.

On fait une autre moïenne Entrée d'un
Aloïau , avec un bon ragoût de Concombre que vous ferez ainſi. Prenez des Concombres bien meurs, pelez-les, & les coupez par la moitié ; ôtez-en les pepins , coupez-les enſuite par tranches , faites-leur jetter leur eau entre deux plats , & aprés les
avoir fait égouter, empotez-les avec de bon
boüillon gras , puis les aſſaiſonnez de ſel,
poivre , clous de girofle , muſcade , fines herbes bien menuës,& quelques rocamboles : étant cuits , égoutez-les, & les faites mitonner ſur un réchaud dans une caſſerole ; & lorſque vous ferez prêt de ſervir ,
jettez-y un bon verre de vin rouge , puis
ſervez votre Aloïau ſur vos Concombres.
Vous pouvez garnir votre plat de cotelettes de Veau marinées, ou dé pain frit , ou
de ce que vous aurez de convenable.

Aloïau farci.

Vous pouvez le farcir d'un ſalpicon ;
dont vous trouverez la maniere ſous la lettre S. Ou bien , votre Aloïau étant preſque cuit à la broche , vous prenez la chair

du milieu que vous hachez bien menu, avec
du lard , graisse de Bœuf , fines herbes ,
épices & bonnes garnitures ; vous en farcissez votre Aloïau entre la peau & l'os ,
& le recousez proprement, de peur que la
chair ne tombe dans la lechefrite en achevant de cuire.   Vous garnissez votre plat
de Fricandeaux en façon de cotelettes pí-
quées , avec pain frit ; & étant sur Table on ôte les peaux , pour avoir la li-
berté de le manger avec une cuillere.

A L O Z E

Est un Poisson de mer qui passe ordinairement en eau douce , où aïant séjourné
quelque tems , elle en devient plus délicate & d'un meilleur suc.

Aloze rôtie.

Ecaillez-la & l'incisez ; & aprés l'avoir
frottée de beurre & de sel, ou bien lui avoir
fait prendre sel dans une Tourtiere avec
de l'huile , faites-la griller à petit feu sur
le gril , qu'elle soit de belle couleur. Vous
la pouvez servir à l'ozeille , & à la crême.
A l'ozeille , on y ajoûte du persil, cerfeüil,
ciboule , sel , poivre , muscade , & bon
beurre. On peut aussi la servir avec un
ragoût de champignons, ou une sausse brune avec capres.

Aloze

Aloze au Court-boüillon.

L'aïant écaillée & incifée, faites-la cuire avec vin blanc, vinaigre, fel, poivre, clous, laurier, oignons, & citron
verd ; & la fervez fur une ferviette.

ALLOÜETTES,

Sont de petits Oifeaux d'une affez bonne
nourriture : elles font meilleures en Hyver
qu'en tout autre tems. Vous pouvez mettre les Alloüettes en Ragoût pour Entrées :
on en peut faire auffi un Pâté chaud, & une
Tourte. Pour la Tourte & le Pâté, on n'a
qu'à voir ce qui fera dit pour d'autres Volailles femblables, entr'autres pour les Pigeonneaux, hors qu'on ne farcit point les
Alloüettes comme on fait les Volailles plus
groffes. On ôte feulement les jufiers qu'on
range au fond du Pâté ; & l'on garnit de
champignons, foies gras, truffles, lard pilé, & autre affaifonnement : en fervant,
on y met de bon jus de Veau ou de Mouton, & un jus de citron ; & pour la Tourte, quelques capres, avec un peu de vin
blanc en l'ouvrant.

A l'égard du Ragoût ; aïant vuidé vos
Alloüettes, paffez-les à la poële, avec
lard & un peu de farine : enfuite, mettez-
les dans une terrine, avec boüillon, vin

blanc ; dattes par morceaux, écorce de citron confit, piftaches, canelle, fel, poivre, prunes de Brignole, & jus de citron en fervant. Vous garnirez avec ces mêmes chofes, & fervirez à courte fauffe.

On ne s'arrête pas à remarquer qu'on mange les Allouettes graffes rôties, cela étant affez connu.

Pour les Potages d'Allouettes, voïez la lettre P.

AMANDES,

Eft un fruit affez connu de tout le monde : il y en a d'ameres & de douces qui fervent à plufieurs ufages ; on en fait de la pâte, des Potages, du Lait d'Amandes & des Toûrtes. Voici la maniere de faire toutes ces chofes.

Pâte d'Amandes.

Il faut échauder des Amandes, & les laver dans l'eau fraîche : aprés il les faut piler, & les arrofer d'un peu de blanc d'œuf fouetté, avec un peu d'eau de fleur d'orange ; & à mefure que l'on pile les Amandes, on continuë de les arrofer peu à peu, afin qu'elles ne deviennent point en huile. On ne fçauroit les trop piler. Quand elles le font comme il faut, on tire la pâte du mortier, & on la met dans une poële fur le feu, pour la deſſecher avec du ſucre en poudre. Il faut ſur livre de pâte, demi livre ou trois quarterons de ſucre, bien mêler le tout enſemble avec une gâche, & remuer toûjours Juſqu'à ce qu'on voie qu'elle ne tienne plus à la poële, ou que poſant le dos de la main deſſus, elle ne s'attache pas ; pour lors vous l'ôtez de la poële, & la maniez ſur une table bien nette avec un peu de ſucre en poudre : vous pouvez auſſi la deſſecher avec du ſucre cuit à la plume, pour livre de pâte demi livre de ſucre ; obſervant auparavant ce que nous avons dit ci-deſſus. Il faut un peu laiſſer repoſer votre pâte avant que de l'emploïer, elle vous ſervira à faire des Abaiſſes pour des Tourtes. Vous la pouvez auſſi travailler de pluſieurs manieres ; la glacer, paſſer à la ſeringue, & la façonner en divers autres ouvrages. Les rognures qui vous reſteront étant ſéches, il n'y a qu'à les remettre dans le mortier, & les piler avec un peu de blanc d'œuf, pour les ramollir ; & cela vous ſervira à en former de petits Choux, ou autre galanterie pour garnir vos plats.

L'ait d'Amandes.

On ſert le Lait d'Amandes pour Entremets ; voici comment il ſe fait. Prenez des Amandes, échaudez-les, & les pilez dans le mortier, comme ci-devant. Vous prendrez ensuite un peu de lait , & passerez le tout bien proprement par l'étamine. Etant passé , il faut bien battre quatre œufs frais, & y verser du lait peu à peu ; après quoi on y met un peu de sel & de muscade. Pour le cuire , vous aurez une marmite sur le fourneau avec de l'eau ; & quand elle bouillira , vous mettrez un plat sur cette marmite avec un morceau de beurre de Vanvre , ou autre de pareille bonté : vous verserez dans ce plat votre lait d'Amandes , & vous remuerez toûjours , jusqu'à ce qu'il se forme une crême. Il le faut servir chaudement, sans sucre.

Potage de Lait d'Amandes.

Prenez une livre ou deux d'Amandes , selon la grandeur de votre plat ; & les aïan bien échaudées , pilez-les tout d'un tems , en les arrosant d'un peu d'eau. Etant bien pilées , il faut avoir une casserole sur le feu , avec de l'eau qui soit tiede , & fort peu de sel : vous verserez cette eau dans votre mortier , & passerez le tout par l'étamine , deux ou trois fois. Ensuite , mettez ce lait dans une marmite qui soit bien nette , avec un bon morceau de sucre & de canelle en bâton , & faites cuire le tout petit à petit. Pour dresser votre Potage , coupez

de la mie de pain en tranches, & les rangez
proprement dans le plat ; & quand elles
seront séchées à l'air du feu, faites mitonner votre Potage du même lait ; & étant
prêt à servir, arrosez-les autant qu'il est necessaire.

Quelques-uns font bouillir environ deux
pintes d'eau dans une marmite, & y mettent la mie de deux petits pains, qu'ils mêlent ensemble dans un mortier avec les Amandes, & le font ensuite mitonner dans
la marmite l'espace de trois ou quatre heures, avec sucre & canelle, comme ci-dessus ; aprés quoi ils le passent, & dressent de
même.

Vous garnirez avec du massepain, ou des
Amandes à la Prâline, que vous pouvez
faire de cette maniere, si vous voulez vous
en donner la peine. Prenez des Amandes
bien échaudées, & faites bien égouter leur
eau : aprés quoi vous les mettrez dans le sucre en poudre, & les jetterez tout d'un
tems dans une poële à frire, que vous aurez toute prête avec de bonne huile chaude.
Vous les remuërez & tournerez toûjours,
jusqu'à ce qu'elles deviennent de couleur
d'or : & alors vous les tirerez vîtemens,
& en ferez quatre ou cinq tas, parce qu'elles s'attacheroient ensemble ; & vous en
garnirez votre Potage.

Tourte d'Amandes.

Il faut piler environ deux bonnes poignée d'Amandes douces; & en les pilant les arrofer d'eau de fleur d'orange. On y ajoûte de l'écorce de citron confit, d'autre écorce de citron verd, & du fucre; & on pile bien le tout enfemble, avec fort peu de farine que l'on y met : enfuite on foüette deux blancs d'œufs en neige, que l'on jette dedans, & trois jaunes d'œufs; & toute cette farce étant bien demêlée, on la tire dans un petit plat. On fait une pâte avec de la farine, du beurre, un jaune d'œuf, & un peu de fel; il faut fur tout que cette Pâte foit bien faite : aprés quoi on en étend une abaiffe, que l'on met dans la tourtiere, avec un petit bord autour, que l'on y fait avec la pointe du coûteau. Quand il eft tems de la faire cuire, on met dedans la farce que l'on a preparée, en forte qu'elle tienne & rempliffe toute l'abaiffe : on la glace avec un peu de fucre fin, & on la met dans le four, prenant garde du feu deffus & y en mettant toûjours deffous : mais prenez garde de la faire trop cuire.

A n c h o i s,

Sont des petits Poiffons de mer qu'on

nous apporte tout confits au fel ; dans des
petits barils ; on en fait ordinairement des
Salades , & c'eſt la façon la plus commune
de les manger. On fait auſſi un coulis d'Anchois, & il en entre dans pluſieurs Ragoûts,
tant gras que maigres, qu'il ſeroit inutile de
rappeller ici , puiſque cela eſt ſuffiſamment
expliqué aux endroits où il en faut emploïer.
On remarquera ſeulement, que l'on peut
frire les arêtes des Anchois qui vous auront ſervi , les aïant paſſées dans une Pâte
faite avec vin blanc , farine , un peu de ſel
& poivre ; & , ou vous en garnirez autre
choſe , ou vous les ſervirez pour Hors-
d'œuvres, avec orange & perſil frit.

A N D O ï I L L E S.

Les Andoïilles ſe ſervent pour Entrées ,
plus que pour Entremers : on fait celles de
Cochon , de la maniere qui ſuit.

Andoïilles de Cochon.

Prenez de gros boïaux de Cochon , &
ôtez-en le gros bout , pour le faire tremper
un jour ou deux. Etant bien trempé & lavé , faites-le blanchir dans de l'eau , avec
un peu de ſel , & quelques tranches d'oignons & de citron. Vous fendrez ce boïau,
& vous y mettrez auſſi un peu de vin blanc,
pour en ôter le mauvais goût. Aprés qu'il

sera blanchi, vous le tirerez dans de l'eau
fraîche; & l'aïant ensuite porté sur la Table,
vous le couperez de la longueur dont vous
voulez les Andoüilles. Vous prendrez du
ventre de Cochon, & en ôterez le gras; &
vous couperez cette viande en gros lardons,
de la même grandeur de vos Andoüilles;
& vous les formerez ainsi avec moitié d'un
& d'autre, les assaisonnant comme il faut:
aprés quoi vous prendrez les chemises dont
on doit ôter le petit boïau de dedans, les
bien nettoïer, & les faire aussi tremper quelque tems pour en ôter le mauvais goût.
Vous les couperez de la longueur de vos
Andoüilles; & aïant ficelé les bouts de
chaque Andoüille, vous les passerez proprement dans la chemise, pour les en revê-
tir, & les lier. Quand vous aurez fait vos
Andoüilles, il les faut empoter dans une
marmite avec de l'eau, des tranches d'oignon, un oignon piqué de clous de girofle,
deux feuilles de laurier, un peu de panne
de Cochon; & vous les ferez cuire doucement, en les écumant bien, y jettant aprés
que vous les aurez écumées, un ou deux
verres de vin blanc. Vous les laisserez refroidir dans le même boüillon, & vous les
tirerez ensuite, & prendrez garde de les
rompre: on les fait griller sur du papier,
& on les sert tout d'un tems.

On

On peut servir un Potage d'Andoüilles
aux Pois passez avec bon boüillon; & pour
cela on fait cuire l'un & l'autre à part : les
Andoüilles avec un bouquet , de fines herbes & un morceau de citron verd. On met
dans la purée de fines herbes menuës, passées
à la poële avec lard fondu. L'Andoüille se
coupe par roüelles , pour dresser sur vos
croûtes mitonnées , avec poivre blanc , jus
de Mouton & de citron en servant : garnissez de pain frit , & de citron par tranches.

Andoüilles de Veau.

Aïez des boïaux de Veau qui soient un
peu gros , bien lavez & bien propres, &
coupez-les de la longueur dont vous voulez
faire vos Andoüilles : ficelez un des bouts,
& prenez du lard blanchi, de la têtine de
Veau blanchie, de la fraize de Veau de
même , & coupez le tout par petits dez ou
roüelles. Vous les mettrez dans une casserole , & les assaisonnerez avec des épices
fines battuës, avec une feüille de laurier.
Il y faut du sel , du poivre, un peu d'échalottes hachées ; & vous y ajoûterez environ demi-setier de bonne crême de lait.
Vous passerez le tout ensemble sur le fourneau, & tirerez aprés la casserole en arriere.

I

Il y faut jetter quatre ou cinq jaunes d'œufs, un peu de mie de pain ; & tout étant bien lié, vous en formerez chaudement vos Andoüilles avec un entonnoir, & vous ficelerez le tout : aprés quoi vous les ferez blanchir dans de l'eau, & les empoterez de la même maniere que celles de Cochon. On les fait cuire de même, il les faut aussi laisser refroidir dans leur bouillon : pour les servir, on les fait griller sur du papier, & on les sert chaudement. Ces sortes d'Andouilles se peuvent faire en Eté, quand on est hors du tems des Cochons; comme dans les Païs où l'on n'en tuë pas toute l'année, ainsi qu'on fait à Paris.

Andoüilles & Cervelats de Carême.

Prenez chair d'Anguille, de Tanches, de Carpe, de Moruë fraîche, ou à son défaut, celle de Brochet ; hachez bien toutes ces chairs ensemble avec persil & ciboulettes ; assaisonnez les de poivre, sel, clou, muscade & gingembre en poudre ; joignez-y du thim, du basilic, du laurier, & un peu de canelle en poudre, graisse d'Anguille & beurre frais, ce qu'il en faut.

Pilez ensuite les ossemens de Carpe de Brochet, d'Anguille & de Tanches dans un mortier, observant de les arroser avec

de bon vin vermeil ce qu'il en faut. Cela é-
tant fait, arrofez-en votre hachis, duquel
vous emplirez les menus inteftins du Veau,
aprés les avoir bien lavez & dégraiffez ;
car en cet état, il n'y a aucun fcrupule à s'en
fervir, ne leur reftant aucune qualité graffe. Etant emplis, faites-les mariner vingt-
quatre heures dans du fel & de la lie de bon
vin : les aïant retirez, mettez-les autant à
la groffe fumée de votre cheminée, ou tel
tems que vous voudrez, pourvû que le fel
& les épices ne foient point épargnez : &
lorfque vous en aurez befoin, vous les ferez
cuire dans du vin blanc avec fines herbes,
ou dans deux tiers d'eau, & un tiers de lie,
auffi avec fines herbes. On fert l'un &
l'autre froid pour Entrée.

ANDOUILLETTES.

On fait des Andouillettes de Veau, avec
de la chair de Veau hachée, du lard ; fines
herbes, jaunes d'œufs, fel, poivre, mufcade, canelle pilée, leur faifant prendre une
belle couleur ; & en fervant on y delaie des
jaunes d'œufs, avec du verjus & un jus de
citron. Ces mêmes Andouillettes fe mettent à la broche dans des platines de lard;
& on les arrofe de ce qui tombe, avec jaunes d'œufs & mie de pain, tantôt de l'un,

tantôt de l'autre, pour leur faire prendre une belle croûte : & pour servir, on y met du jus de Mouton ou autre, un jus de citron & persil frit pour garniture.

Il se fait aussi des Andouillettes de Poisson, avec de la chair d'Anguille & de Carpe, hachée ou pilée dans le mortier, assaisonnée à l'ordinaire. D'une partie de cette chair, on forme un Cervelat dans un linge, & on le fait cuire avec vin blanc, beurre, un bouquet de fines herbes ; & du reste, on en forme des Andouillettes, que l'on met cuire dans du beurre, avec du bouillon & un bouquet de fines herbes. Passez des Champignons par la poële, avec laites de Carpes, & un peu de farine ; & aprés les avoir fait un peu bouillir avec du bouillon de poisson & citron verd, mettez-les avec vos Andouillettes. Vous les pouvez servir ainsi pour Entrées ; ou bien en Potage, les dressant sur vos croûtes mitonnées, garni du Cervelat en tranches, & tranches & jus de citron.

ANGUILLE,

Est un Poisson de riviere que chacun connoît: il s'apprête de differentes manieres.

Anguilles farcies.

Vous les pouvez farcir sur l'arête, en

façon de Boudin blanc. Vous faites un Godiveau de la chair de vos Anguilles, que
vous battrez bien dans un mortier ; vous y
mettez de la crême , de la mie de pain ,
deux ou trois rocamboles , la moitié d'une
gouffe d'ail : & votre Godiveau étant de
bon goût , & bien affaifoné, vous en farciffez vos arêtes bien proprement ; vous les
panez bien de mie de pain , & vous les faites cuire au four dans une tourtiere , qu'elles foient de belle couleur.

Anguille au blanc.

Quand l'Anguille fera écorchée , coupez-la par morceaux, que vous ferez blanchir à l'eau bouillante. Etant égoutez fur
une ferviette , vous les paffez au beurre
blanc , & vous les faites cuire avec fel,
poivre , clous , mufcade , feuille de laurier , & un morceau de citron ; quelques-
uns y mettent un verre de vin blanc. Paffez
auffi des cus d'Artichaux, champignons &
pointes d'afperges , avec bon beurre & fines herbes , que vous y ajoûterez ; & faites
une fauffe blanche avec des jaunes d'œufs
& verjus , quand le temps le permet , &
qu'on eft prêt à fervir. Garniffez de pain
frit & citrons par tranches , & fervez avec
le jus même..

Anguilles à la sauffe brune.

Vous les paffez à la poële, avec beurre roux, fines herbes bien menuës, ciboules, fel, poivre, clous, mufcade & capres ; un peu de verjus & de vin blanc, fi vous voulez, & farine frite : Enfuite vous faites cuire le tout enfemble dans un plat, ou une terrine; & garniffez de citron en fervant.

Anguille frite.

On ne la doit point écorcher; mais feulement ôter l'arête; la couper par tranche, la faire mariner avec vinaigre, fel, poivre, laurier, ciboules & citron; puis les farincr, & les frire en beurre affiné. Pour fervir, faites-y une perfillade, avec vinaigre rofat & poivre blanc.

Anguille fur le gril.

Aprés l'avoir écorchée & mife par tronçons, faites-les mariner comme ci-deffus : & les aïant fait rôtir fur le gril, faites une fauffe avec beurre roux, farine, capres, fel, poivre, mufcade, clous, vinaigre, & un peu de boüillon ; & faites-y un peu boüillir vos Anguilles, quand elles feront cuites. On la fert auffi à la fauffe Robert, & à la fauffe douce.

Anguille à l'Angloife.

Aïant bien lavé votre Anguille, écorchez-la proprement ; ce qu'étant fait, gardez la peau, mettez l'Anguille dans un plat, verfez deffus de bon vin blanc , & l'y aïant laiffé quelque tems , retirez-la ; faites-lui des incifions de diftance en diftance fur le dos & au côté ; empliffez ces incifions d'une maniere de farce que vous compoferez ainfi. Prenez mie de pain blanc bien éfraifée, perfil haché , poivre, clou , mufcade & fel , ajoûtez-y quelques jaunes d'œufs durs, Anchois pilez en maniere de pâte, & de bon beurre frais ce qu'il en faut,& mêlez le tout enfemble : empliffez de cette farce les incifions de vôtre Anguille , enfuite remettez-la proprement dans fa peau , & liez-la par les deux bouts, piquez-la avec une fourchette en plufieurs endroits , puis faites-la rôtir fur le gril ou à la broche : étant cuite, fervez-la à fec , avec un jus de citron, ou faites-y une fauffe avec bon beurre, vinaigre, fel, & poivre blanc; obfervez qu'il n'y a que les groffes Anguilles qui s'accommodent de cette forte.

Anguilles à la Daube.

Hachez de la chair d'Anguille & de Tanches, assaisonnez de sel, poivre, clou, muscade ; & faites des lardons d'autre chair d'Anguille, dont vous mettez un lit sur les peaux, & un lit de la chair hachée, en continuant ainsi comme un pain long. Enveloppez-les dans un linge, & faites-les cuire de même que le Jambon de Poisson, c'est-à-dire, moitié eau, & moitié vin vermeil, assaisonné de clous, laurier & poivre. Etant refroidi dans son boüillon, servez par tranches pour Entremets, plûtôt que pour Entrées.

Potage d'Anguilles.

Ecorchez-la, & la mettez par tronçons : passez-les à la poële avec beurre roux, fines herbes, farine & assaisonnement, & l'emporez avec boüillon de Poisson, dont vous trouverez la maniere, lettre B. Vos croûtes étant mitonnées, dressez votre Potage, & servez avec capres & jus de citron.

Pâte & Tourte d'Anguille.

On fait un Pâté chaud d'Anguille pour Entrée, l'ayant coupée par tronçons,

aprés l'avoir écorchée. Vous l'affaifonnez
à l'ordinaire, avec fel, poivre, clous,
mufcade, fines herbes, ciboules, beurre,
capres, laurier, chapelûre de pain ; à demi
cuit, un verre de vin blanc, & jus de citron
en fervant. Vous drefferez-le Pâté en ovale,
ou rond, avec pâte fine.

Pour la Tourte, vous pouvez ou hacher
l'Anguille aprés l'avoir écorchée & ôté l'a-
rête, ou la couper par roüelles, l'affaifonnant comme deffus, avec des champignons
par morceaux ; & des jaunes d'œufs & jus
de citron en fervant, pour faire une fauffe
blanche.

ARTICHAUX,

Eft un legume dont on fe fert pour
garnir les Ragoûts & les Pâtez de beatilles.
Voici diverfes manieres d'acommoder des
Artichaux, pour fervir d'Entremets.

Artichaux à la fauffe blanche.

Faites cuire des petits Artichaux dans
l'eau, & un peu de fel. Quand ils feront
cuits, paffez les cus par la poële, avec perfil, affaifonnez de fel & poivre blanc ; &
faites une fauffe avec jaunes d'œufs, un filet de vinaigre, & un peu de boüillon.

Artichaux au beurre blanc.

Vos Artichaux étant cuits comme deſſus, ôtez le foin ; & faites ſauſſe avec beurre blanc , vinaigre , ſel & muſcade.

Artichaux frits.

Coupez-les par tranches , ôtez le foin & les faites boüillir trois ou quatre tours : mettez - les tremper avec vinaigre , poivre , ſel & ciboule ; puis les farinez , & les faites frire dans du ſain-doux ou beurre affiné : Servez avec perſil frit.

Cus d'Artichaux en Pâte & frits.

Les Artichaux étant cuits & nettoïez de leur foin , faites pâte avec farine , ſel, poivre & eau ; & empâtez-les pour les frire en grande friture. Servez auſſi avec perſil frit, & un filet de vinaigre roſat.

Autres manieres.

On ſert encore des Artichaux à la crême, qui eſt comme les Aſperges : d'autres à la Saingaraz & à la ſauſſe au Jambon , pour les jours gras ; ſur quoi voïez l'eſſence de

Jambon , lettre I. & les Lapreaux à la Saingaraz , lettre L. Et enfin , d'autres à l'eſtoufade , & glacez. Ils ſont encore d'un grand ſecours toute l'année , pour preſque tous les Ragoûts, Potages & Entrées; ainſi il eſt neceſſaire d'en faire bonne proviſion , en obſervant ce qui ſuit.

Cus d'Artichaux en Purée.

Ayant bien nettoyé & lavé vos cus d'Artichaux , faites - les cuire dans l'eau qu'à ce qu'ils ſoient reduits comme de la bouillie, paſſez-les aprés cela dans une paſſoire à petits trous , de la même façon que l'on fait les pois ; faites-les mitonner enſuite dans une caſſerole , à petit feu , avec de bon beurre frais , ſel , poivre , muſcade & clous battus : Joignez-y un bouquet de perſil, ciboule, & thim avec une feuille de laurier ; étant prêt de ſervir , pilez en un mortier amandes douces pelées , écorce de citron confit , biſcuits d'amandes ameres , jaunes d'œufs durs , ſucre en poudre ce qu'il en faut ; mêlez-bien le tout enſemble , avec eau roſe , de Jaſſemin ou de fleurs d'orange ; puis incorporez cette compoſition avec votre purée d'Artichaux , & l'aïant remiſe un moment ſur le feu , ſervez promtement.

Maniere de conserver les Artichaux.

Prenez de l'eau selon la quantité de vos Artichaux, en sorte qu'ils puissent tremper, & faites-la boüillir, avec du sel à proportion. Tirez-la ensuite hors du feu, & laissez-la reposer, afin que la crasse du sel aille au fond. Aprés il la faut couler dans le pot où vous voulez mettre vos Artichaux, qui doivent être bien tournez ; & les blanchir seulement pour en ôter le foin & la crasse. On les lave dans deux ou trois eaux, & on les met ensuite dans la saumure que l'on a faite, versant au-dessus de l'huile, ou bon beurre, afin que l'air n'y puisse penetrer. Si on veut, on y peut mettre un peu de vinaigre. Il les faut couvrir soigneusement avec du papier, & une planche par-dessus, pour que cela ne respire le moindre air. Pour les emploïer, on le dessale auparavant dans de l'eau fraîche. Ils se peuvent garder une année entiere & plus.

Autre maniere.

Ayez des bons Artichaux, nettoyez-les bien de leurs feüilles & du foin qui est dedans, avec un coûteau que vous coupez proprement tout autour, jusqu'à la chair, vous les jettez à mesure dans l'eau fraîche, pour qu'ils ne noircissent point, ensuite vous les tirez de l'eau & les jettez dans la farine, en sorte qu'ils en soient tout couverts; vous les rangez sur une claie & vous les faites sécher au four, & pour vous en servir, vous les faites tremper vingt-quatre heures & les faites cuire comme les autres: de cette maniere ils ne perdent point leur goût.

On en peut aussi conserver de secs : & pour cela, aprés que vos Artichaux sont blanchis, & que le foin en est ôté commé ci-dessus, vous les tirez sur des grilles ou claies d'osier, pour les faire égouter ; & on les fait ensuite sécher au Soleil ou dans le four moderement chaud, si bien qu'ils soient secs comme du bois. Avant que de les emploïer, il faut les faire tremper dans de l'eau tiede, pendant une couple de jours : ils reviendront par ce moïen, comme quand ils étoient frais ; & l'on trouvera qu'ils en seront beaucoup meilleurs que de l'autre maniere. En les faisant blanchir, il y faut avec de l'eau, un peu de verjus & de sel, de bon beurre pour les jours maigres ; & pour les jours gras, on peut y mettre de la bonne graisse de Bœuf.

ASPERGES,

Est une legume fort en usage parmi les

aliments du printems ; les plus groſſes ſont eſtimées les meilleures : elles ſe mangent de pluſieurs manieres. Il s'en fait des Potages , avec differentes Volailles , ou à la Purée verte , comme on en a pû voir aſſez d'exemples : & on les ſert dans l'Entremets pour Hors-d'œuvres , ou autres plats ; tantôt en Salade , tantôt au blanc & au jus lié , & tantôt à la crême.   Voici comme on les accommode de cette derniere ſorte.

Aſperges à la crême.

Il faut rompre vos Aſperges par petits morceaux , & les faire un peu blanchir dans de l'eau boüillante, aprés on les paſſe au bon beurre dans la caſſerole , ou avec du lard , ſi l'on n'a pas de fort bon beurre; prenant garde que le tout ne ſoit pas trop gras. On y met enſuite du lait & de la crême , & on l'aſſaiſonne doucement , y mettant auſſi un bouquet de fines herbes. Avant que de ſervir, il faut délaïer un ou deux jaunes d'œufs avec de la crême de lait , pour lier vos Aſperges; & vous ſervez en même tems.

On en peut faire autant pour des cus d'Artichaux , & pour les petits Pois ; mais à ceux-ci il faut du ſucre , & un peu de perſil haché : du reſte on les paſſe de la même maniere.

Vous pouvez auſſi ſervir des Aſperges en

petits Pois, avec un coulis verd de cosses de Pois, ou autre chose; une croûte au milieu, & garni d'un cordon de pain de jambon.

Asperges au jus.

Passez vos Asperges rompuës par morceaux, avec lard fondu, persil, cerfeuil coupé menu, & une ciboulette que vous retirerez; assaisonnez de sel & muscade, & les faites mitonner dans un pot à petit feu: aprés vous les dégraisserez, & y mettrez un jus de mouton & de citron; servez à courte sausse.

Asperges au beurre blanc.

Faites cuire les Asperges dans l'eau avec un peu de sel: faites sausse avec beurre, sel, vinaigre & muscade, ou poivre blanc, la remuant toûjours; & versez-la sur vos Asperges, quand elles seront dressées. Il n'y a rien en cela que d'assez connu; aussi-bien que pour les Asperges en Salade. A l'égard des Potages, voïez par le moïen de la Table, ceux où il en sera parlé; & au rang des Tourtes, la maniere d'en faire une d'Asperges.

Pour conserver des Asperges.

Otez-en le dur, & les faites boüillir

un boüillon avec fel & beurre : remettez-
les dans l'eau fraîche, & les faites égouter.
Etant froides, mettez-les dans un vafe où
elles puiffent être de leur logueur, avec fel,
clous entiers, citron verd, & autant d'eau
que vinaigre : couvrez-les de beurre fondu
comme les Artichaux, mettant un linge entre-deux: & les tenez dans un lieu temperé.
Pour vous en fervir, faites-les tremper &
cuire comme les autres.

B.

BARBOTTES.

LA Barbotte eft un Poiffon de Lac &
de Riviere. Les œufs qu'elle a dans le
corps, ne valent rien. Vous les pouvez
fervir en Ragoût & en Cafferole ; les mettre en pâte, & en faire un Potage au boüillon brun.

Ragoût de Babottes.

Nettoïez les Barbottes de leur limon a-
vec eau chaude; & les aïant farinées, faites-
les frire en bonne friture, & les mettez
dans un baffin avec beurre roux, farine,
anchois fondus, le tout paffé enfemble ;
affaifonnez de fel & mufcade, une ciboule,
capres & jus d'orange, ou verjus de grain.
Garniffez

Garniſſez de perſil frit & citron par tranches, & ſervez pour Entrées, comme tous les autres Ragoûts de Poiſſon.

Barbottes en Caſſerole.

Limonez les Barbottes, gardez le foie, & paſſez-les à la poële avec beurre roux ; puis les mettez dans une terrine avec le même beurre, un peu de farine frite & vin blanc ; aſſaiſonnez de ſel, poivre, muſcade, un bouquet de fines herbes, & un morceau de citron verd. Faites un Ragoût à part de la même ſauſſe des Barbottes, avec les foies & des champignons ; & garniſſez-en votre plat ; y ajoûtant un jus de citron en ſervant.

Potage & Pâté de Barbottes.

Pour le Potage ; aprés les avoir lavées, paſſez-les entieres à la poële, avec beurre roux & un peu de farine ; puis faites-les cuire dans une terrine, avec ſel, poivre, un bouquet de fines herbes, boüillon de poiſſon, ou purée, & un peu de vin blanc. Etant cuites, dreſſez-les ſur vos croûtes mitonnées, & garniſſez de champignons & capres.

Pour le Pâté ; dépoüillez la Barbotte, & dreſſez une pâte fine, où vous la mettez

K

avec fes foies, champignons, laites, queuës
d'écrevices, huîtres, cus d'artichaux, affaifonnez de fel, poivre, mufcade, fines herbes, ciboules, & jus de citron en fervant.

B A R B U E S,

Eft un Poiffon de mer : fa chair eft affez
délicate & d'un fort bon fuc.

Entrée de Barbuë marinée.

Découpez-la par-deffus le dos, afin que
la marinade penetre ; & quand elle fera
marinée, vous la panerez bien de mie de
pain & chapelûre affaifonnée, & vous la
ferez cuire au four : Garniffez de petits Pâtez.

Barbuë en Salade.

Vous la faites cuire au court-boüillon ; &
étant froide vous la coupez en filets dont
vous garniffez une affiete, & de la petite Salade ; & vous l'affaifonnez de fel, poivre,
vinaigre & huile ; ou bien, vous y faites la
ramolade que nous avons dit, page 65. &
fervez pour Entremets.

Autres manieres.

Si vous n'avez point d'autre plat au blanc,

laiſſez votre Barbuë entiere ; & ſervez-la
chaudement avec une ſauſſe blanche & crême pour Entrée.

On la ſert auſſi en filets à la ſauſſe aux
Anchois ; & au court-boüillon ſur une ſerviette , étant froide, pour Entremets.

Vous pouvez encore la mettre en Pâté
comme le Turbot, hors qu'elle ne doit pas
cuire ſi long-tems.

Becasse,

Eſt un Oiſeau de paſſage que chacun
connoît par ſon long bec.

Entrée de Becaſſes au vin.

Il faut prendre les Becaſſes, & les couper
en quatre, comme on fait les Poulets pour
une fricaſſée blanche. Aïez des truffes que
vous couperez par tranches, des ris-de-veau,
des champignons , des mouſſerons ; & paſſez-le tout enſemble , en le moüillant de
bon jus. On y met enſuite deux verres de
vin blanc ou rouge , n'importe. Quand
cela eſt bien cuit & aſſaiſonné , il y faut du
bon coulis de Becaſſe, pour lier la ſauſſe,
ou de quelqu'autre bon coulis dont on aura
la commodité. On peut auſſi y mettre une
cuillerée d'eſſence de Jambon , le tout bien

K ij

dégraiffé. Rangez vos Bacaffes dans le plat, le ragoût par-deffus ; & preffez un jus de citron avant que de fervir chaudement.

Pour faire un Salmi de Becaffes au vin.

Faites rôtir des Becaffes ; & quand elles feront à demi cuites, coupez les en pieces, & mettez-les dans une cafferole avec du vin, felon la quantité des Becaffes que vous aurez. Mettez-y des truffles & des champignons hachez, un peu d'anchois & de capres, & faites cuire le tout. On lie la fauffe avec quelque bon coulis : on dreffe enfuite fes Becaffes ; & on les tient chaudes, fans qu'elles boüillent. Auparavant que de fervir, vous les dégraifferez bien, & vous y preffciez un jus d'orange, & fervirez chaudement.

On peut auffi faire une Entrée de Becaffe en furtout ; furquoi voïez l'article des Pigeons qu'on accommode ainfi, lettre P. & le Pâté chaud de Becaffe & Perdrix, au premier article des Pâtez.

BECASSINE,

Eft une efpece de Becaffe ; mais bien plus petite & differente en couleur: c'eft auffi un Oifeau de paffage. Les Becaffines fe

peuvent fervir en ragoût auffi-bien que rôties. Pour cela fendez-les en deux, & n'ô-
tez rien du dedans : paffez-les à la poële
avec lard fondu ; affaifonnez de fel, poivre
blanc, une ciboule que vous retirerez, &
un peu de jus de champignons & de citrons;
fervez garni de tranches de citron.

BEIGNETS.

Il fe fait des Beignets de plufieurs manieres. Il y a des Beignets de pomme, des
Beignets au lait, des Beignets de blanc-
manger, & des Beignets à l'eau; & on fert
les uns & les autres en Entremets. Voici
pour les Beignets à l'eau.

Entremets de Beignets à l'eau.

Prenez une cafferole, & y mettez de
l'eau, & un peu de fel, avec de l'écorce
de citron verd & confit, haché bien menu. Faites boüillir cela fur un fourneau ;
& y ayant mis deux bonnes poignées de
farine & un peu de beurre, tournez-le à
force de bras jufqu'à ce que cela fe détache
de la cafferole. Alors vous le tirerez en
arriere ; & y mettant deux jaunes d'œufs,
vous les mêlerez bien enfemble, continuant
d'y mettre deux œufs à deux œufs jufqu'à

dix ou douze , que votre pâte foit délicate.
Il faut enfuite fariner fur fon tour , tremper la main dans la farine, & tirer votre
pâte par morceaux fur le tour. Quand elle
aura repofé, il faut la rouler & couper par
petits morceaux, empêchant qu'ils ne s'attachent l'un à l'autre : & quand on fera
prêt à fervir , vous les frirez dans du bon
fain-doux ; & les aïant tirez, vous jetterez
du fucre deffus & de l'eau de fleur d'orange,
& vous fervirez promtement pour Hors-
d'œuvres. On en peut auffi garnir des
Tourtes de crême.

Entremets de Beignets au blanc-manger.

Il faut avoir du Ris , & le laver en cinq
ou fix eaux ; & le faire fécher à l'air du feu,
mais bien. Vous le pilerez aprés cela dans
un mortier , & pafferez cette farine par le
tambour , afin qu'elle foit bien fine : il en
faut une bonne demie-once , felon la grandeur de vos plats. Vous prendrez une cafferole , vous y mettrez cette farine, & la
délaïerez bien avec du lait ; vous y ajoûterez aprés une chopine de lait ; & mettant
le tout fur le fourneau , vous aurez foin de
remuer toûjours. On y met auffi quelque
eftomac de Poularde rôtie, haché; & vous
formerez votre pâte comme fi c'étoit pour

faire une Crême pâtissiere. Il faut fariner sur
son tour, vuider cette pâte dessus, & la
détendre avec vôtre rouleau. On peut encore y mettre un peu de sucre, d'écorce de
citron confit, & de citron confit, & de
citron vert râpé en cuisant. Vôtre pâte étant
refroidie & bien étenduë sur le tour, il faut
la couper par petits morceaux comme les
Beignets à l'eau : farinez votre main, &
les roulez proprement avec, & faites-les
frire dans du bon sain-doux comme les autres. Quand on sera prêt à servir, sucrez
& poudrez les de-même, avec de l'eau de
fleur d'orange ; & s'ils vous servent de
plat, garnissez-les de Beignets à l'eau, ou
autres.

Beignets au lait.

On les fait de même que les Beignets à
l'eau, mais il n'y faut pas tant mettre de farine, afin que la pâte soit un peu plus délicate. Si elle ne l'est pas assez, vous y mettrez quelques jaunes d'œufs davantage dans
la casserole. Il faut ensuite prendre une assiette, & renverser la pâte sur le cu de ladite assiette, bien étenduë : & aïant du sain-
doux bien chaud & une cuillere en main,
vous formerez vos Beignets avec le bout que
vous tremperez de tems en tems dans le sain-
doux, afin qu'ils ne s'attachent pas à la

cueillere. Vous remuerez toûjours la poële
doucement : & quand vos Beignets seront
bien colorez, vous les tirerez & sucrerez
tout chauds, & les poudrerez d'eau de fleur
d'orange ; aprés quoi vous les sucrerez encore un peu. On en peut glacer si l'on veut
avec la pêle du feu, & les servir chaudement.

Autres Beignets.

Echaudez des Amandes douces, & les
pilez dans le mortier ; arrosez les de tems
en tems, d'un peu d'eau claire, afin qu'elles ne deviennent pas en huile ; étant pilées
comme il faut, vous les ôterez du mortier, &
pilerez ensuite écorce de citron confite,
fromage de Gruiere, jaunes d'œufs durs,
biscuits d'amandes ameres, un peu de canelle en poudre, & un peu d'eau de fleur
d'oranges pour les humecter, le tout à proportion. Aïant donc bien pilé le tout, vous
y remettrez votre pâte d'amandes, & vous
y ajoûterez marmelade de pommes & d'a-
bricots, sucre en poudre & fleur de farine;
le tout à discretion. Vous mêlerez bien le
tout ensemble, & en formerez une pâte
suffisante pour la manier sur le tour : ensuite
vous la roulerez & la couperez par morceaux, empêchant qu'ils ne s'attachent
l'un à l'autre ; & quand on sera prêt à servir

vir, vous les frirez dans du bon fain-doux, & les aïant tirez, vous poudrerez du fucre deffus & du vin d'Efpagne, & fervirez promtement pour Hors-d'œuvres.

Autres manieres de Beignets.

On fait encore des Beignets de pommes, d'abricots en confiture féche, de prunes, de cerifes à oreille, de piftaches liffées, de grofeilles rouges confites, de grains de grenade, & de parmefan; & aux uns il faut une pâte claire, aux autres plus forte. Comme c'eft plus une affaire d'Officier que de Cuifinier, nous n'en dirons pas davantage.

BICHE,

Eft la femelle du Cerf qui eft un animal fauvage. Pour fçavoir la maniere d'accommoder la Biche, on peut confulter l'article du Cerf, étant de même nature; finon qu'elle eft plus molle & plus fade. Il faut donc la faire tremper dans une marinade de même, aprés l'avoir piquée de menu lard. On l'arrofe en la faifant rôtir; & étant cuite, on met capres & farine frite dans fon degout, avec un peu de citron verd, & on la fait mitonner dans fa fauffe.

On peut auffi, étant piquée, marinée,

L

& rôtie envelopée dans du papier, y faire
une fauſſe douce, avec vinaigre, poivre,
ſucre, canelle, & une échalotte entiere.

Betteraves.

La Betterave eſt une eſpece de legume qui
pour être commune ne doit pas être mé-
priſée ; c'eſt la Racine d'une plante que
nous appellons Bette ou Poirée rouge. Voici la meilleure maniere de la manger.

Betteraves frites.

Aïant fait cuire vos Betteraves au four,
pelez-les, & les aïant coupées de la tête à
la queuë en maniere de Soles de l'épaiſſeur
de trois à quatre écus, mettez les tremper
dans une pâte claire, faite de vin blanc,
fleur de farine, crême douce, jaune &
blanc d'œuf crud (plus de jaune que de
blanc) poivre, ſel & clous de girofle en
poudre, enſuite tirez-les de cette pâte, &
les poudrez de farine, mie de pain & perſil
haché ; faites-les frire enſuite, & étant ſéches, ſervez dans un plat particulier pour
Entremets avec jus de citron. Ils peuvent
ſervir pour border vos ragoûts de poiſſon.

Beignets de Betteraves.

Aïant coupé vos Betteraves par roüelles, faites la pâte qui suit ; ayez du lait ce qu'il en faut , des jaunes d'œufs à proportion, du fromage frais, des biscuits communs, de la citroüille cuite & passée à la passoire si c'est la saison ; des macarons & de l'écorce de citron confite battuë dans un mortier, & sucre en poudrece qu'il en faut , & un peu de sel ; délaïez bien le tout ensemble : & votre pâte étant faite un peu épaisse, faites fondre de bon beurre frais , & étant assez chaud , jettez vos Betteraves dans cette composition : prenez-en une cueillerée dans laquelle sera une de vos dites roüelles de Betteraves ; jettez-la dans la poële ; continué comme l'on fait les Beignets à la pomme , servez avec jus de citron.

On mange les Betteraves en Salade , on les fricasse avec beurre , persil , oignons , poivre & sel.

B I S Q U E,

Est un Potage en ragoût. On sert des Bisques de Cailles, Chapons & Poulardes, & plus communément de Pigeons. Nous allons premierement marquer la maniere de celles-ci.

L ij

Pour faire une Bisque de Pigeons.

Il faut prendre les Pigeons les plus frais
tuez ; les échauder, blanchir & éplucher ;
les faire cuire dans de bon boüillon clair,
avec plusieurs bardes de lard, un oignon
piqué de clous de girofle, deux tranches
de citron, le tout bien écumé. On ne les
mettra au feu qu'une heure auparavant que
de servir, selon la grosseur de vos Pigeons;
& étant cuits, vous les tirerez en arriere.
Pour faire le ragoût, il faut des ris-de-veau
bien blanchis, coupez en deux, des champignons coupez par petits morceaux, des
truffles par tranches, des cus d'artichaux
coupez en quatre, & un entier pour mettre
au milieu de votre Potage. Vous passerez
proprement ce ragoût avec un peu de lard
& de farine, & un oignon piqué ; & n'at-
tendez pas qu'il roussisse. Quand il est ainsi passé, on y met un peu de boüillon, &
vous le laissez cuire avec une tranche de citron. Vous ferez cuire à part dans une petite marmite, des crêtes bien échaudées &
bien épluchées, avec des bardes de lard, de
la graisse de Veau & du boüillon clair, une
tranche de citron, un oignon piqué de quelques clous de girofle ; sur tout, que le tout
soit bien blanchi : passez pour cela un peu

de mie de pain dans l'étamine , avec de bon boüillon ; il n'en faut que deux cueillerées. Vos Pigeons , vos crêtes & votre ragoût étant prêts , vous faites vos foupes de la croûte de pain de Potage féchée au feu. On fait mitonner fon Potage avec de bon boüillon : on dreffe les Pigeons deffus , & le cu d'artichau au milieu : le ragoût dans l'entre-deux des Pigeons , les crêtes fur l'eftomac : le tout bien dégraiffé , achevez de mettre tout le ragoût deffus. Il faut avoir en même tems , un morceau de Bœuf ou Veau rôti à la broche , à demi cuit : on le coupe dans une cafferole , ou un plat ; & à force de main on le preffe , pour en tirer tout le jus. On ne le mettra pas au feu, afin qu'il devienne blanc : & quand votre Potage fera dreffé , vous l'arroferez de ce jus , afin qu'il foit bien marbré; vous le garnirez avec du citron , & vous en exprimerez une moitié par-deffus , & fervirez chaudement.

Autre Bifque de Pigeonneaux.

Aïez des Pigeonneaux à proportion de la grandeur dont vous voulez votre Bifque, plumez-les & les blanchiffez à l'eau chaude; vuidez-les bien , & les trouffez ; bardez-les de petit lard & les faites cuire dans de bon boüillon avec du clou battu, du poi-

L iij

vre, quelques feuilles de laurier & un oignon blanc pilé que vous enfermerez dans
un noüet de linge blanc, & que vous ne
laifferez qu'une demi-heure feulement, pour
leur donner goût ; enfuite vous y mettrez
du fel, écorce d'orange feche, & un bouquet de fines herbes, & vous les acheverez
de cuire : étant cuits tirez-les de leur boüillon pour les remettre mitonner dans de bon
jus de Bœuf & de Mouton, avec un peu de
jus de citron ; faites mitonner vos croûtes
avec de bon boüillon, dreffez vos Pigeons
deffus & fervez.

Bifques de Cailles, & autres.

Vous trouffez vos Cailles bien proprement comme des Poulets, & vous les paffez
au roux ou à la poële avec beurre roux,
qu'elles foient d'une belle couleur. Vous les
empotez dans un petit pot, avec de bon
boüillon, bardes de lard, un bouquet de
fines herbes, clous de girofle, & autre
affaifonnement, avec un morceau de tranche
de Bœuf battu, un autre de maigre de lard,
& du citron verd ; & vous les faites cuire
à petit feu. Vous garnirez votre Bifque
comme l'autre, de ris-de-Veau, cus d'artichaux, champignons, truffles, fricandeaux,
crêtes, dont vous ferez un cordon autour

avec les plus belles; & marbrerez votre Potage, d'un coulis de Veau & jus de citron en fervant.

Les Bifques de Chapons. & Poulardes, fe font de la même maniere que les precedentes, auffi-bien que celles de petits Poulets de grain ; mais au lieu de citron , on y met du verjus.

Pour la *Bifque de Poiffons*, hachez des Champignons bien menus , & les mettez fur les croûtes, que vous ferez mitonner avec bon boüillon de Poiffon. Vous ferez le ragoût de laites de Carpes, foies de Brochet , queuës & pattes d'Ecrevices, & jus de citron , garni de même.

BLANC-MANGER.

On fert du Blanc-manger dans l'Entremets, ou pour|plat, ou pour hors-d'œuvres. Pour le faire, prenez des pieds de Veau , & une Poule qui ne foit pas tout-à-fait graffe. Il faut faire cuire tout cela fans fel , & le paffer quand il eft bien cuit , prenant garde qu'il ne foit ni trop fort , ni trop délicat. Si vous avez trop de gelée , ôtez-en : enfuite mettez-y du fucre, de la canelle , & de l'écorce de citron ; & faites boüillir le tout un peu de tems, dans une caffetole fur le feu, après l'avoir bien dégraiffé. Il faut avoir des amandes douces ; & si l'on veut, on peut y en mettre sept ou huit d'ameres, suivant la quantité de votre Blanc-manger: on les pile bien, en les arrosant de lait, afin qu'elles ne viennent pas en huile. Vous passez votre Blanc-manger, qui ne soit pas trop chaud, avec vos amandes, deux ou trois fois ; aprés vous relavez bien les étamines, & les repassez encore une fois, afin qu'il soit bien blanc. Aprés l'avoir mis dans un plat, vous le glacez proprement, & passez par-dessus deux feüilles de papier blanc, pour en ôter la graisse. On y met une goute d'eau de fleur d'orange ; & quand il sera bien gelé, vous le servirez froid, le garnissant de citron.

Pour faire le Blanc-manger de diverses couleurs, voïez ce qui sera dit pour la Gelée.

Blanc-manger de Corne de Cerf.

Prenez environ une livre de Corne de Cerf râpée, selon la quantité que vous en voulez faire, & faites-la cuire raisonnablement, en sorte qu'en tâtant avec les doigts, vous trouviez que l'eau en soit devenuë comme gluante, cela étant un signe qu'elle est assez cuite. Passez cette gelée par une étamine bien fine, & pilez des amandes, les humectant avec du lait, & un peu de

crême. Vous passerez votre gelée avec ces
amandes trois ou quatre fois, afin qu'il soit
bien blanc; & vous y mettrez une goutte
d'eau de fleur d'orange.

. Si c'est pour des jours de jeûne en Carême, pour le soir, il faut passer le Blanc-
manger à force d'amandes pilées, y pressant
un peu de jus de citron; & n'y mettre point
de lait: Vous servez quand il est bien pris
en glace.

B œ u f.

Comme le Bœuf est une chose aussi commune que necessaire dans le Repas, il a fal-
lu imaginer diverses manieres de l'accommoder, qui pussent lui donner de la déli-
catesse, & faire honneur sur les meilleures
Tables. On a déja vû ce qui regarde l'A-
loïau. Voici pour d'autres pieces.

Grosse Entrée d'une culote de Bœuf.

Culote de Bœuf, est un morceau proche
de la queuë que l'on peut appeller derriere
de cimier. Vous prenez une culote de
Bœuf, aussi grande ou petite que vous voulez; vous la lardez de jambon & de lard,
bien assaisonné de poivre, sel, coriandre,
canelle, girofle & muscade battus, persil,
oignon, rocambole, le tout bien mêlé en-

semble: vous en ferez entrer autant que vous pourrez dans votre lard, & la larderez def-fus & deffous. Vous l'affaifonnerez encore de tous vos ingrediens, & la mettrez dans une cafferole, pour la faire un peu mariner, avec oignons, perfil, rocambole, bafilic, thim, verjus, tranches de citron, & un peu de boüillon. Il faut l'y laiffer deux heures, & la faire cuire dés le foir pour le lendemain. Vous la mettez dans une ferviette, avec des bardes de lard, & vous ferrez bien la ferviette, afin qu'il n'y entre point de graif-fe. Vous choififfez une marmite propor-tionnée. Vous mettez une affiette d'argent au fond, de peur que la ferviette ne brûle, ou la viande: & pour affaifonnement, vous y mettez de la panne de Porc, ou graiffe de Bœuf bien fraîche, environ trois livres, fuivant que votre piece de Bœuf eft groffe. Vous y ajoûtez du verjus, du vin blanc, gingembre, canelle, poivre long, tranches de citron, mufcade, oignon, perfil. laurier, du fel ce qu'il en faut, du bafilic entier, de la coriandre entiere, du fenoüil & de l'anis. Tout cela étant dans votre marmite, vous la couvrez, & laiffez bien confommer votre piece de Bœuf en cuifant tout douce-ment. Quand elle eft cuite, vous la laif-fez refroidir dans fa graiffe: vous faites un grand godiveau, que vous mettez dans le

plat où vous voulez fervir votre piece de
Bœuf; vous la couvrez du même godiveau,
& la mettez au four une heure de tems.
Pour la fervir, il faut avoir un coulis de
Bœuf, bien fait & de bon goût ; faire un
rond au-deffus du godiveau; faire entrer dedans votre coulis, qu'il penetre bien par-
tout, & un jus de citron par-deffus. Ce
même Bœuf fe peut fervir en tranches bien
minces, étant froid, en qualité de Bœuf à
la Roïale.

Entrée d'une piece de Bœuf.

Vous prenez un derriere de Culote, que
vous piquez de gros lard ; & l'aïant mis
dans une marmite, avec deux livres de fain-
doux, de bonnes bardes de lard, & l'affaifonnement neceffaire, vous le faites cuire à
la braife tout doucement, pendant environ
douze heures : Faites en forte qu'elle n'ait
point d'air en cuifant, & qu'elle foit de
bon fel. Sur la fin vous y pouvez mettre un
peu d'eau-de-vie, & garnir de marinade.

Autre Entrée de piece de Bœuf.

On peut fervir une Culote de Bœuf à
demi falé, qu'il faut empoter proprement
dans une marmite, avec toute forte de fines

épiceries & oignons. Vous remplirez la
marmite d'eau ; vous la ferez cuire , &
l'écumerez bien. On y met de bon jus de
viandes que l'on a tirez, pour la bien nourrir. Etant cuite , en la dreſſant dans ſon
plat , vous dégraiſſez un peu par-deſſus,
& vous y mettez un hachis de Jambon ,
garni de marinade de Veau frit piqué, & de
concombres farcis, comme on en trouvera
ci-aprés la maniere ; ou bien de cus d'Artichaux coupez en deux, avec des Ris-de-
Veau , le tout frit , & trempé comme les
concombres.

Entrée de tranche de Bœuf roulée.

Il faut couper de bonnes tranches de
Bœuf, & les bien applatir ſur la table avec
le couperet. On prend, par exemple , trois
ou quatre tranches , ſelon la grandeur de
votre plat. Vous faites une farce de chair
de Chapon , d'un morceau de cuiſſe de
Veau , du lard , & de la graiſſe blanchie,
du jambon cuit , du perſil & de la ciboule,
quelques ris-de-Veau , des truffles & des
champignons, le tout haché , bien aſſaiſonné de fines épices & de fines herbes. On y
met encore trois ou quatre jaunes d'œufs, &
un peu de crême de lait ; & aprés que votre
farce eſt bien hachée vous la mettez ſur

les tranches de Bœuf, que vous roulez proprement, en sorte qu'elles soient bien fermes, & d'une belle grosseur. Vous les faites cuire dans la braise, & assez long-tems; & quand elles sont cuites, vous les tirez, vous égoutez la graisse, vous les coupez en deux, & les dressez dans un plat du côté qu'elles ont été coupées, qui est le dessus. Étant rangées, vous y pouvez mettre quelque ragoût, ou du coulis; & rien autre, si l'on veut.

Cette farce ici peut servir pour plusieurs sortes de Volailles, lorsque dans les grands Repas on en a beaucoup à farcir. Elle servira aussi pour le Veau à l'Escalope, Fricandeaux farcis, & autres choses. Il se fait de semblables Entrées, ou Hors-d'œuvres, avec des tranches de Veau, accommodées de la même maniere.

Entrée de Filet de Bœuf au Concombre.

Prenez un Filet de Bœuf bien tendre; faites-le rôtir, bardé de lard, & envelopé dans du papier; qu'il ne soit pas trop cuit. Aprés coupez-le par petites tranches bien minces, & les mettez dans un plat. Il faut couper des Concombres par tranches, selon la quantité de vos Filets; il faut qu'ils soient marinez: ensuite pressez-les, & aïez

du lard dans une casserole , pour les y bien
passer sur le fourneau. Egoutez ensuite tout
le lard , & mettez-y un brin de farine, &
le passez encore un peu : aprés , moüillez
avec de bon jus , selon la quantité de vos
Filets. Etant cuits , il y faut mettre de
bonne liaison : une cuillerée d'essence de
jambon y feroit merveilles.　Vous y mettez
un filet de verjus , ou de vinaigre ; & vous
ne laissez pas boüillir vos Filets davantage,
parce qu'ils durciroient.　On les sert chaudement , garnis de pain frit , marinades ,
ou rissoles.

　Il se peut faire de toute autre sorte de Filets au Concombre de cette maniere.

Autre Entrée de Filets de Bœuf.

　On fait une autre Entrée de Filets de
Bœuf piquez, & marinez avec du vinaigre,
sel , poivre , clou , thim , oignons, que vous
mettez cuire doucement à la broche; & étant
cuits , vous les mettez dans de bon jus, avec
truffles, & garnissez de Poulets ou Pigeons
marinez , ou de Fricandeaux.

Piece de Lard à la mode.

　Aïez du Lard le plus gras que vous pourrez trouver , ôtez-en la coëne, faites le ma-

riner dans le fel , le poivre , le clou de girofle , & la mufcade battuë , avec un verre
de vin blanc : aïez enfuite un morceau de
tranche de Bœuf bien tendre ; coupez-la par
lardons , poudrez-les de fel , poivre , mufcade & clou battu ; lardez - en votre piece
de lard , auffi prés-à-prés que l'on fait le
Bœuf à la Roïa le,& même plus s'il fe peut:
empotez-le enfuite dans votre marinade ,
y ajoûtant encore deux verres de vin blanc,
feüille de laurier , thim , écorce d'orange &
un bouquet de perfil ; bouchez bien votre
cafferole , & cuifez à petit feu fans la dé-
boucher. Etant cuite , laiffez - la refroidir
& fervez , coupée par tranches, avec perfil
coupé deffus , & jus de citron : on la fert
pour Entremets , & pour déjeûner.

Langues de Bœuf à la braife.

Il faut avoir des Langues de Bœuf, en ôter
la gorge, & les mettre fur la braife, pour en
pouvoir ôter la peau le plus proprement
qu'il fe pourra. Vous les lardez à gros lardons, & avec du jambon crud; le tout bien
affaifonné. Prenez enfuite une marmite, une
quantité de bardes de lard au fond , & des
tranches de Bœuf battu ; & empotez vos
Langues dans la même marmite, avec des
tranches d'oignons, & toute forte de fines

herbes & épices, les affaifonnant auffi de poivre & de fel. Vous les couvrirez enfuite de tranches de Bœuf & bardes de lard, comme vous en avez mis deffous, en forte qu'elles foient bien envelopées de tous côtez; & vous les mettez à la braife, feu deffus & deffous. Il faut qu'elles y cuifent des huit à dix heures, afin d'être bien cuites : aprés quoi vous aurez un bon' coulis de champignons, ou autre bon ragoût, avec toutes fortes de garnitures de champignons, truffles, moufferons, morilles & ris-de-Veau. Aïant tiré vos Langues, vous les é-goutez & dégraiffez bien, & vous les dref-fez dans un plat, & votre ragoût par-def-fus. On peut preffer un jus de citron dans le coulis; & fi l'on veut garnir le plat, il faut couper une des Langues par tranches, ou bien le garnir avec des Fricandeaux, le tout fervi chaudement. Vous en pouvez fai-re de-même pour les Langues de Veau ; & auffi, fi on veut les farcir fans les larder, en y fait le même ragoût ; & on fert toû-jours chaudement.

Langues de Bœuf parfumées.

On les fale de la même maniere que les Langues de cochon fourrées, que l'on trou-vera ci-aprés, hormis qu'il ne les faut pas
échauder

échauder. On les laiſſe ſeulement bien
tremper dans de l'eau, on coupe le gros bout,
& aprés les avoir bien aſſuïées on les ſale.
Il les faut laiſſer trois ou quatre jours de
plus dans la ſaumûre : les aïant tirées, ſi
vous avez quelque petit Salé à faire, cette
ſaumûre vous ſervira pour cela, ſoit que ce
ſoit ſanglier, Fan ou Cochon ; & dans cinq
ou ſix jours, vous pourrez faire cuire de ce
petit Salé, & le ſervir pour hors-d'œuvres
en Entrée, avec une bonne purée deſſus.
A l'égard de vos Langues de Bœuf, il les
faut attacher par le petit bout, & les bien
ranger dans la cheminée, afin que la fumée les domine, juſqu'à ce qu'elles ſoient
ſeches. Elles ſe conſerveront autant que
l'on voudra ; & on les fera cuire de même
que les Langues fourrées.

Autre Entrée de Langues de Bœuf.

Prenez des Langues, & faites-les cuire
dans de bonne eau, avec un peu de ſel & un
bouquet de fines herbes. Etant cuites, cou-
pez-en le bout du côté de la gorge ; ôtez-
en la peau, & les piquez avec du lard un
peu long. Il faut que les Langues ne ſoient
pas trop cuites. On les fait enſuite rôtir ;
& étant finies de cuire, en ſervant vous y
faites un bon ragoût ſelon la ſaiſon, ou du

coulis , ou une bonne fauſſe ramolade. Il
s'en fait de même pour les Langues de
Veau , auſſi·bien que de cette autre ſorte.

Pour une autre Entrée de Langues de Bœuf.

Faites-les cuire de même que ci-deſſus
pour en ôter la peau; & les aïant lardées de
gros lardons au travers de la Langue , mettez-les à la braiſe pour les faire cuire. En
les dreſſant dans le plat, fendez-les tout du
long, afin que le lard paroiſſe proprement ;
& faites-y un ragoût de truffles par-deſſus,
ou du coulis , le tout bien dégraiſſé & ſervi chaudement.

Autres ſervices de Bœuf.

Vous pouvez ſervir du petit Bœuf pour
Hors-d'œuvres, qui ait une petite pointe de
ſel , & garni de perſil ;& ſi c'eſt une moïenne Entrée , vous la garniſſez de ce que vous
voulez.

On en ſert auſſi au jus , coupé fort mince , avec une échalote ou rocambole , &
perſil haché fort menu , & bon jus.

On peut encore faire cuire une piece de
Bœuf de poitrine dans la marmite; & quand
elle ſera à demi cuite, la larder de gros lard

affaisonné de sel, poivre, clous pilez &
muscade, & achever de la faire cuire dans
une terrine, avec bardes de lard au fond,
sel, poivre, un bouquet de fines herbes,
un peu de vin blanc, citron verd, laurier &
boüillon. Quand elle sera cuite, mettez-y
un ragoût de champignons, huîtres, capres & olives desossées, le tout bien lié ;
& jus de citron en servant, garni de tranches.

Pour la *Vinaigrette* ; prenez une tranche de Bœuf, battez-la bien, lardez-la de
gros lard, & la faites cuire avec eau & un
verre de vin blanc, assaisonnée de sel, poivre, clous, laurier, & un bouquet de fines herbes; il faut qu'elle soit de haut goût.
Laissez bien consommer le boüillon ; & é-
tant refroidi avec la tranche dans le même
pot, vous la servirez avec tranches de citron, & un filet de vinaigre.

La tranche de Bœuf se met aussi en pâte.
Voïez pour cela celui de roüelle de Veau,
lettre P. & pratiquez la même chose, hors
que le Pâté de Bœuf doit cuire plus long-
sems: il ne faut pas sur tout, oublier de le percer en cuisant, & de le boucher étant cuit.

Le *Bœuf à la mode* veut être bien battu,
lardé de gros lard ; & si l'on veut, passé à
la poële avant que de le mettre cuire, avec
sel, poivre, laurier, citron verd, demi-

douzaine de champignons , un verre de vin
blanc , & deux verres d'eau. On peut aussi
le faire dans son jus seul , à petit feu, bien
bouché ; & étant cuit , passer farine à la
poële avec lard fondu que vous mettrez dedans , & jus de citron.

Autre façon de Bœuf à la mode.

Aïez tranche de Bœuf à jus , poudrez-la
dessus & dessous, de sel , poivre, & clou
en poudre ; pilez ensuite dans un mortier ,
une couple d'échalottes , ou une demi-
douzaine de rocamboles , basilic , thim &
persil ; étant bien pilez , jettez dessus un
bon verre de vin blanc ; passez le tout , &
y laissez mariner votre Bœuf une couple
d'heures , lardez-le ensuite de gros lard &
d'écorce de citron verd , mettez-le ensuite
avec votre coulis dans une casserole , avec
quelques fuïilles de laurier ; ajoûtez-y un
autre verre de vin blanc , & le faites cuire
à petit feu.

Il se sert ordinairement froid aux Entrées
ou à déjeûner , par tranches un peu épais-
ses , avec persil coupé dessus.

Ragoût à la diable.

Aïez tranches de Bœuf, roüelle de Veau ;

chair de Porc frais, d'éclanche de Mouton, cuisse de Poulet d'Inde cruë, & palais de Bœuf ; hachez bien le tout avec champignon, cus d'artichaux & pointes d'asperges ; faites fondre du beurre dans une casserole ; étant chaud, jettez-y votre hachis; & l'ayant laissé revenir, retirez-le, faites-le égouter, empotez-le ensuite avec de bon jus de Mouton, deux ou trois échalottes, du persil, du sel, du poivre, du clou & de la muscade : étant cuit, démêlez dans un verre de vin blanc, un jaune d'œuf que vous jetterez dedans, & servez chaud pour Entrée.

On sert encore du palais de Bœuf en mine-droit, ou menus droits ; sur quoi voïez lettre M.

BOUCONS.

Pour faire des Boucons, prenez de la roüelle de Veau en petites tranches qui soient un peu longues & minces. Applatissez-les sur la table; aïez de gros lardons de lard, & autant de jambon crud, & rangez-les en travers sur vos tranches, y mettant un lardon de lard & un de jambon : poudrez-les d'un peu de persil & de ciboule, & assaisonnez-les de fines épiceries & de fines herbes. Vos tranches étant pleines de ces lardons, vous les roulerez proprement comme si c'étoient des Filets mignons , & les mettez à la braise. Etant cuites , il faut égouter la graisse , avoir un bon coulis & ragoût de champignons , truffles , & autres garnitures , & servir chaudement.

BOUDINS.

Il y a du Boudin blanc & du Boudin noir , & tous deux se servent pour Entrées. Le premier est le plus délicat ; on le fait de la maniere qui suit.

Pour faire du Boudin Blanc.

Il faut prendre un Dindon rôti; & si l'on en veut faire beaucoup , aïez aussi un Chapon : prenez les deux estomacs, & hachez-les proprement. Coupez ensuite de la panne de Cochon fort mince , & mettez le tout dans une casserole , avec un peu d'oignon haché que vous y aurez auparavant fait frire, & un peu de fines herbes , hors du persil : assaisonnez-le des épiceries ordinaires, & mettez-y du lait suivant que vous le jugerez à propos. Faites boüillir tout cela ensemble , & après tirez votre casserole en arriere , & ajoûtez-y deux ou trois blancs d'œufs foüettez. Il faut prendre garde que votre farce ne soit pas trop liquide:

enfuite, avec les boïaux que vous aurez preparez , vous formerez votre Boudin , & à
mefure que vous les remplirez, vous piquerez tant foit peu pour en faire fortir le vent.
Vous les ferez blanchir dans un peu d'eau,
un peu de lait , & quelques tranches d'oignon ; & les aïant tirez fur une ferviette
propre, vous les laiflerez refroidir. Pour
les fervir il les faut griller fur du papier a-
vec un feu mediocre, de peur qu'ils ne cre-
vent ; y mettre un peu de fain-doux ou autre graiffe , & fervir chaudement.

Pour faire du Boudin noir.

Aïez du fang de Cochon dans une cafferole , que le fang ne foit pas pris ; mettez-
y un peu de lait , une cueillerée de bon
boüillon gras pour le rendre plus délicat ,
& coupez de la panne de Cochon par petits lardons pour mêler avec du perfil & de
la ciboule hachez , & toute forte de fines
herbes, que vous ferez frire avec de la panne. Etant frit, vous verferez le tout dans
la même caffarole , & l'affaifonnerez de
fines épices. Il faut enfuite avoir une marmite ou chaudoron fur le feu avec de l'eau
qui boüille , & y pofer la caffarole où eft
votre fang, afin qu'il fe tienne chaudement.
Vous remuërez cependant continuellement,

afin qu'il ne s'attache pas au fond ; & quand vous croirez que tout aura pris goût, vous formerez vos Boudins de la groſſeur & longueur que vous voulez : vous le ferez blanchir à l'eau ; & à meſure qu'ils blanchiront, vous les piquerez avec une épingle. Quand il n'en ſortira que de la graiſſe, c'eſt ſigne qu'il ſont blanchis : alors il les faut tirer proprement ; & quand ils ſeront froids, vous les ferez griller, & ſervirez chaudement, comme ci-deſſus.

Autres ſortes de Boudins.

Il ſe fait encore du Boudin de foics gras, & de foie de Veau. Pour le premier, coupez menu un quarteron de panne de Porc ; hachez une livre be foies gras, & autant de chair de Chapon, & aſſaiſonnez le tout de fines herbes, ciboules, ſel, poivre, muſcade, clous pilez, canelle, ſix jaunes d'œufs cruds, & deux pintes de crême. Rempliſſez-en des boïaux de Porc, de Mouton ou d'Agneaux, & faites cuire votre Boudin dans du lait avec ſel, citron verd & laurier. On le fait griller de même que les precedens, pour le ſervir avec jus d'oranges. Pour l'autre Boudin, hachez un foie de Veau, & le pilez dans le mortier, avec le tiers autant de panne de

Porc, dont vous en couperez auſſi en dez.
Aſſaiſonnez ce compoſé comme ci-devant ;
& entonnez-le dans des boïaux de Porc ou
de Veau. Vous ferez cuire vos Boudins dans
du vin blanc, avec ſel & laurier, à petit
feu ; & les laiſſerez enſuite refroidir dans
leur bouillon pour les griller & ſervir comme les autres.

BOÜILLANS.

Pour faire des Boüillans, aïez des Poulets ou Chapons rôtis ; prenez-en l'eſtomac
avec un peu de moëlle, gros comme un
œuf de tétine de Veau blanchie, autant de
lard, & un peu de fines herbes ; & le tout
étant bien haché & aſſaiſonné, mettez-le
ſur une aſſiette. Faites un morceau de pâte
fine & tirez-en deux abaiſſes minces comme du papier : moüillez-en une avec un
peu d'eau legerement ; mettez de votre farce
deſſus par petits morceaux, les éloignant
d'une diſtance raiſonnable les uns des autres. Vous les couvrirez enſuite avec l'autre abaiſſe, & avec la pointe de vos doigts
vous enfermerez chaque morceau entre les
deux pâtes ; & avec un fer propre à cela,
vous les couperez un à un, & mettez le
deſſus deſſous, les dreſſant proprement
comme ſi c'étoient des petits pâtez ; & vous

N

les ferez cuire de même. Ils vous peuvent
servir pour Hors-d'œuvres , ou pour garnir des Entrées de Table ; mais il les faut
servir chaudement, avec jus de citron ou un
peu de vin blanc.

Boüillon gras.

Quoique cet article pût être renvoyé à
celui des Potages à quoi il se rapporte , on
a crû devoir en parler plûtôt , afin d'éviter au Lecteur le doute qu'il pourroit avoir
sur la différence des Boüillons qu'il a vûs
& qu'il verra encore en quelques endroits ,
ou la peine qu'il auroit à chercher ailleurs
pour s'en éclaircir. Voici donc ce qu'il
doit observer pour les Boüillons dont on
a besoin , tant pour les Potages , que pour
les Entrées.

Faites cuire des tranches de cimier ,
trumeaux de Bœuf, & autres viandes, &
tirez-en le jus & le boüillon , le passant
par un linge : remettez vos tranches dans
la marmite ; & les aïant bien fait cuire, tirez-en encore le boüillon , & les tenez
chaudement l'un & l'autre. Le premier
vous servira pour empoter les Chapons,
Dindons, Poulets , Cailles, Veau , & autres pieces farcies que vous voudrez servir
au boüillon blanc. Vous prendrez du boüil-

lon des Chapons, ou du Veau, pour empoter vos Pigeonneaux pour les Bifques; &
avec le boüillon des Bifques, vous pouvez
paffer le coulis pour les Potages à la Reine
& à la Roïale. Le boüillon des viandes
farcies vous fervira pour paffer le coulis
pour les mêmes viandes: fçavoir, Dindons,
& Poulets farcis, Jarrets de Veau, Poitrines farcies, & autres pieces qui fe doivent
blanchir.

Le fecond Boüillon que vous aurez tiré
de votre grande marmite, fera pour empoter
vos Potages bruns : par exemple, Canards,
Sarcelles, Lapreaux, Ramiers, Allouëttes, Faifans, Grives, Choux, Navets, &
autres Potages bruns ; & l'on paffera les
liaifons brunes avec le même boüillon, fans
confondre celui d'une de ces efpeces avec
d'autres. Ce boüillon eft bon auffi pour les
Entrées ; & vous en pouvez encore prendre pour mettre cuire vos épluchures de
champignons, dont vous tirerez la fuftan-
ce, pour vous fervir de ce coulis à tous vos
Potages, Entrées & Entremets.

On peut fervir les autres coulis qui fe
font, ci-aprés, lettre C. & les jus, lettre I.

Boüillon du matin, pour le déjeûner.

On le fait d'un morceau de Bœuf de cimier, d'un bout-faigneux de Mouton, d'un colet de Veau & deux Poulets. Vous prenez le blanc des Poulets quand ils font cuits ; vous les pilez dans le mortier avec un morceau de mie de pain trempée dans du boüillon ; & le tout étant de bon goût , vous le paffez dans l'étamine, pour le mettre fur vos croûtes mitannées du même boüillon que vous avez fait.

On trouvera les Boüillons particuliers des Potages de Santé & autres, en leur lieu, lettre P. Voici feulement en faveur des malades , ce qui peut être de leur ufage à cet égard.

Boüillon pour Confommez.

Mettez un membre de Mouton dans un pot de terre , avec un Chapon , une roüelle de Veau , & trois pintes d'eau ; & faites-le boüillir à petit feu, jufqu'à ce qu'il foit reduit à la moitié, & le preffez bien en le paffant dans un linge.

Le Reftaurant fe trouvera parmi les Potages , fous le titre de Potage fans eau.

Eau de Veau.

Il faut couper une roüelle de Veau par tranches bien minces , les faire cuire dans un pot de terre plein d'eau, à petit feu ; & aïant boüilli une heure entiere, passer cette eau dans un linge, sans presser les viandes. Vous pouvez ajoûter eau d'orge, ou lait d'amandes douces avec sucre pour le rendre encore meilleur.

Eau de Poulet.

Mettez cuire deux ou trois Poulets dans un pot avec eau, & les faites boüillir deux heures à petit feu ; & quand ils feront cuits, passez-les par un linge. On peut y ajoûter de la buglose, bourache, chicorée & autres herbes rafraîchissantes, suivant le besoin des personnes & l'ordonnance des Médecins. Cette Eau purge doucement & rafraîchit.

Eau de Chapon.

Faites cuire à petit feu un Chapon dans un pot de terre avec trois pintes d'eau ; & votre Chapon étant cuit, & l'eau diminuée d'une chopine, vous le retirerez sans le presser.

Cette eau engraisse, particulierement, si on met boüillir de bon orge mondé avec le chapon.

Boüillon de Poisson.

Ce Boüillon est le corps de tous les Potages de Poisson que l'on peut servir, avec les distinctions qui sont marquées pour chacun. Pour cela, faites limoner des Tanches, Anguilles, Brochets & Carpes, dont vous tirerez les ouïes : mettez le tout dans une grande marmite, avec eau, beurre, sel, un bouquet de fines herbes, & un oignon piqué de clous de girofle. Aïant cuit une heure & demie, passez le boüillon dans un linge, & le separez en trois marmites. Dans l'une, mettez les épluchûres des champignons, & les passez ensuite par l'étamine, avec coulis, farine frite, & un morceau de citron verd : cette liaison vous servira pour les Potages bruns, & pour les Entrées & Entremets. Dans l'autre, vous pouvez passer amandes pilées, & jaunes d'œufs durs, si le tems le permet : & ce sera pour vos Potages blancs ; comme Profitroles, Eperlans, Perches, Soles, & autres Poissons au boüillon blanc, & à quelques ragoûts semblables. Et dans la troisiéme marmite, vous pouvez faire cuire le Poisson de tous vos Potages, tant blancs que bruns, Entrées & Entremets, & même en faire qu'elque gelée.

Il s'en peut faire auſſi de cette autre maniere. Prenez une marmite grandé à proportion des Potages dont vous aurez beſoin;
mettez-la ſur le feu , & de l'eau dedans,
avec des racines de perſil, panais & oignons
entiers , une poignée de perſil & d'ozeille ,
toutes ſortes de fines herbes & bon beurre,
le tout bien aſſaiſonné. On y ajoûtera les
arêtes & carcaſſes des Poiſſons dont on aura
pris la chair pour faire des farces ; les tri-
pes même de ceux qu'on aura farcis, aprés
les avoir bien nettroïées, & ſi l'on veut, quelques queuës d'Ecrivices pilées, & quatre
ou cinq cuillerées de jus d'oignon. Le tous
étant bien aſſaiſonné & bien cuit, paſſez-
le par l'étamine ; remettez-le dans la marmite & le tenez chaudement , pour faire
mitonner vos ſoupes, & empoter vos Poiſſons pour le Potage , & autres choſes.
N'oubliez pas de mettre un demi verre de
vin blanc dans tous vos boüillons de Poiſſon , pour leur donner une pointe plus a-
greable.

Boüillon maigre pour le Potage aux herbes.

Mettez toutes ſortes de bonnes herbes dans
une marmite , avec deux ou trois croûtes
de pain ; aſſaiſonnez de ſel, beurre, & un
bouquet de fines herbes. Aiant cuit une

N iiij

heure & demie, paffez le boüillon par un
linge ou étamine. Il vous fervira pour le
Potage de Santé fans herbes, & pour beaucoup d'autres ; comme Potages de Laituës,
d'Afperges, de Chicorée, d'Artichaux, de
Cardes, &c.

On peut auffi faire du Boüillon au maigre avec des Racines, fans Poiffon, & de
la Purée claire ; paffant le tout comme deffus.

BOUTON.

Entrée d'un petit Bouton.

Vous formerez un bon godiveau bien
affaifonné, comme pour le Poupeton, ci-
aprés lettre G. Vous en faites comme une
abaiffe fur de grandes bardes de lard, qui
puiffent enveloper tout votre Bouton, &
vous y mettez un bon ragoût de champignons, ris-de-Veau, cus d'artichaux, crêtes, moufferons, truffles & pointes d'afperges paffez au blanc. Vous le recouvrez
avec une autre abaiffe de godiveau, & des
bardes ; & vous le faites cuire doucement à
la braife, ou autrement. En fervant, mettez jus de citron, aprés avoir dégraiffé ; &
garniffez de roulettes farcies, fricandeaux,
& marinades entremêlées.

On en peut faire autant en maigre, for-
mant le Godiveau de chair de Carpes, An-

guilles , Tanches & autres , bien hachées
& aſſaiſonnées.

BRAISES.

On ne s'étendra point ici ſur tout ce que
l'on peut mettre à la Braiſe , qui eſt une maniere de cuiſſon qui releve extrêmement le
goût des viandes , & qui eſt fort en vogue.
On a déja pû voir des exemples ci-devant,
dans l'article du Bœuf; & il s'en trouvera
beaucoup d'autres dans la ſuite , qui ſeront
de même expliquez dans les endroits où les
choſes ſe rapporteront: & s'il y en a où cela
ne ſoit pas , on n'a qu'à conſulter les articles
qui en approcheront, & recourir pour cet
effet à la Table des matieres.

BRESME,

Eſt un Poiſſon de riviere : elle ſe mange
ordinairement rôtie. Voici la maniére de
l'accommoder. Ecaillez-la , & la vuidez de
ſes boyaux; enſuite tailladez-la ſur les côtes,
& la trempez dans du beurre fondu , &
la mettez ſur le gril ; vous l'arroſerez de
tems en tems de beurre fondu , juſqu'à ce
qu'elle ſoit cuite ; aprés vous ferez rouſſir
du beurre dans la poële , & y mettrez du
perſil haché , du verjus & du ſel ; vous ferez boiiillir le tout enſemble , & le jetterez
ſur votre Breſme: ou bien vous ferez fondre

du bon beurre fur le réchaud, avec du verjus , du fel & de la mufcade, & le jetterez
fur votre Brefme. Vous pouvez aufli la fervir avec une bonne farce d'herbes.

BROCHET,

Eft un Poiffon de riviere & d'étang : les
meilleurs font ceux de riviere : les œufs
qu'ils ont dans le corps ne valent rien.

Brochet aux Huîtres.

Coupez votre Brochet par tronçons , &
mettez-les dans une cafferole , avec du vin
blanc , perfil , ciboule , champignons ,
truffles hachées, avec fel , poivre , & bon
beurre. Vous aurez des Huîtres , que vous
ferez un peu blanchir à l'eau , avec quelque filet de verjus. Etant blanchies, jettez-
les dans le refte avec leur eau , quand vous
ferez prêt à fervir : dreffez, & garniffez de
ce que vous aurez.

Les autres Poiffons qu'on met aux Huîtres, s'accommodent de la même maniere.

Entrée d'un grand Brochet.

Vous le coupez en quatre : La hure, vous
la mettez au court-bouillon : Un travers ,

à la fauſſe blanche : Un en hachis, ou en ragoût : Et la queuë frite, avec une fauſſe de capres. Vous garniſſez le hachis de petits croûtons de pain frit, & vous dreſſez le tout dans un grand plat. Vous y pouvez ajoûter un petit ragoût de foies de Brochet, de laites & de capres ; & garnir de fleurs, ou de verdures.

Brochet à la fauſſe d'Allemagne.

Prenez un Brochet, que vous habillerez bien proprement. Vous le couperez en deux, & le ferez cuire avec de l'eau, mais non pas tout-à-fait. L'aïant tiré, vous l'écaillerez, qu'il ſoit bien blanc, & le mettrez dans une caſſerole, avec vin blanc, capres hachées, anchois, thim, fines herbes & champignons hachez, & auſſi des truffles & morilles. Vous ferez boüillir le tout doucement, de peur qu'il ne ſe rompe : vous y mettrez un morceau de bon beurre, qu'il ſoit bien lié, & un peu de parmeſan ; & étant prêt à ſervir, vous dreſſerez votre plat, & garnirez de ce que vous voudrez.

Brochets en filets frits, & autrement.

L'aïant habillé & écaillé, vous le couperez par tronçons, & en ferez des filets, que vous mettrez mariner : enfuite vous les frirez, les aïant trempez dans une pâte claire, ou fans cela ; & vous fervirez, garnis de perfil & citron en tranche.

Vous pouvez auffi les mettre à la fauffe blanche, qui eft une liaifon de Brochet avec un peu de mie de pain pilée , que vous paffez à l'étamine, aprés qu'elle a boüilli deux ou trois tours dans une cafferole , avec un peu de boüillon ou coulis de Poiffon. Faites mitonner vos filets de Brochet danc cette fauffe , qui foit de bon goût & bien affaifonnée ; & fi vous voulez , mettez-y des champignons , truffles , moufferons, & jus de citron en fervant.

On en met auffi aux *Concombres* , les accommodant comme beaucoup d'autres , & jus de citron en fervant.

Pâté de Brochet.

Vous les pouvez faire en filets , coupant le Brochet par petits morceaux de la longueur du doigt ; lefquels vous ferez blanchir. Enfuite vous les affaifonnez de bon goût , & vous les paffez au bon beurre , avec champignons , truffles , pointes d'afpes , laites de Carpes , & un morceau de citron en cuifant. Vous faites un petit godiveau de chair de Carpes ou d'Anguilles , bien affaifonné , & lié avec de la mie de pain trempée dans du boüillon. Vous en garniffez le fond de votre Pâté ; & une liaifon & jus de citron en fervant.

Vous pouvez auffi faire un Pâté de Brochet defoffé , & le farcir comme on verra ci-aprés; le dreffant en pâte fine, façonnée de la grandeur du Brochet. L'un & l'autre fe doivent cuire à petit feu , & être fervis pour Entrée , chaudement.

Brochet en *Haricot aux Navets.*

Coupez votre Brochet par morceaux ; petits comme la moitié du doigt , & faites-les blanchir. Etant égoutez , paffez-les au beurre roux , & vos Navets à moitié roux auffi. Vous les ferez cuire doucement enfemble ; & y mettrez une liaifon de bon goût , & jus de citron en fervant.

Brochet au *Court-boüillon , ou au Bleu.*

Votre Brochet étant coupé en quatre, mettez-le dans un baffin, & jettez deffus du vinaigre & du fel tout boüillant. Faites boüillir enfuite du vin blanc . verjus, fel, poivre, clous , mufcade , laurier, oignons, & citron verd ou orange; & quand il boüillira à grand feu , mettez-y votre Brochet,

& servez-le à sec pour Entremets. Vous pouvez y mettre du cresson ou du persil.

Brochets farcis.

Il faut écailler les Brochets, & les desosser par le dos, que la tête & la queuë tiennent à la peau : faites farce avec la même chair, & chair d'Anguille, assaisonnée de sel, poivre muscade, clous, ciboule, beurre, champignons & fines herbes; puis farcissez vos peaux & les cousez. Vous les ferez cuire dans un bassin, avec beurre roux, farine frite, vin blanc, verjus, un peu de boüillon, un morceau de citron verd ; & sur la fin, vous y ajoûterez un ragoût d'huîtres, laites de Carpes & champignons. Garnissez de pain frit, tranches de citron & capres.

Brochets en Casserole.

Ecaillez les Brochets, & les lardez d'Anguille : faites-les cuire avec beurre roux, vin blanc, verjus, sel, poivre, muscade, clous, un bouquet de fines herbes, laurier, basilic & citron verd. Quand ils seront cuits, faites un ragoût de champignons, huîtres, capres & farine frite, avec de la même sausse où auront cuit vos Brochets : Garnissez de tranches de

citron , laites de Carpes , & champignons
frits.

Brochets frits à la sauſſe d'Anchois.

Ouvrez vos Brochets par le ventre, &
les incifez : mettez-les mariner avec vinaigre , fel , poivre, ciboules & laurier ; &
farinez les quand vous les voudrez frire.
Pour la fauſſe , faites fondre des Anchois a-
vec beurre roux : & l'aïant paſſé par l'étamine, ajoûtez-y du jus d'orange , des capres & poivre blanc : Garniſſez de perſil
frit & tranches de citron en fervant.

Brochet rôti.

Il faut l'écailler, & l'inciſer legerement,
le larder de moïens lardons d'Anguille,
aſſaifonnez de fel , poivre , muſcade , ciboules & fines herbes : mettez-le à la broche tout de fon long , & l'arroſez en cuifant , de beurre , vin blanc , vinaigre , citron verd. Etant cuit , faites fondre des
Anchois dans la fauſſe , & les paſſez par l'é-
tamine , avec un peu de farine cuite ; &
ajoûtez-y des huîtres amorties dans la fauſ-
fe , avec capres & poivre blanc. Vous pouvez garnir de champiguons frits , laites de
Carpes, & citron par tranches.

Autre maniere.

Ayant écaillé & vuidé votre Brochet, faites
une farce composée de chair & laitances de
Carpes, chair d'Anguille, de Brochet, de
Tanches & fines herbes ; hachez bien le
tout avec champignons, prunes de brignole,
truffles, pointes d'Asperges ; & si c'est en
charnage, joignez-y quelques jaunes d'œufs
durs ; assaisonnez bien le tout de sel, poivre, clou, muscade, & liez cette farce
avec un peu de vin blanc, dans lequel vous
aurez fait infuser un oignon blanc; ajoûtez-
y des petits morceaux de bon beurre frais :
farcissez ensuite le corps de votre Brochet,
& le recousez, aprés vous l'embrochez &
l'enveloppez d'un papier graissé de bon
beurre, & piqué de rameaux de sauge &
thim secs: vous l'arrosez de verjus & d'eau,
& quand il sera presque cuit, vous ôterez
le papier pour lui faire prendre couleur, &
le servirez sur un jus de citron avec sel, &
garnirez votre plat de Goujons frits, &
tranches de citron. Vous pouvez aussi garnir votre plat d'Anchois, que vous rangerez
entre deux tranches de citron.

Brochet en gras, pour Entremets.

On le fait blanchir dans l'eau tiede, aprés
l'avoir

l'avoir écaillé & vuidé par le haut du ven-
tre ; & on le pique de menu lard , puis on
le met à la broche , pour le faire cuire &
l'arroser comme ci-deſſus , & une ſauſſe de
même. Vous garniſſez de ris-de-Veau piquez , champignons farcis , & tranches de
citron.

Il ſe peut auſſi accommoder comme on
verra au premier article de la Truite , lettre T. où l'on peut avoir recours pour
s'en inſtruire.

Potages de Brochet.

Il s'en fait aux Huîtres , aux Navets ,
aux Choux ; coupant le Brochet par tronçons , que l'on paſſera à la poële avec beurre , perſil & ciboüle , & on les fera cuire
dans une terrine, avec du boüillon de Poiſſon , ou purée claire , aſſaiſonné de ſel, poivre , & un bouquet de fines herbes. Enſuite on y ajoûte des Huîtres , on fait mitonner ſon Potage avec le boüillon où le Brochet a cuit ; on le dreſſe deſſus , & les Huîtres auſſi ; & l'on garnit de pain frit , champignons frits , & jus de çitron en ſervant.

Quand c'eſt aux Navets , il faut les paſſer à la poële avec beurre roux & farine ,
& les faire cuire avec du ſel & du poivre ;
& on les rangera proprement ſur les croû-

tes , avec le Brochet.

On en fait autant de Choux , aprés les
avoir blanchis & hachez menu : & à l'é-
gard du Brochet, on le peut larder d'Anguille.

Vous pouvez auffi faire un Potage de
Brochet farci ; & il n'y a là-deffus qu'à
voir ce qui a été dit ci-devant : comme auffi faire le Potage de filets de Brochets , &
de croûtes farcies de Brochet , de la maniere
qu'on verra parmi les Potages , lettre P.

BRUSOLLES.

L'on prend de la viande en tranches ,
un peu battuës avec le dos d'un coûteau, &
on les met dans une cafferole , avec plufieurs bardes de lard rangées deffous. Vous
les poudrez de perfil & ciboule hachez , &
autres épices ; & vous continuez de faire un
lit de femblable affaifonnement , & un lit
de tranches de viande , jufqu'à la fin , que
vous les couvrez bien de bardes de lard, &
les mettez cuire à le braife, feu deffus &
deffous , aïant bien couvert la cafferole. E-
tant cuites , on y peut faire un coulis de
carcaffes de Perdrix. Le tout bien dégraiffé, l'on met ces tranches dans leur plat , &
le coulis par-deffus. On les appelle Brufol-
les ou Burfolles à la braife ; & on les fert
pour Entrées.

On les peut aussi farcir d'un bon godiveau, haché & bien pilé dans un mortier,
avec fines herbes, jaunes d'œufs, crême,
& assaisonnemens ordinaires, mettant cette
farce dans des fricandeaux bien larges, qu'on
enveloppe de bardes de lard; & on les fait
cuire au four, dans une tourtiere. Etant
cuits, vous y faites un ragoût, que vous
jettez dessus, composé de truffles, mousserons, & un coulis de Veau pour liaison.

Voïez sous la lettre F. la maniere des
fricandeaux farcis, qui se rapportent en
quelque chose à ceci.

C

CAILLES,

SOnt Oiseaux de passage assez semblables
à la Perdrix pour la couleur & la figure,
à l'exception qu'elles ne sont pas à beaucoup prés si grosses. On peut mettre les
Cailles à la braise, & en ragoût. On en peut
aussi faire un Pâté chaud, comme celui des
Perdrix, qu'on trouvera au premier article
des Pâtez. On en sert de plusieurs manieres
en Potage; & nous avons déja remarqué
ci-devant, ce qui regarde la Bisque de Cailles; voïons maintenant pour le reste.

Entrées de Cailles à la braise, & en ragoût.

Pour les Cailles à la braise, il n'y a qu'à obferver ce qui fera dit pour les Pigeons ; & quand elles feront cuites, on y fait un ragoût de ris-d'Agneau paffé au blanc, avec des champignons, truffles & crêtes : & y aïant mis les Cailles, un peu avant que de fervir, on y délaïe un jaune d'œuf, ou deux, avec de la crême de lait.

On fait l'autre ragoût, en fendant les Cailles en deux fans les féparer ; & on les paffe avec lard par la poële, affaifonnées d'un bouquet de fines herbes, fel, poivre, mufcade, trois ou quatre champignons, un peu de farine, & jus de Mouton & de citron en fervant.

Potages de Cailles.

Si vous les voulez farcir, faites une farce avec du Blanc de Chapon & moëlle de Bœuf, affaifonnée de fel, mufcade, un peu de poivre, jaunes d'œufs cruds, & vous en farcirez vos Cailles. Faites-les cuire dans un pot de terre ou autre, avec un bouquet de fines herbes & bon boüillon, tel qu'on a marqué ci-devant page 146. paffez par l'étamine deux cus d'artichaux cuits & fix jaunes d'œufs, avec le boüillon de Cailles ;

& faites-les boüillir fur les cendres chaudes.
Vos croûtes étant mitonnées, vous drefferez vos Cailles, & le coulis par-deffus ;
& garnirez de cus d'artichaux & jus de
Mouton & de champignons. Vous les pouvez encore farcir aux truffles.

On fait un autre Potage de Cailles au
brun, fans les farcir; les faifant cuire avec un
morceau de Veau , & boüillon propre à
cela ; & on fait le coulis d'un morceau de
filet de Bœuf, que vous pilerez avec chapelûre de pain, rocamboles, & un peu de
vin blanc. Garniffez de champignons &
truffles , & jus de citron en fervant.

Vous pouvez auffi fervir un potage de
Cailles aux Racines & à la Reine, comme
vous trouverez parmi les Potages , articles
4. & 5. & un Potage de Cailles façon d'Oil;
un autre de Cailles au bafilic, comme les
Pigeons ; comme auffi aux champignons,
& autrement , vous reglant fur les efpeces
femblables , que vous trouverez aifément
par le moïen de la Table.

CANARDS,

Sont Oifeaux de rivière : il y en a de deux
fortes , domeftique & fauvage. Le fauvage
eft le meilleur & le plus eftimé ; ils font
meilleurs l'hyver qu'en toute autre faifon.
On fait des Potages aux Canards : on en

mange de rôtis , avec une sauſſe deſſous; &
il s'en accommode encore de bien d'autres
manieres.   Voici les plus particulieres.

Pour faire des Canards aux Huîtres.

Il faut prendre les Canards ſauvages , les
bien trouſſer , & faire un ragoût compoſé
de ris-de-Veau , truffles & huîtres, aſſaiſonné de fines herbes , perſil & ciboule hachez ; & faire que le ragoût ſoit un peu lié.
Quand il eſt preſque cuit , n'importe qu'il
ſoit roux , il faut farcir vos Canards du même ragoût, & les bien ficeler , & faire rôtir un peu.   Auparavant que de ſervir , on
peut y mettre un coulis de champignons ,
ou une ſauſſe à l'Eſpagnol , comme elle ſe
fait aux Perdrix ; & les ſervir chaudement,
pour Entrée.   On accommode de même
maniere d'autres Oiſeaux de riviere.

Autres Entrées de Canards.

On y fait un ragoût de ris-de-Veau ,
cus d'artichaux , truffles , champignons ,
une gouſſe d'ail , une pointe de vinaigre ,
un bouquet de fines herbes ; garni de fricandeaux & jus de citron en ſervant.
Une autre fois , aprés que vos Canards
ſont cuits à la broche, coupez-les en filets,

& les mettez avec des concombres en ragoût, quelques rocamboles dedans, & jus
de citron, & une petite pointe de vinaigre :
Vous les pouvez servir pour Hors-d'œuvres.

On sert de même des Canards en ragoût,
garni de navets cuits avec le Canard.

Potage de Canards.

Les Canards se peuvent servir en Potages
aux Pois, au coulis de Nantilles, aux Choux,
aux Navets, & à d'autres Racines. Comme
cela leur est commun avec plusieurs autres
pieces, qui nous meneroient trop loing &
inutilement, si on vouloit en toucher
la maniere au sujet de chacune en particulier ; on renvoie le Lecteur aux Potages de
ces differens legumes, lettre P. qui appren-
dront en general ce qu'il y faut observer,
pour toute sorte de Gibiers & de Volailles ;
afin d'éviter une repetion ennuïeuse. C'est
un avis dont on doit se ressouvenir, lorsqu'il s'agira de pareille chose.

Voïez de même au rang des Pâtez, ce
qui regarde ceux de Canards, tant chauds
que froids.

CARDONS,

Est une sorte de legume assez connuë,

Epluchez bien vos Cardons , & n'y laissez
rien que le bon : coupez-les par morceaux;
& les aïant lavez, faites-les blanchir à l'eau,
avec un peu de sel , tranches de citrons , de
la graisse de Bœuf , & bardes de lard. Les
jours maigres , on y met du beurre , lié a-
vec un peu de farine. Etant blanchis , il
faut avoir de bon jus , & d'une belle couleur , dans une casserole ; égouter les Cardes , & les mettre dans ce jus , avec un
bouquet de fines herbes , de la moëlle de
Bœuf hachée , un peu de Parmesan râpé ;
& les faire cuire de la sorte , les aïant assaisonnées.   Auparavant que de servir , on y
met un filet de vinaigre ou verjus ; & il
faut prendre garde qu'ils ne deviennent
noirs : Il les faut bien dégraisser , & les
servir chaudement pour Entremets , aprés
leur avoir donné couleur avec la pêle toute
rouge.

On sert aussi des Cardes cuites au boüillon & au jus, avec une liaison rousse. Vous
les rangez bien sur votre plat ou assiette ,
une croûte de pain au-dessous pour faire le
dôme : vous les poudrez de fromage râpé ,
& pain à canelle , & vous leur faites prendre couleur.

CARPES.

CARPE,

Eſt un poiſſon de Riviere & d'Etang :
la meilleure, eſt celle de Riviere, elle eſt
fort commune par tout ; la doiée eſt regar-
dée comme la meilleure.

Entrée d'une Carpe.

Vous la laiſſez avec ſes écailles ; & vous
y faites un ragoût de mouſſerons ou champignons, laitances, & cus d'artichaux :
vous faites frire des croûtons de pain, que
vous mettez dans la ſauſſe en cuiſant, avec
oignons & capres. Etant prêt à ſervir, &
que votre Carpe ne ſoit point rompuë, jettez votre ragoût par-deſſus ; & garniſſez de
pain frit, avec jus de citron.

Carpe à la Daube.

Prenez une couple de Soles avec un
Brochet que vous deſoſſerez ; & de la chair
vous en ferez une farce, en la hachant bien
avec un peu de ciboule & fines épices,
ſel, poivre, muſcade. Vous lierez votre
farce avec des jaunes d'œufs, ſi le tems vous
le permet ; & vous en ferez un eſſai avec
une andoüillette, que vous ferez cuire. Pre-

P

nez une des plus belles Carpes que vous pourrez trouver ; empliffez-la de cette farce , & la mettez cuire avec du vin blanc dans une cafferole ovale, à petit feu , affaifonnée de fines herbes. Etant cuite , vous aurez un grand ragoût de champignons, morilles, truffles , moufferons , cus d'artichaux , queuës d'écrevices paffées auparavant. Tenez votre ragoût fort long , & le verfez fur votre Carpe l'aïant dreffée fur un plat ovale , quand il faudra fervir. Vous garnirez d'Ecrevices & tranches de citron ; & cela vous pourra fervir d'une grande Entrée.

Autre Entrée de Carpes.

On les farcit fur l'arête , à la crême, d'une farce qui foit de bon goût ; & on les fait cuire au four. Garniffez de pain & perfil frit, ou de marinade.

Carpe lardée d'Anguille , en ragoût.

Aprés l'avoir écaillée , vous la lardez de gros lardons d'Anguille , & la paffez à la poële avec beurre roux. Vous la mettez enfuite dans un baffin, avec le même beurre , & un peu de farine frite & champignons ; l'affaifonnant de fel , poivre, mufcade, clous , une feuille de laurier , un morceau

de citron verd , & un verre de vin blanc.
Quand elle fera cuite, mettez-y des huîtres
fraîches & des capres , & les laiffez un peu
mitonner enfemble : Garniffez de tranches
de citron.

Carpes farcies.

Ecaillez les Carpes ; feparez la peau d'a-
vec la chair , y laiffant la tête & la queuë;
& faites farce avec la même chair , & chair
d'Auguille , affaifonnées de fines herbes,
fel , poivre, clous , mufcade , thim , beurre & champignons. Farciffez vos peaux ,
& les coufez ou liez enfemble. Vous les
mettez cuire au four , ou autrement , avec
beurre roux, vin blanc & boüillon ; éten-
dant par-deffus du beurre bien manié , avec
farine frite , & perfil bien menu. Garniffez de laites de Carpes , champignons , capres , & citron par tranches.

Carpe en filets.

Vous les pouvez mettre au Concombre
& aux Moufferons ; & il n'y a qu'à obfer-
ver là-deffus , ce qu'on a vû pour le Brochet en filets , ou ce qui fera dit pour les
Soles, lettre S. & de même des autres Poiffons , que nous renvoïons à ces endroits ,
pour éviter les redites.

Carpe au demi-court-boüillon.

Laissez-la avec ses écailles, & la coupez en quatre. Mettez-la cuire avec vin blanc, ou autre ; un peu de verjus & de vinaigre, sel, poivre, muscade, clous, ciboules, laurier, beurre roux, une écorce d'orange. Faites consommer le boüillon, à la reserve de fort peu ; & mettez capres en dressant, & tranches de citron pour garnir.

Carpe au court-boüillon.

Otez les ouïes & le dedans des Carpes, & les mettez au bleu, comme il a été dit pour le Brochet, page 157. Faites-les cuire en vin blanc, verjus, vinaigre, oignons, laurier, clous, poivre ; & servez sur une serviette, avec persil verd & tranches de citron pour Entremets.

Carpe sur le gril.

Ecaillez vos carpes, & les faites cuire sur le gril, avec sel & beurre ; faites-y une sauffe avec beurre roux, capres, anchois, citron verd ou orange, & vinaigre, assaisonnez de sel, poivre & muscade. On les peut mettre aussi au blanc.

Carpe rôtie à la Broche.

Aïez une carpe laitée la plus grosse & la plus grasse que vous pourrez ; l'aïant habillée, faites une farce avec la laite, chair d'Anguille, anchois, champignons, marons, chapelûre de pain, oignons, ozeille, persil & thim ; assaisonnez le tout de sel, poivre & clou battu ; mettez-y de bon beurre frais : la farce étant faite, emplisez-en votre Carpe, & recousez l'ouverture ; ensuite piquez-la de clou de girofle & feüilles de laurier, & l'envelopez dans du papier bien beurré : embrochez-la ; & en cuisant, aïez soin de l'arrofer de lait chaud, ou de vin blanc ; étant cuite, servez-la sur un ragoût de champignons, laitances de Carpes, pointes d'asperges, truffles & morilles.

Potages de Carpes farcies & autrement.

On n'a qu'à voir ci-devant, l'article de la Carpe farcie ; ou bien ce qui a été dit, pour le Potage de Brochet farci. On garnira celui-ci de cus d'artichaux, huîtres frites, capres, champignons en ragoût, & tranches & jus de citron.

Le Potage de Profitrolle se fait avec de

P iij

la chair de Carpe hachée , de la maniere
qu'il fera dit parmi les Potages maigres.

Voïez auſſi pour les Hachis de Carpes ,
au premier article de la lettre H ; & les Pâtez de Carpes, parmi ceux de Poiſſon , lettre P.

CASSEROLE.

On ſert ce qu'on appelle Caſſeroles ,
pour Entrées & pour Potages. Voici pour
Entrées. Il faut prendre un gros pain doré,
& ne le point chapeler deſſus : on le trouë
par deſſous , & l'on ôte la mie. Il faut enſuite avoir un bon hachis de Poulets rôtis ,
ou de Poulardes , ou autre ſorte de Viande
cuite ; & paſſer cette Viande bien hachée
dans la caſſerole , avec de bon jus , comme
ſi c'étoit pour faire un Hachis. Etant paſſé , il faut avec une cueillere à main , en
mettre dans le pain , que vous aurez fait
ſecher à l'air du feu du côté de la mie ;
& aprés y avoir mis un peu de ce hachis ,
vous y mettrez quelques petites croûtes de
pain par morceaux & le racheverez de remplir de hachis & de petites croûtes. Prenez
enſuite une caſſerole , qui ne ſoit pas plus
grande que votre pain ; mettez-y une feuille
de papier dedans , ou pour mieux faire , des
bardes de lard , & enſuite le pain du côté

qu'il a été farci, & le couvrez de son fond
du même pain. Faites-le mitonner de cette
maniere, avec de bon jus ; mais qu'il ne
soit pas trop pressé, ni trop mitonné, en
sorte qu'il soit tout entier, le tout bien couvert. Un peu auparavant que de servir, versez sur un plat avec adresse, ôtez les bardes,
égoutez un peu la graisse ; & couvrez votre
pain d'un bon ragoût de ris-de-Veau, cus
d'artichaux, truffles, & petites pointes
d'asperges autour selon la saison.

Casserole au Fromage.

La difference qu'il y a, c'est que dans
le pain farci, on y met un peu de Parmesan
râpé ; & quand le pain est dressé dans son
plat, on le poudre encore du même Parmesan, & on lui fait prendre un peu de couleur dans le four, & l'on met le ragoût autour. Cela s'appelle une *Casserole au Parmesan.* On peut se servir d'autres fromages.

Casserole au Ris.

Il faut faire cuire votre Ris dans une marmite, & avoir des champignons, des truffles, des morilles, des Ris-de-Veau,
des crêtes de Coq, & des cus d'artichaux,
& en faire un ragoût. Si l'on veut, on peut

farcir les crêtes & les morilles, & les faire cuire à part ; & aprés jetter tout dans votre ragoût. Faites une essence de deux ou trois gousses d'ail, de basilic, de clous de girofle & du vin, le faisant boüillir ensemble ; & ensuite passez-le dans une étamine, & le mettez dans le ragoût. Si vous avez quelque Poularde, ou autre Gibier ou Volaille à servir sur votre soupe, rangez-la dans son plat ; mettez-y aprés votre ragoût, & le couvrez de Ris proprement, & par-dessus un peu de graisse, pour le rendre bien uni, & lui faire prendre couleur, en le mettant dans le four : Servez chaudement. Si l'on n'a point de Volaille, mais seulement quelque belle queuë de Mouton boüillie ; rangez-la de même dans votre plat quand elle sera bien cuite, & la couvrez de Ris bien épais, & panez-le ; ou mieux, dorez-le avec de la graisse & du lard, & un peu de chapelûre de pain, pour lui donner la couleur.

Voïez sous la lettre S. une queuë de Saumon en casserole, dont la maniere peut s'étendre à d'autres sortes de Poissons qu'on met ainsi.

CERF,

Est un animal sauvage, comme chacun sçait. On peut l'accommoder de plusieurs

manieres. Par exemple : lardez-le de gros
lard, affaifonné de fel, poivre, mufcade,
clous pilez, & le piquez de menu lard :
faites-le tremper dans du vin blanc, verjus, fel, un bouquet de fines herbes, un
morceau de citron verd, trois ou quatre
feüilles de laurier ; & le faites cuire à petit
feu, l'arrofant de fa marinade. Etant cuit,
mettez-le dans fon degout, avec farine frite
pour lier la fauffe ; puis capres, vinaigre ou
jus de citron, & poivre blanc en fervant.

Autre maniere.

Piquez la longe ou l'épaule du Cerf
bien menu, & l'envelopez de papier. Etant
cuite, faites fauffe avec vinaigre, farine
frite, poivre, mufcade, fel, tranches de
citron, & de l'échalote.

Autre maniere.

Le morceau de Cerf étant cuit à la broche, vous le pouvez manger à la fauffe
douce, que vous faites de la forte. Prenez
un verre de vinaigre, fucre, un peu de fel,
trois ou quatre clous entiers, canelle, & un
peu de citron. Etant cuite, mettez-y un
peu de farine frite, poivre blanc, & jus
d'orange.

Cerf en ragoût.

• Lardez un morceau de Cerf avec gros lard, assaisonné de sel & poivre ; passez-le par poële avec lard fondu : mettez-le cuire dans une terrine, avec boüillon ou eau chaude, deux verres de vin blanc, assaisonnez de sel, muscade, un bouquet, trois ou quatre fcüilles de laurier, un morceau de citron verd, & le faites cuire trois ou quatre heures, suivant qu'il sera dur. Etant cuit, liez la sausse, avec farine frite ; & mettez-y capres & jus de citron en servant.

Il y a encore les Pâtez de Cerf, qu'on trouvera parmi les Pâtez, lettre P.

CHAMPIGNON,

A proprement parler, n'est pas une plante, mais bien un excrement de la terre, qui s'engendre de certaines humeurs putrides, de qualité chaude & humide. Ils sont d'un grand usage dans les ragoûts : il s'en fait même des plats particuliers pour Eûtremets, & des Potages ; c'est pourquoi il est important d'en faire toûjours bonne provision. Voici ce qu'il y a de plus particulier là-dessus.

Champignons frits.

On les passe dans un poëlon ou casserole, avec un peu de boüillon, pour les amortir ; puis on les poudre de sel menu , un peu de poivre & farine , & on les frit dans du sain-doux. Vous les servez à la persillade & jus de citron, pour Entremets ; ou bien, vous en garnissez autre chose.

Champignons en ragoût.

Vous coupez les Champignons par tranches . & les passez avec lard ou beurre, assaisonnez de sel , muscade , & un bouquet: on y fait une liaison avec un peu de farine , jaunes d'œufs , & jus de citron.

Champignons à la Crême, & autrement.

Coupez vos champignons par morceaux, & faites les cuire à grand feu, avec beurre, assaisonnez de sel , muscade , & un bouquet de fines herbes. Quand ils seront cuits , & qu'il n'y aura presque plus de sausse , mettez-y la crême naturelle, & servez.

Vous pouvez autrement , les mettre dans une tourtiere , avec lard ou beurre, persil

& thim hachez bien menu , & ciboules entieres , affaisonnez de sel , poivre & mufcade ; & on les fait cuire au four comme
une Tourte , bien riffolez & panez : fervez avec jus de citron & tranches, garnis de
persil frit.

Potage de Champignons farcis.

Faites farce avec chair de Veau, moëlle de
Bœuf & lard , affaisonnez de sel , poivre,
mufcade , & une mie trempée au pot , ou
jaunes d'œufs. Farciffez-en vos Champignons , & les faites cuire dans une terrine,
avec sel , un bouquet de fines herbes &
boüillon. Etant cuits , vous les dreffez fur
vos croûtes mitonnées; & garniffez de foies
de Poulets en ragoût , champignons frits ,
& jus de citron en servant.

Vous pouvez auffi le garnir de ris-de-
Veau , fricandeaux piquez, crêtes & truffles , & faire un pain de Profitrolle au milieu , farci de champignons , cus d'artichaux , ris-de-Veau , le tout coupé en dez
& paffé en ragoût. Vous faites a l'un &
l'autre un coulis blanc ou brun ; le brun
vaut mieux. Le Bœuf & le Veau dont vous
voulez tirer votre coulis ou jus , vous le
pilez dans un mortier avec croûtes de pain ,
& les paffez par l'étamine avec boüillon ;

& vous vous en servez pour votre ragoût.

On fait d'autres potages de Champignons avec differentes Volailles, comme Chapons, Cailles, &c. Et en maigre, vous pouvez pour cela farcir vos Champignons avec de la chair de Poisson, comme pour d'autres choses.

Maniere de tirer le jus de Champignons.

Aprés que vous aurez bien nettoïé les Champignons, mettez-les dans un bassin avec un morceau de lard, ou de beurre si c'est en maigre : faites-les rissoler sur la braise, jusqu'à ce qu'ils s'attachent au fond du bassin. Etant bien roux, mettez-y un peu de farine, & faites-la encore rissoler avec les Champignons : aprés quoi vous y mettrez de bon boüillon ; & l'ôterez de dessus le feu ; mettant ce jus dans un pot à part, assaisonné d'un morceau de citron & sel. Les Champignons vous peuvent servir hachez menus ou entiers, pour vos Potages, ou pour des plats d'Entrées ou d'Entremets.

Pour conserver des Champignons.

Il faut bien éplucher vos Champignons & les bien laver : ensuite passez-les tant soit peu dans une casserole avec du bon beurre,

& les affaisonnez de toute forte d'épiceries.
Etant paffez, mettez-les dans un pot avec
un peu de faumure & de vinaigre, & beaucoup de beurre par-deffus; & couvrez-les
bien. Auparavant que de les emploïer, il
faut les bien deffaler; ils vous ferviront pour
toute chofe. On en peut auffi faire de la
poudre quand ils font bien fecs, & de même
des *Moufferons*. Pour ce qui eft de conferver de ces derniers en leur entier, faites-les
fecher au four comme les Artichaux, aprés
les avoir fait blanchir dans l'eau. Etant fecs,
mettez-les en lieu où il n'y ait point d'humidité; & pour les emploïer, faites-les
tremper dans de l'eau tiede.

Autre maniere de confire des Cham-pignons.

Il faut les peler, & les mettre tremper
dans de l'eau fraîche, faire chauffer d'autre
eau dans un chaudron, avec un bouquet de
feuilles de laurier, de marjolaine & de ciboule, que l'on fait boüillir un boüillon
avec les champignons : cela fait, on les tire fur un claïon, on les laiffe égouter; &
quand ils font froids, on les met dans un
pot, avec du clou, du poivre, de l'oignon,
du fel, des feuilles de laurier & du bon
vinaigre, & le bien boucher. Le Pour-

pier, la Carte marine, la Paffe-pierre, & les petitsHaricots verds,lorfqu'ils font nou-veaux, fe font de même.

Poudre de Champignons.

Aïez demi-livre de bons Champignons, demi-livre de morilles, demi-livre de truf-fles, & une livre ou cinq quarterons de moufferons ; épluchez bien le tout, & le faites fécher au Soleil, ou dans le four quand le pain eft tiré ; enfuite vous pilerez le tout enfemble dans un mortier, & le paf-ferez au tamis ; puis vous le mettrez dans une boëte bien fermée, afin qu'elle ne s'é-vente pas ; elle vous fervira toute l'année à mettre dans vos ragoûts.

C H A P O N S.

On ne s'arrêtera pas à recueillir les diffe-rens Potages de Chapons qu'on peut fervir, parce qu'ils fe trouveront dans la Table. On renvoie de même pour les autres apprêts qui fe font avec du blanc de Chapon, comme Tourtes, Riffoles & Bouillans, aux lettres où ces articles fe rapportent : Et pour ceux que l'on fert rôtis, on verra avec quelle fauffe on les peut manger, dans l'endroit de la lettre R. où nous marquerons tout ce qui

regarde le Rôti. On peut aussi recourir
pour ceux qu'on met à la Daube, à la lettre D. où l'on trouvera des exemples pour
d'autres Volailles, que l'on n'a qu'à suivre ;
& ainsi du reste.

CHEVREAU,

Est le petit de la Chévre, qui est un a-
nimal domestique; il est peu en usage aujour-
d'hui, sur les bonnes Tables : sa chair est
assez semblable à celle de l'Agneau ; mais
elle differe beaucoup au goût & qualité :
cela n'empêche pas qu'elle ne soit assez bonne; reservé qu'elle est un peu séche. Vous
en pouvez faire les mêmes apprêts que de
l'Agneau, soit en Potage, ou pour Entrées;
ainsi il n'y a qu'à lire ce qui en a été dit ci-
devant, lettre A. Et de même pour celui que
l'on rôtit ; voïez sous la lettre R.

CHEVREÜIL,

Est une espece de Chévre sauvage : son
Fan qui est son petit, est un assez agreable manger ; la rate sert à faire la sausse.

Maniere d'accommoder le Chevreüil.

Piquez-le de menu lard, & le faites rôtir.

tir. Vous le pouvez manger à la fauffe douce
naturelle , ou à l'aigre-doux , ou à la poï-
vrade naturelle ; ou paffer la rate du Che-
vreüill par la poële , avec lard fondu & un
oignon : étant cuite , piler le tout dans le
mortier , & le paffer par l'étamine avec jus
de Mouton , de citron & de champignons,
& poivre blanc.

Autres manieres.

Aïant lardé le Chevreüil de gros lard ,
paffez-le par la poële avec lard fondu ; enfuite mettez-le dans une cafferole, affaifonné de fel , poivre , laurier , mufcade , un
bouquet de fines herbes , & du boüillon de
Bœuf ou eau chaude : mettez-y encore un
verre de vin blanc , & un morceau de citron verd ; liez la fauffe avec farine frite,
& fervez avec jus de citron & capres.
On peut auffi , étant lardé de gros lard
& cuit comme nous avons dit , le laiffer
refroidir dans fon boüillon , & le fervir
fur une ferviette , avec tranches de citron
& creffon amorti dans le vinaigre & fel.

C. H O U X,

Eft une plante potagere dont il y a nombre d'efpeces. Vous trouverez parmi les

Q

Potages, la maniere de ceux qu'on fait aux
Choux pour differentes Volailles, comme
Pigeons, Perdrix, Gelinotes, Ramiers,
Poulets, Canards, Chapons, &c. On
peut aussi en faire aux Choux farcis, de la
maniere que nous allons remarquer ; ou
bien s'en servir pour Entrée, la garnissant
de fricandeaux farcis.

Maniere de faire un Chou farci pour Entrée.

Prenez une bonne tête de Chou ; ôtez-
en le pied & un peu dans le corps, & faites-la blanchir : Ensuite tirez-la de l'eau ;
étendez-la sur votre table, que les feüilles
se tiennent ensemble ; & étant bien étenduës, mettez-y une farce composée de
chair de Volailles & quelque morceau de
cuisse de Veau, de lard blanchi, de la graiffe de jambon cuit, des truffles & champignons hachez, du persil & de la ciboule,
une pointe d'ail ; le tout assaisonné de fines
herbes & épices, avec de la mie de pain,
deux œufs entiers & deux ou trois jaunes,
le tout bien haché. Votre Chou étant rempli de cette farce, refermez-le, ficelez-le
proprement, & l'empotez dans une marmite
ou casserole. Prenez en même tems de la
cuisse de Veau ou de Bœuf par tranches,

bien battu ; rangez-les dans une casserole,
comme pour en faire du jus: faites-lui prendre couleur ; & étant coloré, mettez-y une
pincée de farine, & faites prendre couleur
tout ensemble : moüillez ensuite de bon
boüillon, & l'assaisonnez de fines herbes &
tranches d'oignon; & étant à demi cuit,
mettez le tout avec votre Chou, les tranches
& le jus, & faites-les cuire ensemble; prenez garde d'y trop mettre de sel. Quand
tout sera cuit, il le faut dresser dans un plat
sans boüillon, & mettre un ragoût par-
dessus suivant la commodité, ou à la Saingaraz ou autrement; & servez chaudement.

On peut aussi farcir un Chou en maigre,
avec de la chair de Poisson & autres garnitures, comme si c'étoit une Carpe, un Brochet, ou autre Poisson que l'on voulut farcir.

Petits Choux,

Est une maniere de Pâtisserie en forme de
gâteau : pour cela, il faut prendre du fromage qui soit bien gras, comme du meilleur
fromage à la crême, selon la quantité que
vous en voudrez faire : mettez-le dans une
casserole avec deux poignées de farine, à
proportion de la quantité de votre fromage ;
ajoûtez-y de l'écorce de citron verd hachée,
& de l'écorce de citron confit, aussi bien

Q ij

hachée. Il faut avoir une gâche à la main,
& bien détremper le tout enfemble avec
un peu de fel. Quand il eft bien mêle, on
y met quatre ou cinq œufs, & l'on fait une
pâte comme celle des Beignets. Aprés il
faut prendre de petites tourtieres, les en-
graiffer de beurre, & y mettre enfuite à
chacune un peu de cette farce avec la main;
& auparavant que de les mettre au four
pour les faire cuire, vous les dorez avec
jaune d'œuf battu. Etant cuits, vous les
pouvez glacer avec fucre fin, ou y faire
une glace bien blanche, comme l'on pourra voir ailleurs.

Choux-fleurs,

Eft un efpece de Choux, dont la graine
nous vient d'Italie ; c'eft une affez bonne
legume. On les mange au beurre & au jus
de Mouton. Pour le premier, quand vos
Choux-fleurs font bien épluchez, faites-
les cuire avec de l'eau, fel, beurre, & un
clou de girofle, à grand feu. Enfuite faites-
les bien égouter, & les mettez dans un plat
avec beurre, pour les tenir chauds ; puis
faites une fauffe liée, avec beurre, vinaigre,
fel, mufcade, poivre blanc, & tranches de
citron aprés que vous les aurez dreffez.

Pour l'autre : vos Choux - fleurs étant
cuits comme deffus, paffez-les à la poële,

avec lard fondu , perfil , cerfeüil , thim , ciboule entiere & fel , & faites-les mitonner enfemble. Quand vous voudrez fervir, mettez-y du jus de Mouton , un filet de vinaigre & poivre blanc. L'un & l'autre ne font proprement que des pieces d'Entremets.

Il s'en mange auffi en Salade ; & tout cela eft affez commun , pour que l'on ne dût pas s'y arrêter , fi l'on n'avoit en vûë d'inftruire de ce qui peut être utile aux Gens mediocres,comme pour les plus grandes Cuifines.

C I V E T.

Entrées de Poulets en Civet.

Vous les faites blanchir fur la braife bien proprement, & les coupez par quartiers : vous les paffez au roux, & vous les mettez dans une petite marmite avec du boüillon ou de l'eau boüillante , fi vous n'avez pas de boüillon. Vous y ajoûtez en cuifant une liaifon rouffe,un peu de vin,une gouffe d'ail , ou de la rocambole , & jus de citron en fervant ; garni de marinade & perfil frit.

Civet de Lievre.

Levez les cuiffes entieres & les épaules,

& mettez le reste par morceaux : lardez-les
de gros lard, & les passez à la poële avec
lard fondu & persil ; ensuite faites-les cuire
avec boüillon & vin blanc, un bouquet
de fines herbes, sel, poivre, muscade,
laurier & citron verd. Fricassez le foie ; &
l'aïant pilé, passez-le par l'étamine avec farine frite, un peu du même boüillon, &
mettez jus de citron & en tranches.

Civet de Biche, Cerf ou Chevreüil.

Coupez la Biche ou le Cerf par morceaux
gros comme une épaule de Lievre ; lardez-
les de gros lard, & les passez à la poële comme les precedens. On les fait cuire aussi de
la même maniere, & on lie la sausse avec
farine frite, & un filet de vinaigre.

C O C H O N S.

Entrée d'un petit Cochon de lait.

Prenez un petit Cochon de lait, échau-
dez-le bien, & le vuidez proprement. Hachez le foie à part, avec du lard blanchi,
des truffes & des champignons, quelques
capres, un anchois, une moitié d'ail, un
peu de fines herbes & de sauge : le tout
passé dans la casserole, & bien assaisonné,

farciſſez-en le corps de votre Cochon de lait; ficelez-le bien, & le faites rôtir, l'arro-ſant de bonne huile d'olive, & ſervez chau-dement : on peut le garnir de pain frit.

Pour bien échauder un Cochon de lait, il faut le froter avec poix-reſine , avoir de l'eau chaude , mais qui ne le ſoit pas trop, & vous l'échauderez ainſi facilement.

Cochon de lait à l'Allemande.

Coupez-le en quatre , & le paſſez à la poële avec lard fondu : faites-le cuire avec boüillon , un peu de vin blanc , un bouquet de fines herbes , ſel , poivre & muſcade. Paſſez dans votre lard , huîtres & farine, un morceau de citron , capres , & olives deſ-oſſées , que vous mettrez avec le reſte; avec jus de citron & tranches en ſervant.

Pour le Cochon de lait rôti , voïez let-tre R.

Entremets de Cochon de lait en Galantine.

Aprés avoir bien échaudé votre Cochon de lait, & l'avoir vuidé proprement, cou-pez la tête & les quatre jambes: prenez en-ſuite la peau, commençant du côté du ven-tre, & prenez garde de ne la point couper, principalement ſur le dos ; détendez-la

proprement fur la table , & aïez une farce
telle qu'il fuit. Formez-la avec de la même viande de votre Cochon de lait , un peu
de roüelle de Veau bien tendre , un peu
de jambon crud , du lard ; un peu de perfil & de la ciboule hachée , & toute
forte de fines herbes , excepté du romarin
& de la fauge. Il faut faire de l'eau-forte,
en prenant une bonne chopine d'eau , & y
mettant deux feüilles de laurier , du thim ,
du bafilic,de la farriette, trois gouffes d'ail,
deux ou trois échalotes ; & faites reduire
cette chopine d'eau à la moitié : elle vous
fervira pour arrofer votre farce. Faites auffi échauder des piftaches & des amandes ,
felon que vous jugerez à propos , & faites
durcir fix œufs , pour en tirer le jaune : enfuite coupez de votre lard & de votre jambon en gros lardons , prenant du maigre
feulement à l'égard du jambon. Le tout
bien affaifonné , il faut ranger un lardon de
jambon , un lardon de lard , une rangée
d'amandes , une de piftaches , & une de
jaunes d'œufs durcis : mettez encore dans
la farce quelques truffles & champignons
hachez ; un peu de crême de lait , & l'arrofez de votre eau-forte , & enfuite un jaune d'œuf. Aprés avoir rangé le lard & le
refte comme il a été dit , on étend cette
farce deffus , en commençant par un des
bouts

bouts de la peau ; & aprés cela on la roule , & on tire les deux coüennes de côté & d'autre , afin que la farce ne forte. Le tout étant bien roulé , qu'il foit d'une belle longueur , ficelez-le de tous côtez , & le mettez dans une ferviette , que vous lierez par les deux bouts & au milieu , afin qu'il foit bien ferme. Vous le ferez enfuite cuire à la braife dans une cafferole , mettant deffous & deffus , du lard & des tranches de Bœuf : il lui faut dix à douze heures de cuiffon , feu deffus & deffous. Etant cuit, vous le laifferez refroidir dans la même caf-ferole ; aprés vous le tirerez hors de la fer-viette , vous le déficelerez proprement , & le couperez par tranches , que vous range-rez dans un plat fur une belle ferviette blanche : & vous le fervirez ainfi froid , avec tranches de citron & fleurs.

Cochon au Pere-Doüillet.

On le fert de même que le precedent ; & pour le faire cuire on le larde de moïen lard , aprés l'avoir fait blanchir dans l'eau. Vous l'affaifonnez de haut goût , avec fel , poivre, clous , mufcade , laurier , ciboulet-tes & citron verd ; & vous le mettez cuire enveloppé d'un linge , dans un pot propre à cela , avec boüillon & un peu de via

R

blanc, & le laissez refroidir à demi. Il se
pourroit aussi servir pour Entrée.

Pieds de Cochon à la Sainte-Menehout.

Il faut prendre les pieds, qu'ils soient
bien propres & coupez en deux, & ficelez
ensemble chaque pied.   Aïez une marmite;
faites-y une rangée de bardes de lard, une
rangée de pieds & de fines herbes, & une
rangée de pieds & de bardes de lard, jusqu'à ce que vous aïez mis tous vos pieds.
Mettez-y ensuite une bonne phiole d'es-
prit de vin, un peu d'anis, de la coriandre,
du laurier, une chopine de vin blanc, & un
peu de vif-argent. Couvrez le tout de bardes de lard, & empâtez la marmite par les
bords avec du papier fort; il faut que le
couvercle joigne parfaitement bien, & les
mettre ainsi à la braise pour les faire cuire,
ce qui va environ à dix ou douze heures,
plus ou moins. Il ne faut pas trop presser
le feu, afin que vos pieds aïent le tems de
cuire, & il est necessaire d'en avoir du soin.
Quand ils sont cuits & refroidis, vous les
panez proprement & les faites griller, pour
les servir tout chauds en Entremets. On en
accommode aussi avec moins de frais, seulement avec de l'eau & du vin blanc mêlez
ensemble, les assaisonnant bien, & y met-

tant de la panne de Cochon ; comme on fait auſſi de cette autre maniere.

On appelle auſſi des pieces à la Sainte-Menehout , des Pigeons , Poulets ou autres Volailles , que quelques-uns nomment à la Mazarine. On verra dans l'article des Poulets , ce que c'eſt , & la maniere de les accommoder de cette ſorte.

Voïez de même ſous la lettre S. des oreilles & des pieds de Cochon pour le Souſce.

Pour faire des langues de Cochon fourrées.

Prenez des langues de Cochon , telle quantité qu'il vous plaira; faites-les échauder , ſeulement pour en pouvoir ôter la premiere peau ; & pour cela il ne faut pas que l'eau ſoit trop chaude. Aprés eſſuïez-les dans une nape, & ôtez un peu du gros bout. Pour les ſaler, aïez du genévre vert , & le faites ſécher dans le four avec deux feüilles de laurier, un peu de coriandre, du thim, du baſilic, & toutes ſortes de fines herbes, avec du romarin , de la ſauge, du perſil & de la ciboule : tout ceci étant bien ſec , il le faut piler dans le mortier , & le paſſer dans un tamis ; n'importe qu'il ſoit ſi fin. Il faut enſuite avoir du ſel pilé , & du ſalpêtre ; les mêler enſemble avec le reſte, & ſaler vos langues dans un baquet ou pot, les rangeant une à une à mesure que vous les salez séparément, & assaisonnez de toutes ces épiceries à chaque rangée de langues. Il les faut presser les unes contre les autres ; & les aïant toutes, salées, mettez dessus le pot une ardoise avec une grosse pierre dessus, & les laissez six ou sept jours. Tirez-les ensuite, faites les un peu égouter ; & prenant de la robe ou chemise de Cochon, coupez-la suivant la longueur de vos langues, & faites entrer chaque langue dans sa robe & ficelez les deux bouts. Vous les attacherez par le petit bout à une perche dans une cheminée, & dans une distance qu'elles ne se touchent point l'une à l'autre ; il faut que la fumée les domine. On les y laisse quinze ou vingt jours, jusqu'à ce qu'elles soient séches. Si elles sont bien faites, elles se garderont toute une année. Pour le mieux, il les faut manger au bout de six mois : on les fait cuire pour cela dans de l'eau, avec un peu de vin rouge, quelques tranches de ciboule & des clous de girofle. Etant cuites, on les sert par tranches ou entieres, comme l'on veut, froidement & pour Entremets. Voïez ci-devant pour les langues de Bœuf, qui se salent de la même maniere. Il se peut faire aussi des *Langues de Mouton* fourrées.

CONCOMBRE,

Est un fruit connu de tout le monde : sa graine est une des quatre semences froides. On farcit des Concombres , pour en piquer de grandes Entrées de pieces de Bœuf, comme il a été déja dit. Il s'en apprête aussi de plusieurs autres manieres ; comme la Matelotte, en Salade; on en garnit des Potages; on fait des filets au Concombre ; & c'est un des principaux ingrediens du Salpicon. Nous avons expliqué ce qui regarde les filets au Concombre. On verra ce qui regarde le Salpicon , en son lieu. Ainsi il suffira de parler ici des Concombres farcis & à la Matelotte, le reste n'aïant rien que d'assez facile ; par exemple , le Potage , la Salade & l'Eclanche au Concombre.

Concombres farcis.

Il faut prendre les Concombres , les bien peler & vuider de leurs semences , sans les couper. Ils ne doivent pas être fort gros. Il faut avoir une farce de chair composée de toute sorte de Volailles, & si l'on veut d'un morceau de Veau , le tout bien haché avec du lard blanchi , & un peu de graisse blanche , du jambon cuit haché , des cham-

pignons , des truffles , & de toute sorte de
fines herbes., tout cela bien haché & assaisonné : ensuite farcir de vos Concombres,
qui seront un peu blanchis, avec cette farce ; & les mettre cuire dans de bon jus ou
boüillon gras, qu'ils ne soient pas trop
cuits. Les aïant tirez, on les coupe en deux,
on les laisse refroidir , & l'on fait une pâte
comme si c'étoit pour faire des beignets de
pomme. La pâte sera d'une farine délaïée
avec du vin blanc ou de la biere , un peu de
lard fondu & du sel. Vous ferez de petites
brochettes de la grosseur d'une plume à é-
crire : & vous passerez les morceaux de
Concombre au travers , que les bouts
soient tous d'un même côté, pour les pouvoir piquer dans la piece de Bœuf. Vous
les tremperez dans cette pâte ; & ayant du
sain-doux chaud tout prêt , vous leur ferez
prendre une belle couleur. Votre piece de
Bœuf étant dressée, avec un hachis de jambon & les marinades par-dessus , vous la
piquez de ces Concombres farcis. Si vous
avez de la farce de reste , il la faut rouler
avec la main trempée dans de la farine ,
& en faire des morceaux gros comme un
œuf, que vous ferez cuire en même tems
que vos Concombres ; le tout doucement ,
afin que la farce se tienne. Il faut les frire
de la même maniere.

Concombres à la Matelotte.

On les farcit comme ceux ci-deſſus, & on les fait cuire dans de bon jus. Etant cuits, dégraiſſez-les bien, & qu'il n'y ait point trop de ſauſſe : liez-la avec quelque bon coulis ; & avant que de ſervir, jettez un filet de vinaigre, & ſervez chaudement. Il faut que le tout ſoit d'un beau roux.

On ſert auſſi des Concombres farcis en ragoût, & à la ſauſſe blanche.

Pour conſerver des Concombres.

Il faut prendre des Concombres qui ne ſoient pas trop mûrs, & d'une belle qualité. On les range proprement dans un baquet avec du ſel, & moitié eau & moitié vinaigre, en ſorte qu'ils puiſſent bien tremper. Il faut les bien couvrir, & n'y toucher d'un bon mois. Quand on eſt hors de la ſaiſon des Concombres, on ſe ſert de ceux-ci, les aïant bien pelez & fait tremper ; & ſi c'eſt pour garnir les Potages, il les faut faire blanchir : & quand c'eſt pour des Filets, tant en maigre qu'en gras, on les coupe à l'ordinaire des Filets, & on les paſſe de même maniere que lorſqu'ils ſont frais. Ils vous feront d'un grand ſecours tout l'Hy-

R iiij

ver , & pendant le Carême. A ceux que
l'on veut manger en Salade, on y ajoûte du
poivre , quelques poignées de sel ; & on
les peut piquer de clous de girofle , un du
moins à chacun : On les appelle des Concombres ou Cornichons confits. On choisit
pour cela des petits , sur l'arriere-saison ;
& on confit avec, des côtes ou branches de
Pourpier , & sur-tout de la Passepierre, qui
sert de fourniture à cette sorte de Salade.

COTELETTES.

Cotelettes farcies.

Prenez un Carré de Mouton ou de
Veau , & le faites cuire dans une marmite
avec de bon boüillon.   Etant cuit , vous le
tirez , & ôtez toute la chair , gardant les os
des Cotelettes. Cette chair vous sert pour
en faire une farce , avec du lard blanchi,
de la têtine de Veau cuite , un peu de persil & de la ciboule , des champignons &
truffles , le tout haché ensemble & pilé encore dans un mortier , avec les épices &
assaisonnemens necessaires , une mie de pain
trempée dans du lait ou du jus , & un peu
de crême de lait. Vous liez la farce avec
des jaunes d'œufs , de maniere qu'elle ne
soit pas trop liquide. Vous faites des bar-

des de lard felon la grandeur de vos Cotelettes ; vous mettez de cette farce fur les
bardes avec l'os des Cotelettes , & vous
faites la même chofe à chaque Cotelette ,
que vous formerez rondement avec votre
coûteau trempé dans des œufs foüettez ,
comme fi c'étoit une Cotelette veritable.
Vous les dorez & panez par-deffus ; & les
aïant rangées dans une tourtiere , on les
met au four pour leur faire prendre une belle couleur. Voilà ce qu'on appelle *Cotelettes farcies à la crême.* Elle vous peuvent
fervir pour garnir toute forte d'Entrées ,
& pour Hors-d'œuvres.

On fert encore des Cotelettes de Veau
farcies rien qu'avec du fenoüil , & jus au
fond du plat en fervant , pour Hors-d'œuvres.

Autre Entrée de Cotelettes.

·Il faut prendre les Cotelettes de Veau où
Mouton , & qu'elles foient bien tendres &
bien coupées : piquez-les de petit lard comme des Fricandeaux , & les paffez de même maniere , les affaifonnant comme il
faut. Si ces Cotelettes vous fervent de plat ,
il y faut mettre toute forte de garnitures :
& fi vous ne faites qu'en garnir quelqu'autre Entrée , cela n'eft pas neceffaire , mais

seulement les laisser cuire dans leur jus ;
parce qu'à l'Entrée qui sera au milieu du
plat , il y aura le ragoût par-dessus.

Cotelettes en Haricot , & autrement.

Les Cotelettes de Mouton se peuvent
mettre en Haricot avec des Navets cuits
bien à propos, une bonne liaison en cuisant,
& bien assaisonnée ; On y peut mettre des
marons , & servir pour Hors-d'œuvres.

On peut aussi , aprés les avoir bien appropriées , les tremper dans du lard, les
paner & griller , & servir avec bon jus ; &
jus de citron en servant.

Vous les pouvez aussi faire mariner , les
frire de belle couleur , & garnir de persil
frit : Ou bien vous les servez avec un coulis & jus, un morceau de citron & truffles,
les aïant fait mitonner ensemble ; & jus de
citron en servant.

C o u l i s,

Est une maniere de sausse , servant aux
liaisons & à donner une saveur agreable
aux choses.

Coulis pour differens Potages gras.

Ce Coulis peut servir pour plusieurs

petits Potages gras; comme de Profitrolles,
de Perdrix, de Cailles, d'Aloüettes, de
Becaffes, ou de Sarcelles, que l'on peut tous
garnir de fricandeaux & ris-de-Veau. Pour
le faire, prenez un morceau de Bœuf de cimier que vous faites rôtir à la broche, bien
riffolé : vous pilez tout chaud tout ce qui
eft le plus riffolé, avec croûtons de pain,
carcaffes de Perdrix, & autres que vous aurez. Le tout étant bien pilé & arrofé de bon
jus, paffez-le dans une cafferole avec jus
& bon boüillon, & l'affaifonnez de fel,
poivre, clou, thim, bafilic, un morceau
de citron verd. Vous le faites boüillir
quatre ou cinq boüillons, vous le paffez
dans l'étamine, & vous vous en fervez
pour mettre fur vos Potages, avec jus de
citron.

Coulis de Jambon.

Il faut prendre moitié Veau & moitié
Jambon, le tirer dans une cafferole de même, fans lard, comme un jus de Veau ; &
quand il eft cuit, y mettre des croûtes de
pain feches, de la ciboule, perfil, bafilic,
clous de girofle, avec du meilleur boüillon ; & étant de bon goût, le paffer dans
l'étamine, & le tenir un peu épais.

Coulis de Chapon.

Prenez un Chapon rôti; battez-le dans un mortier le plus que vous pourrez : passez des croûtes de pain dans du lard fondu ; & étant bien rousses, vous y mettez de la ciboule, persil, basilic, & un peu de mousserons bien hachez, que vous mêlerez avec le reste & acheverez de le passer sur le fourneau. Mettez-y ensuite du meilleur boüillon autant que vous jugerez à propos, & le passez par l'étamine.

Coulis de Perdrix.

Prenez deux Perdrix rôties, & les battez bien dans un mortier, avec les bardes de lard dans quoi vous les aurez fait cuire : ensuite prenez une pincée de truffes vertes, & autant de champignons frais que vous passerez dans du lard fondu, avec fines herbes, ciboules, basilic, marjolaine; puis vous mêlerez votre viande battuë ensemble dans la même casserole, avec deux bonnes cuillerées de jus de Veau, pour les faire mitonner à petit feu; & vous le passerez ensuite dans l'étamine, avec jus de citron.

Coulis de Canard.

Il faut prendre un Canard rôti , le battre bien dans un mortier : faites riſſoler du jambon dans un plat d'argent , & le mettez dans un pot avec une poignée de nantilles , pour faire cuire le tout enſemble : mettez-y deux ou trois clous de girofle , une gouſſe d'ail , de la ſarriette & ciboule ; & aprés qu'il ſera cuit , battez le tout avec la viande du Canard , & le paſſez dans une caſſerole avec lard fondu , & enſuite du boüillon clair ; afin que votre coulis ait un beau blond , vous le paſſerez dans l'étamine avec jus de citron.

Coulis de gros Pigeons.

Faites rôtir deux ou trois gros Pigeons ; puis les battez dans un mortier : hachez-y trois anchois , une pincée de capres , un peu de truffles & morilles , deux ou trois rocamboles , perſil , ciboule ; le tout bien haché , mêlez-le avec la viande des Pigeons, & paſſez-le dans une caſſerole avec du lard fondu : mettez-y du meilleur jus que vous aurez , paſſez-le par l'étamine avec un jus de citron , & le tenez auſſi épais que vous jugerez à propos.

Coulis de blanc de Poularde

Il faut prendre le blanc d'une Poularde ; avec un morceau de Veau cuit bien blanc, les battre dans un mortier : prendre un quateron d'amandes douces que vous pilerez enfemble, & une mie de pain bien blanc trempée dans de bon boüillon des os de Poulardes que vous aurez battus. Vous vous fervirez du même boüillon pour faire mitonner votre viande & vos amandes dans une cafferole, un boüillon ou deux : En le paffant par l'étamine, vous y pouvez mettre un peu de lait ou de crême pour le rendre plus blanc ; & prendre garde qu'il ne tourne en le faifant chaufer.

Coulis blanc en maigre.

Prenez des amandes la quantité que vous jugerez à propos, & les battez dans un mortier. Il faut avoir de la mie de pain trempée dans de la crême ou du lait, & des filets de Poiffon cuits les plus blancs que vous pourrez. Vous y mettrez des moufferons frais, des truffles blanches, bafilic, ciboules ; & vous prendrez du boüillon le plus clair que vous trouverez, pour faire boüillir le tout l'efpace d'un quart-d'heure ;

aprés quoi vous le passerez par l'étamine. Ce Coulis vous sert à tout ce que vous aurez de blanc.

Autres Coulis pour les jours maigres.

Il faut passer des oignons & carotes comme pour un boüillon ; & étant bien roux, vous y jetterez une poignée de persil, un peu de thim, de basilic, clou de girofle, croûtes de pain, & du boüillon de Poisson & un filet de vinaigre.

Coulis de Racines.

Prenez des carotes, racines de persil, panais & oignons par tranches, le tout passé un peu dans une casserole ; puis vous le pilez dans un mortier, avec une douzaine & demie d'amandes, & un morceau de mie de pain trempée dans de bon boüillon de purée : faites boüillir le tout dans une casserole, & l'assaisonnez de bon goût comme les autres. Vous le passez tout chaud dans l'étamine; & vous vous en servez pour tous les Potages d'Oignons blancs, de Porreaux, de Cardes, de Salsifix frits marinez & en pâte, & au Potage de Cheruis.

Coulis de Nantilles.

Vous prenez des croûtons de pain , des carotes, panais , racines de perſil, oignons par tranches paſſez à l'huile , ou au beurre bien chaud. Si c'eſt en gras, vous y mettez du lard bien roux ; & vous y jettez vos legumes & vos croûtes de pain. Faites-bien riſſoler le tout , juſqu'à ce qu'il ſe faſſe un gratin bien roux ; mettez y des Nantilles & du boüillon, & l'aſſaiſonnez de bon goût. Aïant boüilli quatre ou cinq boüillons avec un morceau de citron , paſſez-le dans l'étamine. Il vous ſert pour les Potages de Nantilles , aux croûtes farcies de Nantilles, aux croûtes farcies de Brochet aux Nantilles , & à beaucoup d'autres ; comme de Soles , Vives & Carpes. En gras, il vous ſert pour des Potages de Pigeons , de Canards , aux Perdrix , &c.

Il y a encore beaucoup d'autres ſortes de Coulis qui ſe font pour differentes choſes, comme Coulis d'Anchois , Coulis de Carpes , Coulis de Truffles, Coulis de Mouſſerons , Coulis de Morilles , Coulis de Pois, Coulis de Champignons , Coulis de jaunes d'œufs , & autres que l'on trouvera par le moïen de la Table.

COURT-

COURT-BOUILLON,

Eſt une façon particuliere de cuire certains Poiſſons : il eſt compoſé d'eau , de vinaigre , de ſel & de beurre ; mais comme le Court-boüillon eſt commun a beaucoup de Poiſſons , on renvoie le Lecteur à l'article du Brochet & des Carpes , pour ſçavoir ce qu'il faut obſerver à cet égard ; afin de ne pas repeter inutilement une même choſe en pluſieurs lieux.

CRÊMES.

Il ſe fait de pluſieurs ſortes de Crêmes : il y a de la Creme d'Amande, de la Crême à Piſtaches, de la Crême brûlée , des Crêmes croquantes , à frire , à l'Italienne , & encore d'autres manieres. Voici pour les Crêmes à Piſtaches.

Crême à Piſtaches.

Il faut prendre des Piſtaches bien échaudées , les piler dans le mortier , avec de l'écorce de citron confit & un peu d'écorce de citron verd. Le tout étant bien pilé , il faut prendre une ou deux pincées de farine , avec trois ou quatre jaunes d'œufs :

S

délaïez-les ensemble dans une casserole de
la grandeur de votre plat, & y mettez du
sucre à proportion, y versant ensuite du
lait petit à petit, un peu plus qu'une chopine. Prenez ensuite vos Pistaches pilées ;
& les aïant délaïées avec le reste, passez le
tout dans l'étamine deux ou trois fois : a-
prés faites-la cuire de même maniere que les
autres Crêmes ; & quand elle sera cuite,
versez-la dans son plat, & la servez froide
pour Entremets. Si vous la voulez servir
chaude, après qu'elle sera froide, vous y
pouvez faire une glace blanche dessus, &
la mettre dans le four à secher la glace.

Crême d'Amandes.

Elle se fait de même maniere que la pre-
cedente. Quand c'est pour les jours de
Jeûne, le soir à Collation, après avoir pilé les amandes, passez-les avec de l'eau par
l'étamine pour faire le lait d'amandes ; il
faut qu'il y ait beaucoup d'amandes. Votre
lait d'amandes étant fait, formez vos crêmes, soit de Pistaches, de Chocolat ou
autre, rien qu'avec un peu de farine, du
sucre & de l'eau de fleur d'orange, sans
œufs & sans lait ; mais seulement un peu
de sel & beaucoup de sucre. Le tout étant
bien cuit, servez : & si vous en voulez faire

des Tourtes , garniffez de Bifcuits de Savoie , ou Meringues, ou autres chofes femblables ; & faites l'abaiffe de la pâte croquante que l'on trouvera ci-aprés.

Crême à l'Italienne.

Prenez du lait environ une bonne chopine , felon la grandeur de votre plat : faites
boüillir ce lait avec du fucre & un peu de
canelle en bâton , afin d'en relever le goût,
& un grain de fel. Etant boüiilli , prenez
un grand plat d'argent avec une étamine ;
mettez-y quatre ou cinq jaunes d'œuf frais;
& tout d'un tems paffez le lait avec les
œufs trois ou quatre fois. Aprés il faut
mettre fon plat dans le four de campagne,
qui foit bien droit; verfez le tout dedans, &
mettez du feu deffus & deffous, jufqu'à ce
que votre Crême foit bien prife ; & fervez
chaudement. Si à toutes ces Crêmes on veut
y mettre de la crême de lait , elles en feront
beaucoup plus délicates.

Crême pâticiere.

Si vous en voulez faire pour plufieurs
fois, il faut battre douze œufs, le blanc &
le jaune. Etant battus , il y faut mettre
une bonne demi-livre de farine , plûtôt davantage que moins , & battre le tout enfemble. Vous y ajoûterez enfuite encore

une douzaine d'œufs , que vous continue-
rez de délaïer avec le reste. Aïez en même
tems environ deux pintes & demie de lait ,
& mettez-le dans une casserole grande à
proportion , pour le faire boüillir. Quand
il boüillira , versez le tout dedans , & remuez toûjours. Il y faut un peu de sel ,
environ demi-livre de beurre , un peu de
poivre blanc,& le faire bien cuire , prenant
garde qu'il ne s'attache au fond.Votre Crême étant épaissie & cuite , vous la verserez
dans une autre casserole, & la laisserez refroidir. Quand vous en voudrez faire des
Tourtes , prenez-en selon la grandeur des
Tourtes que vous souhaiterez , & la mettez dans une casserole : vous l'y mêlerez
bien , avec la gâche ou spatule , & y ajoûterez du sucre & de l'écorce de citron hachée , verte & confite , un peu d'eau de
fleur d'orange , quelques jaunes d'œufs ;
& les jours gras, de la moëlle de Bœuf,ou
de la graisse de Bœuf fonduë. Le tout é-
tant bien passé & démêlé , formez vos
Tourtes d'une pâte de feüilletage , & faites-
y un petit rebord autour, aprés quoi vous y
verserez votre Crême. Quand la Tourte
sera presque cuite , il la faut glacer ; & servez en Entremets. Pour les jours maigres,
au lieu de la moëlle de Bœuf, on y met du
beurre fondu.

Crême brûlée.

Il faut prendre quatre ou cinq jaunes d'œufs, selon la grandeur de votre plat ou affiette. Vous les délaïerez bien dans une casserole, avec une bonne pincée de farine; & peu à peu vous y verserez du lait, environ une chopine. Il y faut mettre un peu de canelle en bâton, & de l'écorce de citron verd haché, & d'autre confit. On y peut aussi hacher de l'écorce d'orange comme celle de citron; & alors on l'appelle *Crême brûlée à l'Orange.* Pour la faire plus délicate, on y peut mêler des pistaches pilées, ou des amandes, avec une goute d'eau de fleur d'orange. Il faut aller sur le fourneau allumé, & la toûjours remuer, prenant garde que vôtre Crême ne s'attache au fond. Quand elle sera bien cuite, mettez un plat ou une affiette sur un fourneau allumé; & aïant versé la crême dedans, faites-la cuire encore, jusqu'à ce que vous voïez qu'elle s'attache au bord du plat. Alors, il la faut tirer en arriere & la bien sucrer par-dessus, outre le sucre que l'on y met dedans: on prend la pêle du feu, bien rouge; & du même tems on en brûle la Crême, afin qu'elle prenne une belle couleur d'or. Pour garniture, servez-vous de feüillantine , de petits fleurons ou meringues , ou autres découpûres de pâte croquante. Glacez votre Crême, si vous voulez ; sinon servez sans cela, toûjours pour Entremets.

Crême croquante.

Aïez un plat avec quatre ou cinq jaunes d'œufs frais , selon le plat que vous voulez. Délaïez ces jaunes d'œufs avec une cueillere ; & en les délaïant , versez-y du lait petit à petit jusqu'à ce que votre plat soit presque plein. Après il y faut mettre du sucre râpé avec de l'écorce de citron. Il faut avoir un fourneau allumé , porter son plat dessus ce fourneau , & remuer toûjours avec la cueillere, tant que la Crême soit un peu formée. Il faut ensuite que le fourneau ne soit pas si ardent ; & cependant, remuant toûjours avec la cueillere , vous jetterez votre Crême sur le bord du plat, en sorte qu'il n'y en reste quasi point dans le fond, & qu'elle ait ainsi formé un bord tout autour du plat. Il faut avoir soin qu'elle ne brûle pas, mais seulement qu'elle reste attachée au plat. Etant cuite, il lui faut faire prendre une bonne couleur avec la pêle rouge ; & après, avec la pointe du coûteau , vous détacherez tout ce bord d'autour

du plat, afin qu'il reſte entier : vous le remettrez dans le même plat, & le laiſſerez
encore un peu ſécher dans le four ; de maniere qu'il reſte peu de choſe dans le plat,
& qu'elle ſoit croquante à la bouche.

Crême vierge.

Prenez cinq blancs d'œufs ; foüettez-les
bien, & les mettez dans une caſſerole avec
ſucre, lait & eau de fleur d'orange. Mettez
une aſſiette ſur un fourneau avec un peu de
canelle, & verſez-y votre Crême bien
battuë, que vous dorerez étant faite, avec
la pêle rouge.

Crême à frire.

Il faut prendre environ une pinte de
lait, le faire boüillir ſur le f~u, & y délaïer
quatre jaunes d'œufs avec un peu de farine.
Étant bien délaïé, remuez le tout enſemble
ſur le fourneau juſqu'à ce que la crême ſoit
formée : on y met un peu de ſel, un peu de
beurre, & de l'écorce de citron haché.
Quand elle eſt cuite, farinez ſur votre tour,
& verſez votre Crême, qu'elle ſe détende
d'elle-même : il faut que quand elle ſera
refroidie, elle faſſe l'effet comme ſi c'étoit
une omelette cuite. Vous la couperez par
morceaux, ſelon la groſſeur que vous vou-

drez, & les ferez frire avec de bon fain-doux chaud, prenant garde qu'elle ne foire dans la poële. Etant colorée, tirez-la; mettez-y du fucre en poudre, & de l'eau de fleur d'orange par-deffus. Dreffez-la dans fon plat; & l'aïant glacée, fi vous voulez, avec la pêle rouge, fervez chaudement. Vous pouvez auffi, lorfque cette maniere de Crême eft détenduë fur la table, avoir du beurre chaud dans votre poële, & la faire frire comme une omelette. Quand elle aura pris couleur d'un côté, vous la verferez fur fon plat, & la ferez courir doucement dans la poële, pour lui faire prendre couleur de tous côtez. Vous la fucrerez, glacerez, & fervirez de même chaudement, le tout pour Entremets.

Pour rendre toutes fortes de Crêmes plus délicates, au lieu de farine ordinaire, il faut prendre de la farine de Ris; elles en font beaucoup meilleures. Encore qu'on n'y mette pas des œufs, on ne laiffe pas d'en faire de bonne avec du lait, fi les perfonnes mangent au beurre; & avec le lait d'amandes, fi elles ne mangent qu'à l'huile. Il faut toûjours qu'une pinte de lait revienne en cuifant à une chopine, afin que l'on ne fente point la farine.

Crême de Chocolat.

Prenez une pinte de lait & un quarteron de ſucre que vous ferez boüillir enſemble un quart d'heure ; & aprés vous delaïerez un jaune d'œuf que vous mettrez dans la Crême, & vous la ferez boüillir trois ou quatre boüillons. Otez-la enſuite de deſ-ſus le feu, & mettez-y du Chocolat, juſ-qu'à tant que la Crême en ait pris la cou-leur. Aprés, vous la remettrez trois ou qua-tre tours ſur le feu ; & l'aïant paſſé dans une étamine, vous la dreſſerez où il vous plaira.

Crême douce.

Prenez trois pintes de lait nouvellement trait, & le faites boüillir ; & quand il mon-te, ôtez-le de deſſus le feu, & le laiſſez repoſer un moment. Vous ôtez toute la crême qui ſera par-deſſus, que vous met-trez dans une aſſiette. Vous remettrez vôtre poële ſur le feu, & vous ferez toû-jours de même juſqu'à ce que votre aſſiette ſoit pleine de la Crême que vous retirerez. Il faut y mettre des eaux odoriferentes, & n'oublier pas de la bien poudrer de ſucre avant que de ſervir.

T

Crême blanche legere.

Il faut prendre trois demi-setiers de lait
& demi-quarteron de sucre que vous ferez
boüillir un demi - quart - d'heure. Aprés
vous l'ôterez de dessus le feu , vous y mettrez deux blancs d'œufs bien foüettez , remuant toûjours le tout ensemble. Remettez votre lait ou Crême sur le feu , faites-
la boüillir quatre ou cinq boüillons en la
foüettant toûjours. Ensuite vous la dresserez dans ce qu'il vous plaira ; & étant
froide vous l'arroserez d'eau de fleur d'o-
range , & vous la poudrerez de sucre fin.
Vous lui pouvez donner couleur avec la
pêle rouge.

La *Crême de Canelle* se fait de même
que celle de Chocolat.

Pour ce qui est des sauffes à la Crême ,
voïez l'article des Artichaux , des Asperges , des Champignons , &c. comme aus-
fi les Omelettes à la Crême de plusieurs
sortes , & autres pieces que la Table indiquera.

CREPINES,

Est une farce composée de la maniere
qui suit. Prenez de la roüelle de Veau , &
un morceau de lard , & les faites blanchir

ensemble dans le pot. Etant refroidis, hachez-les avec de la panne, quelque blanc de ciboule, deux ou trois rocamboles & autres assaisonnemens. Battez encore le tout dans un mortier, avec un peu de crême ou de lait, & des jaunes d'œufs; & mettez ensuite cette farce dans des Crêpines, comme du Boudin blanc. On les fait cuire dans une tourtiere à petit feu, bien proprement & de belle couleur. Servez pour Hors-d'œuvres d'Entrées.

Voïez ci-après, sous la lettre F. la maniere des Foies-gras à la Crêpine.

CRETES.

Outre la part qu'ont les Crêtes de Coq dans les meilleurs Ragoûts & dans les Bisques, il s'en fait encore des Services particuliers pour Entremets; sur tout des Crêtes farcies, ou avec des Ris-de-Veau, ou avec des Foies-gras, ou avec des Champignons & Morilles, ou seules. En voici la maniere.

Crêtes de Coq farcies.

Prenez des plus belles & des plus grandes Crêtes de Coq, & faites-les cuire à demi. Ouvrez-les ensuite par le gros bout avec la pointe du coûteau. Faites farce

avec un blanc de Poulet ou de Chapon ,
moëlle de Bœuf, lard pilé, sel, poivre,
muscade, & un jaune d'œuf. Fricassez vos
Crêtes, & les faites cuire dans un plat avec
un peu de bouillon épais, & quatre ou cinq
champignons par tranches : delaïez y un
jaune d'œuf crud ; & mettez en servant,
jus de citron & autre bon jus.

Pour conserver des Crêtes farcies.

Nettoïez-les bien, & les mettez dans un
pot avec lard fondu, & les tenez un peu
sur du feu sans cuire. Demi-heure après,
mettez-y un peu de sel menu, un oignon
piqué de clous, un citron par tranches,
du poivre, & un verre de vinaigre. Lorsque le lard commencera à se prendre, tirez-les, & les couvrez d'un linge & beurre fondu, comme on fait au reste que l'on
veut conserver.

CROQUETS.

On appelle Croquets, certain composé d'une farce délicate, dont il s'en fait de
gros comme un œuf, & d'autres comme
une noix. On peut servir de ces premiers
pour Entrée, du moins en Hors-d'œuvres;
& les autres ne sont que pour garnir. Pre-

ñez pour cela des eſtomacs de Poulardes,
de Poulets & de Perdrix. Hachez cette
viande avec du lard blanchi, de la têtine de
Veau cuite, quelques ris-de-Veau blanchis,
des truffles & des champignons, de la moëlle, une mie de pain trempée dans du lait,
& toutes ſortes de fines herbes, avec un peu
de fromage à la crême, & de la crême de
lait autant qu'on juge à propos : le tout
bien haché & bien aſſaiſonné, on y met
quatre ou cinq jaunes d'œufs, & un ou
deux blancs. Avec cette farce, on forme
les Croquets en rond ; on les roule dans un
œuf battu, on les pane en même tems,
& on les laiſſe repoſer ſur un plat, pour
les frire enſuite avec du ſain-doux bien propre, & ſervir chaudement. La même farce
ſert à farcir des Fricandeaux, & pour les
Filets mignons dont il ſera parlé ci-aprés.

Pour les petits Croquets, on les peut
faire de la même farce, ou de toute autre
qui ſoit un peu délicate & liée. On les empâte avant que de les frire, avec une pâte
comme celles des beignets de pomme. On
les peut auſſi fariner ou paner ; & ils vous
ſerviront pour garnir toute ſorte de plats,
où il y aura des Entrées de Volaille farcie:
le tout ſervi chaudement.

D.

DAIN,

ESt un animal sauvage assez semblable à la Biche : Voici la maniere de l'accommoder. Si on veut le manger rôti , lardezle de gros lard , assaisonné de sel , poivre , clous pilez , & le mettez tremper avec vinaigre , laurier & sel : faites-le rôtir à petit-feu en l'arrosant ; & étant cuit , mettez anchois , capres , échalotes coupées , & citron verd dans la sausse , que vous lierez avec farine frite.

On le peut aussi piquer de menu lard , & le mettre à la marinade avec cinq ou six gousses d'ail : faites-le rôtir envelopé de papier , puis le mangez à la poivrade.

Le Fan de Dain se peut manger de même , hors qu'il ne lui faut pas la marinade si forte.

Vous pouvez aussi servir pour grande Entrée , une cuisse de Fan avec la croupe , moitié piquée , moitié panée , garnie de petits Pâtez , & une poivrade dessus , comme on en a vû un exemple page 28. Ou bien étant piqué de menu lard , le manger à l'aigre-doux , faisant la sausse avec le degout , sucre , canelle , poivre blanc , ci-

'ron verd , un peu de fel, farine frite , é-
chalote coupée : Vous ferez boüiillir le tout
à petit feu , avec vin clairet ou vinaigre, &
tournerez de tems en tems votre Fan, afin
qu'il en prenne le goût ; puis mettez capres
en fervant.

DAUBES,

Eſt un ragoût qui fe mange froid, &
qui eſt fort en uſage aujourd'hui ; on fe fert
ordinairement pour cela de gigot de Veau ,
de gigot de Mouton , de Poulet d'Inde, de
Canard , d'Oiſons , & autres. Nous a-
vons déja expliqué une maniere de Daube
pour le Poiſſon , dans le fecond article de
la Carpe. Voici maintenant pour le gras.

Daube d'un Gigot de Veau.

Il faut ôter la peau du Gigot , le faire
blanchir, le piquer de menu lard , & le
mettre tremper en verjus , vin blanc, fel,
un bouquet de fines herbes , poivre, laurier & clous : enfuite faites-le rôtir à la broche, l'arroſant dudit vin, verjus, & un peu
de boüillon. Etant cuit , faites une fauſſe
avec le degout, un peu de farine frite, capres, tranches de citron , jus de champignons & un anchois ; & laiſſez-y mitonner
quelques tems votre Gigot de Veau , avant

que de servir ; ce que vous ferez pour Entrée.

On peut àccommoder de même une E-
clanche de Mouton à la Daube.

Daubes d'Oisons, & autres.

Vous larderez vos Oisons de moïen lard ;
assaisonnez de sel , poivre , clous , muscade , laurier , ciboule , citron verd , & les
enveloppez dans une serviette. Faites-les
cuire dans un pot , avec boüillon & vin
blanc , & les laissez à demi refroidir dans
leur boüillon. Servez sur une serviette ,
avec tranches de citron.

C'est de la même maniere qu'on peut
faire cuire les Poulets d'Inde , Chapons
gras , Perdrix , & autres pieces.

DINDONS.

Entre les manieres dont on peut accommoder des Dindons , soit rôtis , soit en ragoût , ces deux-ci sont sans doute des plus
nouvelles, & celles par consequent qui me-
ritent que nous en parlions les premieres.
L'une est une Entrée de Dindons farcis aux
fines herbes ; & l'autre , à l'essence d'oignons. On met encore des Dindons en
Salmi & à la sausse au Jambon , comme

d'autres pieces qu'on peut voir dans la Table.

Dindons farcis aux fines herbes.

Prenez des Dindons & les retroussez pour rôtir, mais ne les faites point blanchir. Il faut détacher la peau de dessus l'estomac pour les pouvoir farcir. Cette farce se fait avec du lard haché crud, du persil, de la ciboule, & toute sorte de fines herbes ; le tout bien haché, & même pilé un peu dans le mortier & bien assaisonné. On farcit les Dindons entre la peau & la chair, & un peu dans le corps. Il les faut ensuite bien brocheter, & les faire rôtir. Etant rôtis ; dressez-les dans le plat, & mettez un bon ragoût par-dessus, composé de toute sorte de garnitures ; & servez chaudement. Il s'en peut faire de même pour les Poulets, Pigeons, & autres Volailles : Et pour les déguiser d'un jour à l'autre, on peut les mettre à la braise, les aïant farcis comme ci-dessus ; étant cuits, les bien égouter, & les servir avec un bon ragoût de truffles & ris-de-veau, le tout bien passé, dégraissé & garni de petits croquets.

Entrée de Dindons à l'essence d'Oignons.

Il faut couper de l'oignon par tranches, & les passer dans une casserole, avec du

lard. Etant paſſé , égoutez un peu de la
graiſſe , mettez-y une pincée de farine , &
paſſez-le encore enſemble ; puis y mettez
de bon jus , quelques clous de girofle , &
les autres aſſaiſonnemens neceſſaires. Quand
le tout eſt un peu cuit , on le paſſe par l'é-
tamine proprement ; on le remet enſuite
dans une caſſerole , on y jette un filet de
verjus & un peu de coulis de pain. Vos
Dindons doivent être rôtis , étant bien ficelez aux aîles , ſur l'eſtomac & aux cuiſſes.
Vous les dreſſez dans un plat , & jettez la
ſauſſe deſſus bien chaudement ; & ſervez
avec propreté.

Autres Entrées de Dindons.

On ſert quelquefois de petits Dindons ;
un piqué , & l'autre non, rien que bardé ,
ſans être pané ; ſervi au jus.

D'autres fois, vos Dindons étant cuits à
la broche bardez , enlevez les cuiſſes , les
aîles & le blanc , & coupez-les par filets ,
que vous mettrez en ragoût aux Concombres paſſez au roux ; avec une liaiſon rouſ-
ſe , & un morceau de citron en cuiſant.

E.

ECHAUDEZ GLACEZ.

ON fert des Echaudez glacez pour
Entremets, ou pour garnir : ils fe
font de cette maniere. Prenez des Echaudez
à l'eau, felon la grandeur de votre plat :
coupez-les par la moitié, comme vous feriez une orange, qu'il y refte de la croûte
deffus & deffous ; mettez-les tremper dans
du lait avec du fucre, à proportion de ce
que vous aurez d'Echaudez. Couvrez-les
& les mettez fur de la cendre chaude pour
les tenir chaudement, environ quatre ou
cinq heures : il ne faut pas qu'ils boüillent;
car ils deviendroient en boüillie. On les
tire enfuite hors de là ; & quand ils font
bien égoutez, vous les faites frire avec du
fain-doux neuf. Etant colorez, il les faut
tirer proprement, les fucrer de fucre fin,
& les glacer deffus ; aprés tourner les E-
chaudez, & les glacer de l'autre côté : &
l'étant ainfi de tous les deux, les fervir
chaudement.

ECLANCHE,

Eft la cuiffe d'un Mouton; nous la nom-
mons auffi Gigot, fur-tout à la campagne.;

& quoiqu'une Eclanche soit quelque chose
de fort commun, on ne laisse pas de la pouvoir accommoder de plusieurs façons qui
peuvent faire honneur. Voïons comment.

Entrée d'une Eclanche de Mouton farcie.

L'Eclanche étant cuite, tirez-en toute la
viande, qu'il n'y reste que les os attachez
ensemble. On dégraisse cette chair, & on
la hache bien avec du lard blanchi, un peu
de graisse ou de moëlle, des fines herbes,
de la ciboule & du persil, un peu de têtine
de Veau, une mie de pain trempée dans de
bon boüillon, deux jaunes d'œufs & deux
œufs entiers. Le tout étant bien haché &
assaisonné, on met l'os dans le plat que l'on
veut servir, & on fait paroître le petit bout
de l'Eclanche. On met tout autour la moitié de ce godiveau. Vous faites un creux
façonné comme est l'Eclanche ; vous trempez les mains dans un œuf battu, afin que
rien ne s'y attache ; vous remplissez ce
creux d'un ragoût de toute sorte de garnitures, bien passé & cuit & bien assaisonné ; & on acheve de le remplir avec la
farce, qui fasse le même dessein qu'une E-
clanche : le tout étant bien pané, mettez-
le au four pour lui faire prendre couleur.
Etant coloré, tirez-le du four : ôtez bien

la graiſſe qui eſt autour du plat ; & par une
petite ouverture au-deſſus, mettez-y un peu
de coulis bien fait, & recouvrez-le pour le
ſervir chaudement.

Autres manieres.

On fait une autre moïenne Entrée d'u-
ne groſſe Eclanche de Mouton farcie à la
crême.   Vous la deſoſſez & vous en prenez
la chair, avec un morceau de Veau, de la
panne, un morceau de lard, de la graiſſe
de Bœuf, & vous hachez bien le tout enſemble. Vous y mettez un peu de ciboule
& de perſil haché, avec deux ou trois rocamboles, un peu de baſilic & de thim, le
tout bien haché & aſſaiſonné de ſel, poivre, épices fines, & un peu de coriandre.
Vous mêlez & battez le tout dans un mortier, avec crême, jaunes d'œufs & mie de
pain. Etant bien battu, vous en farciſſez
votre os en façon d'Eclanche : vous la dorez de blanc d'œuf, & mie de pain par-
deſſus ; & ſi vous voulez, vous la façonnez avec le dos du coûteau. Vous la faites
cuire au four ſur un plat d'argent, ou tourtiere, avec des bardes de lard deſſous. Il
faut que votre farce ſoit aſſez forte, afin
qu'elle ne ſe caſſe pas au four. Vous pouvez garnir de petits Pâtez, Cotelettes de

Veau farcies, Poulets marinez, ou autre garniture convenable ; que le tout soit bien propre & de belle couleur.

On fait encore une moïenne Entrée d'une Eclanche de Mouton farcie dans sa peau, passée en ragoût avec cus d'artichaux, ris-de-Veau, truffles, champignons, foies-gras, pointes d'asperges, le tout bien assaisonné: garni de roulettes au fenoüil & poupiettes farcies, & jus de citron en servant.

Eclanche de Mouton à la Roïale.

Il faut prendre l'Eclanche, ôter la graisse & la chair qui est autour du manche, la battre & la piquer à gros lardons. On peut aussi larder de même quelque morceau de cuisse de Bœuf ou de Veau. Etant lardé, que le tout soit bien assaisonné, farinez l'Eclanche & la même viande, & lui faites prendre couleur dans du sain - doux chaud. Après il la faut empoter avec toute sortes de fines herbes, quelque oignon piqué de clous de girofle, avec de bon boüillon ou de l'eau, le tout bien couvert, & la faire cuire long-tems. Etant bien cuite, il faut avoir un bon ragoût de champignons, truffles, cus d'artichaux, pointes d'asperges, ris-de-Veau, le tout bien passé : on y met aussi quelque bon coulis.

Vous tirez l'Eclanche de dedans le pot ;
vous la dreſſez dans ſon plat, & coupez
vos morceaux de Bœuf ou de Veau, par
tranches bien proprement, pour en faire
une bordure tout au tour : il faut faire en
ſorte que le lard paroiſſe à ces tranches. On
met le ragoût par-deſſus, bien chaudement:
& ſi l'on veut que l'Eclanche en prenne bien
le goût, quand elle eſt preſque cuite, mettez-la cuire quelque peu dans le même ragoût ; & ſervez de même maniere. On
peut auſſi garnir de fricandeaux piquez, &
marinade.

Entrée d'une autre Eclanche.

Prenez l'Eclanche, & ôtez-en la graiſſe
comme ci-deſſus. Lardez-la proprement,
& l'aiſſonnez bien ; on la peut auſſi larder
de jambon crud. Il faut prendre la marmite, avec des bardes de lard & tranches de
Bœuf ou de Veau, & les y ranger comme
pour une braiſe: mettez-y enſuite votre E-
clanche, avec du feu deſſus & deſſous ; &
faites en ſorte qu'elle prenne une bonne
couleur. Lorſque cela ſera, tirez cette viande & ces bardes de lard, & égoutez un
peu de la graiſſe, ſans neanmoins ôter encore l'Eclanche. Il faut mettre une bonne
pincée de farine tout au tour de la marmi-

te, & lui faire prendre couleur avec l'E-
clanche. Etant colorée, vous y remettrez
la viande que vous aviez tirée, avec bon jus
& un peu d'eau, & tiendrez la marmite bien
couverte, achevant de la faire cuire entierement. Il faut que la sauffe foit un peu liée.
Si cela n'eft pas, il faut y mettre un coulis de cette viande pilée qui étoit autour
de l'Eclanche ; & le bien paffer avec de bon
jus. Vous y pouvez mettre auffi toute forte de garnitures ; pointes d'afperges, morilles, champignons, moufferons, cus
d'artichaux & marons, & faire cuire le
tout enfemble ; même des truffles, des crêtes, & des ris-de-Veau, fi l'on en a la
commodité. Etant cuit, dreffez votre E-
clanche ; dégraiffez bien le ragoût, & y
mettez un filet de verjus. On peut garnir
le plat de Cotelettes de Mouton ou de Veau
farcies, comme on a dit ci-devant.

Eclanche à la Chicorée, & aux Concombres.

Faites rôtir l'Eclanche, prenant garde
qu'elle ne foit pas trop cuite. Cependant,
faites un bon ragoût avec de la chicorée qui
foit un peu blanchie & coupée par tranches.
Prenez du lard, & faites un petit roux,
avec

avec un peu de farine & de bon jus, le tout
bien affaifonné, & un bouquet de fines
herbes dedans, avec un filet de vinaigre.
Faites cuire de la forte votre chicorée,
qu'elle ne foit pas noire, & qu'elle ait un
peu de haut goût, & vous la fervirez fous
votre Eclanche. Vous en pouvez faire de
même aux Concombres : mais il faut que
les Concombres aïent été marinez & coupez par petites tranches ; & les paffer enfuite de même maniere. Si vous ne voulez
pas fervir l'Eclanche entiere, vous la pouvez couper par tranches bien minces, & les
mettre dans le même ragoût, prenant garde qu'ils ne boüillent pas enfemble, &
que la fauffe ne foit ni trop liée, ni trop
liquide. Le tout étant dégraiffé, fervez
chaudement.

On peut encore fervir une Eclanche
cuite à la broche, avec une fauffe Robert,
où il entre des capres & anchois ; foit pour
Hors-d'œuvres, foit pour Entrée même,
étant garnie.

Vous pouvez auffi mettre une Epaule de
Mouton de toutes les manieres qu'on a vû
pour Eclanche.

ECREVICE,

Eft une efpece de Poiffon qui naît dans
V

les rivieres & dans les ruisseaux vifs ; sa chair est fort délicate : il y a aussi celle de mer, mais qui est beaucoup plus grosse. Les Ecrevices se peuvent accommoder de diverses manieres : on les peut mettre en Ragoût, en Hachis, en Tourte, les manger en Salade, & en faire des Potages tant gras, que maigres.

Pour le Ragoût ; faites cuire vos Ecrevices dans du vin, vinaigre & sel : prenez ensuite les queuës, les pattes & le dedans du corps des Ecrevices, & les passez à la poële avec beurre roux, fines herbes menuës, un morceau de citron verd, sel, poivre, muscade, un peu de farine frite ; jus de champignons & de citron en servant.

Vous servez le Hachis, garni de pieds marinez & frits, aprés en avoir tiré la chair ; & vous en faites un cordon autour du plat.

Pour la Tourte ; voïez sous la lettre T. parmi les autres dont on y trouvera la maniere : & page 65. pour les Ecrevices en Salade, ausquels vous pouvez faire la Ramolade qui y est marquée, aprés les avoir fait cuire avec vin, vinaigre, sel, poivre, clous, laurier & ciboule ; & les servir entieres avec persil verd.

On les peut aussi passer à la poële à la sausse blanche, comme beaucoup d'autres chofes. Voici pour le Potage d'Ecrevices.

Potage d'Ecrevices.

Le boüillon de ce Potage eft celui de Poiffons que nous avons décrit ci-devant : ainfi prenez vos Ecrevices , & les faites cuire à l'ordinaire. Etant cuites , tirez-les , & mettez toutes les queuës à part dans une cafferole , avec des truffles , des champignons, cus d'artichaux , pointes d'afperges , felon la faifon ; & paffez ce ragoût , avec de bon beurre , & un peu de farine. Etant paffé , moüillez-le de bon boüillon de Poiffon , ou autre : enfuite mettez-y vos laites , un bouquet de fines herbes , le tout bien affaifonné ; & laiffez-le cuire à petit feu.

Pour faire le coulis , il faut piler toutes les jambes & cuiffes de vos Ecrevices : étant pilées, les paffer par l'étamine avec un peu de boüillon & une petite croûte de pain. Si vous voulez que votre coulis foit plus rouge , vous ne prendrez que les jambes de vos Ecrevices. Le tout bien paffé , mettez-le à part. Il faut avoir d'autres Ecrevices ; leur laiffer la queuë , & en ôter feulement la coquille & les petites jambes , pour border votre Potage. Prenez la chair d'une bonne Carpe , & faites-en un bon hachis qui vous servira pour le même Potage. Mitonnez-le de bon boüillon : étant mitonné, si vous avez un pain farci du même hachis de Carpe, avec quelques petites garnitures, vous pouvez les mettre proprement sur votre Potage, le garnir de vos Ecrevices, distribuer votre ragoût par tout autour du pain & l'arroser tout d'un tems de votre bon coulis.

Vous pouvez aussi, pour garnir un semblable Potage, farcir les coquilles de vos Ecrevices d'une bonne farce de Poissons, qui soit un peu liée : les aïant farci, les fariner tant soit peu ; & quand on sera prêt de servir, les frire dans du bon beurre chaud, & garnir votre Potage proprement, aussi-bien que les plats ci-devant, sur tout le Hachis d'Ecrevices.

On fera aisément toute sorte de Potages gras aux Ecrevices, qui se trouveront marquez dans ce Livre, en suivant ce que l'on vient de dire dans cet article, pour ce qui est du coulis, hors qu'on se servira de jus & de boüillon.

EPERLAN.

Est un petit Poisson de riviere, qui se mange ordinairement frit ou rôti. Nous ne parlerons point des Potages d'Eperlans au boüillon blanc & brun, ou en filets, que l'on peut servir : n'y aïant qu'à observer en cela la même chose , que pour d'autres Poissons. Voici seulement les Entrées qu'on en peut faire.

Vous les pouvez frire , & les servir à la sausse d'anchois fondus , avec beurre roux, jus d'orange , & poivre blanc.

Une autre fois mettez-les en casserole , les faisant cuire avec beurre & un peu de vin blanc, muscade , un morceau de citron verd, un peu de farine frite ; & en servant, mettez-y des capres & du jus de citron.

On les peut aussi faire cuire au court-boüillon , avec vin blanc , citron verd , poivre , sel & laurier ; & les servir sur une serviette, avec persil & tranches de citron, pour les manger au vinaigre & poivre blanc ; ou bien y faire la Ramolade qui a été dite page 65.

E S T U R G E O N ,

Est un Poisson de mer qui passe quelque-fois en eau douce : on en prit un il y a quel-que tems dans la riviere de Seine, qui avoit neuf pieds de long ; sa chair est ferme & lourde.

Entrées d'Esturgeon au gras.

On accommode l'Esturgeon au gras de

diverses façons : l'une , en maniere de fricandeaux bien piquez; & l'autre, à la Sainte-Menehout , par grosses tranches. On
prend pour celui-ci , du lait , du vin blanc ,
une feüille de laurier , le tout bien assaisonné , avec un peu de lard fondu: on fait cuire
là-dedans doucement , les tranches d'Esturgeon , & ensuite on les pane & on les grille,
& on y fait une sausse dessous , de même
maniere qu'aux queuës de Mouton. Servez
chaudement.

Pour les fricandeaux du même Esturgeon ; aprés les avoir coupez & piquez, on
les farine tant soit peu, & on leur fait prendre couleur dans du lard , ou du sain-doux.
Etant colorez, on les met dans une casserole, avec de bon jus & de fines herbes, quelques tranches de citron , des truffles , des
champignons, des ris-de-Veau , & un bon
coulis : Le tout bien dégraissé & cuit, on
y met un filet de verjus , & on le sert de
même chaudement ; & tous deux pour
Entrées & Hors-d'œuvres.

Autre maniere.

L'Esturgeon se peut aussi mettre en Haricot avec des navets. Vous le faites cuire à
l'eau & au sel, poivre, thim , oignons &
clous. Si vous avez du boüillon, vous y en

mettez ; & vous paſſez votre Eſturgeon au roux avec du lard : enſuite vous le mettez égouter, & le jettez dans un coulis preparé, avec vos navets, un peu de jambon en tranches , ou haché menu. Servez avec jus de citron , & garniſſez de marinade , ou autre choſe.

Eſturgeon en maigre.

Vous le faites cuire dans un bon court-boüillon, & le paſſez en ragoût avec champignons , qu'il ſoit de bon goût.

Il s'en fait auſſi un Haricot avec des navets, comme en gras , le coupant par morceaux comme le doigt : & étant cuit à l'eau & au ſel , vous le paſſez aux roux ; & étant égouté , vous le jettez dans un coulis de même, & vous y mettez vos navets, blanchis & aſſaiſonnez.

F.

FAISANS.

SOnt Oiſeaux ſauvages qui habitent les bois : ils ſont de la groſſeur du Coq domeſtique, aïant les plumes rougeâtres, & longue queuë : la Faiſanne au contraire, eſt toute griſe , & n'eſt pas tout-à-fait ſi groſ-

se ; c'est un excellent & délicat manger ;
nous en avons aussi de privez qui ne sont
pas moins bons.

On peut servir deux Entrées de Faisans,
fort particulieres : l'une, en Pâté chaud ; &
l'autre, à la sausse à la Carpe. Nous allons
parler en premier lieu, de cette derniere.

Entrée de Faisans, sausse à la Carpe.

Il faut avoir des Faisans bien retroussez,
les barder d'une bonne barde de lard, les
faire rôtir, & prendre garde qu'ils ne se
sechent pas. Pour faire la sausse, prenez
une casserole ; rangez au fonds de bonnes
tranches de Veau, comme si c'étoit pour
faire du jus : mettez avec ce Veau, des tranches de jambon, quelques tranches d'oignon, des racines de persil, & un bouquet de fines herbes. Il faut avoir une Carpe & la vuider, la laver dans une eau seulement, sans l'écailler ; la couper par morceaux, comme si c'étoit pour faire une é-
tuvée, & l'arranger dans la même casserole. Allez sur le fourneau pour lui faire
prendre couleur, comme si vous vouliez
faire du jus ; & ensuite moüillez-la de bon
jus de Veau, avec une bouteille de bon vin
de Champagne, une gousse d'ail, des champignons hachez, des truffles, quelques
petites

petites croûtes de pain : Faites bien cuire le
tout , prenant garde de ne point trop saler.
Quand il est bien cuit : passez-le par l'étamine , à force de bras ; & faites que la sauf-
se soit un peu liée. Si elle ne l'est pas, a-
joûtez-y quelque coulis de Perdrix , &
mettez-la dans une casserole. Auparavant
que de servir , mettez vos Faisans ficelez
dans cette sauffe , & les tenez chaudement;
& quand il sera tems de servir , dressez vos
Faisans dans un plat , & la sauffe par-dessus. On les peut garnir de pain de Perdrix,
dont il sera parlé ci-aprés en son rang.

Entrée d'un Pâté chaud de Faisans.

Prenez de la chair de Faisan & de la
chair de Poularde , & un morceau de cuisse
de Veau tendre; hachez bien le tout ensemble , avec du persil , de la ciboule , des
champignons,des mousserons,quelques ris-
de-Veau , du jambon cuit & du lard crud.
Etant bien haché , & assaisonné de fines
herbes & épices , sel & poivre , formez-
en un bon godiveau , & faites une pâte un
peu forte. Si vous voulez , vous en ferez
un Pâté à deux abaisses , ou seulement a-
vec une. Vous ferez bien cuire votre Pâté ;
& voulant servir , vous le dégraisserez , &
y mettrez un coulis de champignons : Servez chaudement.

X

FARCE.

On fait d'une infinité de sortes de Farces, qu'il seroit difficile de particularisér mieux, qu'en parlant de chaque chose où on les emploie. On a vû ci-devant, par exemple, comment on compose celle des Croquets, des Cotelettes de Veau & de Mouton, des Dindons, des Eclanches; & ainsi du reste. On renvoie donc à chacun de ces articles, pour trouver la maniere de chaque Farce; & nous n'expliquerons ici, que la Farce de Poissons.

Pour faire une bonne Farce de Poissons.

Il faut prendre des Carpes, des Brochets, & autres Poissons que vous aurez; le tout haché sur la table. Il faut faire une omelette qui ne soit pas trop cuite, & y hacher des champignons, des truffles, du persil & de la ciboule; & aprés avoir formé l'omelette, mettez le tout sur la Farce, bien haché & bien assaisonné. On y peut mettre une mie de pain trempée dans du lait, du beurre, & quelques jaunes d'œufs; faites, en un mot, que votre Farce soit bien liée. Elle vous peut servir pour farcir des Soles & des Carpes sur l'arête; pour faire

de petites Andoüillettes , pour farcir des
Choux , former de petits Croquets , des
Pigeons , & toute autre chofe que vous jugerez à propos , comme fi c'étoit en jours
gras.

FILETS.

Nous avons remarqué ci-deffus , ce qui
regarde la maniere d'accommoder un Filet
de Bœuf au concombre ; & nous avons obfervé en cet endroit , qu'il s'en peut faire de
même de toute autre forte de Filet.   Voici
pour les Filets mignons, que l'on fert dans
les Entrées pour Hors-d'œuvres.

Pour faire des Filets mignons.

Il faut avoir de bons Filets de Bœuf , de
Veau ou de Mouton ; les couper par grandes tranches ; & les bien applatir fur la table.   Il faut enfuite avoir une Farce , compofée de même qu'on verra pour le Pain au
Veau , hors qu'elle fera liée de quelques
jaunes d'œufs. Il y entre du lard , de la
roüelle de Veau , un peu de graiffe de Jambon cuit , quelque chair de Volaille , avec
du perfil , de la ciboule , des truffles &
des champignons , du pain trempé dans du
boüillon ou du lait, & un peu de crême de
lait. Votre farce étant faite , étendez-la

X ij

sur vos Filets, suivant la quantité que vous
en aurez, & roulez-les bien fermes. Aprés
il faut avoir une casserole qui ne soit pas trop
grande. Rangez des bardes de lard au fond,
& quelques tranches de Veau bien battuës;
mettez-y ensuite vos Filets farcis, bien assaisonnez, avec toute sorte de fines herbes,
& quelques tranches de ciboule & citron.
Couvrez-les par-dessus, de même que dessous, & les mettez à la braise, feu dessus
& dessous, mais qui ne soit pas trop ardent,
afin qu'ils cuisent doucement. Etant cuits,
il les faut tirer, laisser bien égouter la graisse, & les servir chaudement, avec un bon
coulis, comme on juge à propos, & jus de
citron. On y fait aussi un petit ragoût de
truffles, si l'on veut. Si vous avez à faire
quelqu'autre Entrée de Volaille farcie vous
pouvez y emploïer la même farce, & les
mettre à la braise avec vos Filets : & pour
les distinguer, quand tout sera cuit, vous
y ferez des ragoûts ou coulis differens; vous
égouterez bien la graisse, & servirez chaque chose à part, le tout chaudement.

Filets de Poularde à la Crême.

Il faut prendre des Filets de Poulardes
rôties, & les couper par morceaux. Prenez une casserole, avec un peu de lard &

du perfil ; & l'aïant paffé avec un peu de
farine, mettez-y des cus d'artichaux coupez
en quatre, quelques champignons & tranches de truffles, un bouquet de fines herbes, un peu de boüillon clair, & les affaifonnez bien. Etant cuits, mettez-y vos
filets ; & un peu auparavant que de fervir,
verfez-y un peu de crême de lait, & les tenez chaudement. Pour les lier, vous délaïez un ou deux jaunes d'œufs avec de la
crême ; & l'aïant paffé proprement, vous
fervirez tout d'un tems, auffi pour Entrées
& Hors-d'œuvres.

On fert encore des Filets de Poularde au
blanc, aux huîtres & aux concombres ;
des Filets de Mouton aux truffles ; d'autres
en tranches au jambon ; & ainfi de plufieurs
autres qu'on verra par la Table.

Pour les Filets de Poiffons qu'on peut
fervir en Salade le Carême, voïez ci-devant, page 65.

F o i e s.

Entremets de Foies-gras à la Crêpine.

Il faut avoir des Foies-gras ; prendre
les plus maigres, & les hacher avec du lard
blanchi, un peu de graiffe & de moëlle,
des truffles & des champignons, quelques

ris-de-Veau, un peu de perſil & de ciboule,
& du jambon cuit ; le tout bien haché, &
lié d'un jaune d'œuf. Coupez de la crêpine par morceaux, ſelon la groſſeur de vos
Foies, pour les pouvoir bien rouler dedans:
mettez de la farce ſur cette crêpine coupée,
& enſuite un Foie-gras deſſus, & puis encore de la farce par-deſſus, & faites que
le tout ſoit bien renfermé dans la crêpine.
Vous mettrez ces foies ainſi accommodez,
ſur une feüille de papier, pour les faire griller avec un peu de lard fondu, ou bien dans
une tourtiere, & les mettez au four. Etant
cuits, tirez-les, égoutez bien la graiſſe, &
les dreſſez dans un plat, avec un peu de jus
chaud deſſus, aſſaiſonné d'un peu de poivre & de ſel ; & aïant preſſé le jus d'une
orange, ſervez chaudement.

Entremets de Foies-gras & Champignons.

Aprés avoir levé proprement l'amer de
vos Foies, prenez une tourtiere, & mettez
quelques bardes deſſous, & les Foies dedans : aſſaiſonnez-les, & les couvrez d'autres bardes de lard par-deſſus ; & les aïant
bien couvert, mettez-les cuire au four,
prenant garde qu'ils ne ſechent trop. Prenez des champignons bien épluchez & bien
lavez : mettez-les dans un plat avec un peu

de lard , & un filet de verjus ; les aïant auparavant deffechez de leur humidité , en les mettant fur le feu. Paffez à part quelques tranches de Jambon , avec un peu de lard & de farine, & un bouquet de fines herbes. Etant paffé , mettez-y du bon jus de Veau qui ne foit pas falé , & faites-le cuire avec les champignons & les Foies bien égoutez le tout daus la même fauffe. Sur la fin , liez-la de quelque liaifon, s'il eft befoin; & l'aïant dégraiffée , mettez-y un filet de vinaigre , & fervez chaudement. On garnit le plat de tout ce qu'on veut , pourvû que ce foit des pieces d'Entremets.

Autres Foies-gras , pour Entremets.

Il faut prendre des Foies-gras , qu'ils foient bien propres , & avoir une tourtiere. A chaque Foie , faites-y une petite barde de lard , & les rangez feparément dans la tourtiere , & les Foies deffus bien affaifonnez. Vous les recouvrirez d'une autre barde de lard, & panerez proprement, pour les mettre au four & les faire bien cuire, qu'ils foient d'une belle couleur. Quand ils feront cuits & bien colorez, tirez-les du four, & les rangez proprement dans un plat, les aïant bien égoutez. On y peut mettre un peu de quelque bon jus , & y preffer le

jns d'une orange ; & enfuite fervir fur le
champ, tout chaud.

Foies-gras au jambon.

Prenez du jambon, que vous couperez
bien mince, & le paffez au roux, & vos
Foies, avec une ciboulette & un peu de
perfil bien menu. Vous les ferez cuire à
petit feu, bien affaifonnez, avec un morceau de citron; & les fervirez au jus de bon
goût, pour Hors-d'œuvres, & Entremets.

Foies-gras à la braife.

Vous les poudrez de fel menu & poivre;
& les aïant envelopez d'une barde de lard,
& mis dans une feüille de papier, que
vous moüillez un peu par-deffus, de peur
qu'ils ne brûlent, vous les ficelez & les
mettez entre deux braifes, cuire doucement.
Servez avec le jus.

Autre Entremets de Foies-gras.

Prenez les Foies; & aïant levé l'amer
proprement, faites-les un peu blanchir :
irez-les enfuite dans de l'eau fraîche, &
tes mettez aprés, avec la même eau, dans
In plat, bien affaifonnez. Hachez-y un

peu de champignons, de truffles, du perſil
& de la ciboule, & mettez cuire le tout
enſemble. Pour ce qui eſt des Foies, en-
velopez-les dans de bonnes bardes, comme ci-deſſus, & mettez-les au four, qu'ils
prennent belle couleur ; & en cas qu'ils
n'en aïent pas aſſez, donnez-leur-en avec
la pêle rouge. Quand il faudra ſervir, é-
goutez bien la graiſſe ; rangez vos Foies
dans un plat, & mettez-y un peu de jus
par-deſſus, avec le jus d'une ou deux oranges.

FRICANDEAUX.

Les Fricandeaux ſervent non-ſeulement
pour garnir des Entrées fort riches, mais
auſſi pour en faire des plats particuliers.
Quand c'eſt pour garnir, on ne fait que les
piquer : mais quelquefois auſſi on les farcit,
comme quand on en fait un plat ; ce qui ſe
pratique de cette maniere.

Pour les Fricandeaux farcis.

Il faut avoir de la cuiſſe de Veau coupée
en Fricandeaux un peu minces, & les piquer : aprés vous les rangerez ſur la table,
le lard en deſſous ; vous mettrez ſur le milieu, un peu de quelque bonne farce, &
vous paſſerez la main ſur le bord, l'aïant

trempée dans de l'œuf ; afin que le Fricandeau que vous mettrez par-deſſus, s'y attache bien, & qu'il ſoit comme une même choſe. Le lard doit paroître de tous côtez. Rangez ces Fricandeaux dans une caſſerole, & les mettrez ſur de la braiſe, bien couverts; mais point de feu deſſus, & qu'il ne ſoit pas trop ardent. Il leur faut faire prendre couleur de deux côtez, enſuite les tirer, & égouter un peu de la graiſſe, afin qu'on y puiſſe faire un petit roux avec un peu de farine : aprés vous les moüillerez avec de bon jus qui ne ſoit pas noir, & les remettrez dans la caſſerole, pour les faire bien cuire. Si l'on veut s'en ſervir pour garnir, on les laiſſe de la ſorte : mais ſi vous voulez qu'ils vous ſervent de plat, il y faut mettre quelques truffles, des champignons & ris-de-Veau, quelque bon coulis de pain ; & dégraiſſer bien le tout. Avant que de ſervir, jettez-y un filet de verjus ; rangez-les dans un plat, votre ragoût par-deſſus, & ſervez chaudement. Pluſieurs appellent cette ſorte de Fricandeaux, du *Veau à l'eſcalope.*

Voïez ci-aprés, des Fricandeaux pour faire une Grenade.

G.

GALANTINE.

ON a expliqué dans l'article des Cochons de lait, ce que c'eſt qu'un Entremets de Galantine, & l'on y a marqué la maniere de le ſervir, & dequoi le garnir. On ajoûtera ſeulement ici, qu'on le peut auſſi garnir de ſa peau bien p née, & bien colorée par le moïen de la pêle rouge ; & au ſurplus on renvoie le Lecteur à l'endroit qu'on vient d'indiquer.

GALIMAFRÉE.

Ce n'eſt pas une choſe fort nouvelle, ni fort difficile, que de mettre une épaule de Mouton, ou autre choſe, en Galimafrée : cependant, comme cela peut ſervir à diverſifier les Services, dans les Ordinaires où l'on a plus de viande de Boucherie que de Volaille, en voici la maniere.

Levez la peau de l'épaule de Mouton, qu'elle tienne neanmoins au manche : hachez la chair menuë, paſſez-la à la poële avec lard fondu, fines herbes, ciboules entieres que vous ôterez, ſel, poivre, muſcade, champignons, citron verd, & du boüillon

pour cuire le tout ensemble ; ensuite vous
le dresserez sous votre peau, que vous pouvez paner & colorer, & jus de citron, &
autre bon jus en servant.

GELE'E.

On a vû dans l'article du blanc-manger
une sorte de Gelée : on a vû aussi celle de
corne de Cerf pour les jours maigres. Voici de la Gelée pour les malades, que ceux
qui se portent bien trouveront encore meilleure, la servant pour Entremets, comme le
reste.

Maniere de faire de la Gelée.

Il faut prendre des pieds de Veau, selon
la quantité de Gelée qu'on veut faire. Ayez
aussi un bon Coq; & aïant bien lavé le tout,
mettez-le dans une marmite, & remplissez-
la d'eau à proportion. Aprés faites-la cuire,
& écumez sur-tout avec soin. Quand ces
viandes sont presque défaites, c'est signe
que votre gelée est assez cuite. Prenez garde qu'elle ne soit pas trop forte. Il faut a-
voir une belle casserole ; passer la Gelée par
l'étamine, rien que le boüillon ; la bien dégraisser, avec deux ou trois aîles de plume;
y mettre du sucre à proportion, de la canelle en bâton, deux ou trois clous de gi-

rofle , l'écorce de deux ou trois citrons , dont vous garderez le jus. Vous ferez cuire quelque peu votre Gelée avec tout cela ; & cependant faites de la nége avec quatre ou fix blancs d'œufs : preſſez-y le jus de vos citrons , & verſez le tout dans la Gelée, les remuant un peu de tems enſemble ſur le fourneau. Laiſſez-les enſuite repoſer, juſ-qu'à ce que le boüillon s'élevera prêt à ré-pandre hors de la caſſerole. Il faut alors avoir la chauſſe prête , vuider la Gelée de-dans , & la paſſer deux ou trois fois , juſ-qu'à tant que vous la voïez claire. Lorſque la Gelée cuit avec les viandes, il y en a qui y mettent un peu de vin blanc. Pour la ſervir , il faut la mettre dans un lieu bien froid, afin qu'elle prenne proprement dans vos plats.

Couleurs qu'on peut donner à la Gelée.

Ces couleurs étant bien ménagées , peu-vent faire un effet fort agreable dans un Blanc-manger , ou autre ſemblable. On peut , par exemple , laiſſer de la gelée dans ſa couleur naturelle ; en blanchir d'autres, avec des amandes pilées & paſſées à l'or-di-naire : pour la jaune , y mettre quelques jaunes d'œufs : à la gris-de-line , un peu de cochenille : pour la rouge, du jus de betterave, ou du tornesol de Portugal: pour la violette, du tornesol violet, ou poudre de violette : & pour la verte, du jus de feüilles de poirée, que vous ferez cuire & consumer dans un plat, afin d'en ôter la crudité.

GIGOT.

Il n'est plus ici question d'un Gigot de Mouton, puisqu'on en a montré assez de manieres sous le mot d'Eclanche; on a même vû la maniere de mettre un Gigot de Veau à la Daube : en voici encore quelques autres.

Jambon de Mouton.

Aïez un Gigot ou Eclanche de Mouton, le plus gros & le plus gras que vous pourrez trouver ; levez-en proprement la peau, & en coupez le bout du manche ; piquez-le ensuite de clous de girofle, de feüilles de laurier, & des rameaux de sauge séche : aprés cela, mettez-le tremper pendant vingt-quatre heures dans du vin blanc avec du sel, du poivre, du clou, du gingembre, de la muscade & de la canelle ; le tout en poudre, avec un bouquet de fines herbes : bouchez bien le vaisseau dans lequel il est, & le mettez en un lieu frais ; ensuite tirez-le, & le laissez un peu égouter. Aïez un

Jambon frais un peu plus gros que votre gigot ; levez-en proprement la peau, le lard y tenant ; poudrez enfuite votre gigot de fel, poivre, clous, canelle, mufcade, fauge & gingembre battu ; puis couvrez-le de la peau de votre Jambon, que vous coudrez aux extremitez : aprés cela vous le mettrez parfumer à la cheminée, pendant vingt-quatre heures : enfuite faites-le cuire dans un chaudron avec une pinte du vin le plus clair dans lequel a trempé votre gigot, avec cinq pintes d'eau, & un bouquet de fines herbes ; étant cuit, levez chaude-ment la coëne, en forte que le lard tienne fur le Jambon, que vous fervirez froid pour Entrée.

Gigot de Veau farci.

Il faut faire la farce de la même chair, avec graiffe & lard, fines herbes, ciboules, poivre, mufcade, fel, jaunes d'œufs cruds & champignons ; & l'aïant coufu, faites-le cuire avec bon boüillon. Vous en pouvez faire une Entrée, ou le fervir en Pota-ge, faifant un coulis de jaunes d'œufs cuits & amandes, paffez par l'étamine avec le même boüillon. En fervant, mettez jus de citron & bon jus ; & garniffez de cham-pignons farcis & en ragoût, ou autre chofe que vous aurez, comme cotelettes, ris-de-Veau, &c.

Gigot de Veau à l'estoufade.

Lardez-le de gros lard, & le passez par la poële; mettez-le étoufer dans une terrine, avec champignons, une cuillerée de boüillon, un verre de vin blanc, assaisonné de sel, poivre, un bouquet de fines herbes, clous & muscade. Quand il sera cuit, passez farine par la poële pour lier la sausse; & garnissez de pain frit, ris-de-veau, & jus de citron en servant.

GRILLADE.

Quand on a quelque Volaille froide, comme Poulets d'Inde ou autre; pour en faire une Entrée, vous en pouvez prendre les aîles, les cuisses & le croupion; les griller avec sel & poivre, passer farine par la poële avec lard fondu, y mettre huîtres, anchois, capres, muscade, un peu de laurier & de citron verd, un filet de vinaigre & un peu de boüillon; faire mitonner le tout ensemble.

GRIVE,

Est un Oiseau un peu plus gros qu'une alloüette: la veritable saison de les manger, est le tems de la vendange; auquel tems, elles sont fort grasses, sur tout, lorsqu'elles

les ont mangé du raifin. On peut imiter
pour les Grives, les apprêts qu'on trouvera pour les pieces approchantes. Il s'en peut
faire entr'autres, un Pâté chaud & un Ragoût; les paffant à la poële, pour ce dernier, avec lard fondu, un peu de farine,
un bouquet de fines herbes, poivre, fel,
mufcade, un peu de vin blanc, capres &
jus de citron en fervant.

Pour le Potage qu'on a marqué au boüillon brun, paffez-les de même avec lard
fondu, les aïant vuidées; & mettez-les
cuire avec du boüillon propre à cela, comme on a vû, lettre B. Paffez auffi les foies
à la poële avec le même lard; & enfuite
pilez-les, & les paffez par l'étamine avec le
même boüillon : & vous le mettrez dans
vos Grives, ou fur votre Potage, l'aïant
dreffé & garni de champignons.

GODIVEAU.

On a déja pû voir diverfes manieres de
Godiveaux pour differentes chofes : il fuf-
fira de toucher ici la maniere de faire le
Godiveau d'un Poupeton, qui peut fervir
pour beaucoup d'autres femblables.

Pour faire le Godiveau d'un Poupeton.

Prenez de la cuiffe de Veau, de bonne

Y

graiſſe blanchie & du lard blanchi , le tout
bien haché. Mettez-y quelques truffles &
champignons hachez , de la ciboule , du
perſil, une mie de pain trempée dans de bon
jus, quatre œufs , deux entiers & deux
jaunes ; & formez le Poupeton comme un
Pâté dans la caſſerole , avec des bardes de
lard deſſous. Il faut avoir des Pigeons bien
paſſez , avec toute ſorte de fines herbes &
de bonnes garnitures , & quelques petites
tranches de jambon bien minces ; le tout
bien aſſaiſonné. Mettez vos Pigeons dans
le Poupeton , & achevez de les couvrir avec
la farce. Afin qu'il ne creve pas , on bat
un œuf, & avec la main on l'accommode
proprement. On renverſe deſſus les bardes qui ſont autour ; & on le fait cuire à la
braiſe , à petit feu deſſus & deſſous. C'eſt
ce qu'on appelle un Poupeton farci de Pigeonneaux. On le ſert pour Entrée. On
en peut farcir de Cailles , ou autres ſemblables choſes.

GRENADE.

Pour faire une Grenade, il faut avoir une
quantité de fricandeaux piquez de petit lard,
& une caſſerole ronde qui ne ſoit pas trop
grande. Mettez-y de belles bardes de lard
deſſous , & rangez vos fricandeaux , le lard

en dehors ; qu'ils foient en pointe au milieu, & qu'ils fe touchent l'un l'autre, de peur que cela ne fe défaffe en cuifant : on les fait tenir enfemble avec du blanc d'œuf battu, dans lequel on moüille la main, pour les humecter par les bords qui doivent être plus minces que le refte. On met dans le creux que cela fait, & tout autour, un peu de la farte des Mirotons, ou autre godiveau ; refervant le milieu pour y mettre fix Pigeons, paffez en ragoût de ris-de-Veau, truffles, champignons & petites tranches de jambon, le tout bien affaifonné ; & le ragoût, on le jette dedans auffi, comme fi c'étoit un Poupeton. On couvre le deffus du refte de la farce, la façonnant avec la main trempée dans de l'œuf ; & on joint les fricandeaux tout contre. On met par-deffus encore quelques bardes de lard ; & on le fait cuire à la braife, afin qu'il prenne belle couleur. Pour fervir, il faut le renverfer fens deffus deffous ; & l'aïant bien dégraiffé, vous ouvrirez la pointe des fricandeaux, comme à une Grenade, & fervirez chaudement.

GRENADIN

De Poularde , Poulets , Pigeons , Perdrix ;
& de toute sorte d'autre Volaille.

Il faut faire un bon godiveau , de la même maniere que pour les Poupetons ci-devant ; se souvenir de lier le godiveau de
jaunes d'œufs , & avec de la mie de pain
trempée dans de bon jus, ou dans une goute
de crême de lait. Le godiveau étant fait ,
prenez une tourtiere suivant la grandeur de
votre plat , & y mettez des bardes de lard
bien minces : mettez votre godiveau sur ces
bardes ; & avec la main trempée dans un
œuf battu , formez un creux selon la grandeur de votre assiette ou plat , élevant les
bords de la hauteur de trois doigts, & qu'ils
soient un peu resistans. Prenez vos Poulardes cruës, ou autres Volailles ; coupez-
les en deux , & les battez bien. Passez-les
ensuite dans une casserole , avec du lard, du
persil & de la ciboule , & un peu de farine;
& y mettez ensuite un peu de jus , les assaisonnant bien. On y ajoûte des truffles en
tranches , des champignons & ris-de-veau.
Le tout étant presque cuit , en sorte qu'il n'y
ait pas grande sausse , rangez ces volailles
dans votre Grenadin , & le panez propre-

ment par-deſſus, pour lui faire prendre
couleur au four. L'aïant tiré, il le faut
bien égouter, couper les bardes autour, &
le faire couler ſur votre plat & aſſiette. On
y peut mettre un coulis de champignons, &
ſervir chaudement pour Entrée.

G R U O T,

Eſt une farine d'avoine groſſierement
mouluë, dont on fait une décoction avec de
l'eau ou du lait : celui de Bretagne eſt le
plus eſtimé. Plein une cuillere à bouche
de Gruot, ſuffit pour une chopine d'eau ou
de lait, que l'on fait boüillir enſemble :
on peut y mettre un peu de ſucre ; c'eſt un
remede fort rafraîchiſſant, & fort bon pour
les poitrines foibles.

Entremets de Gruot.

Il faut prendre du Gruot, le mettre dans
une petite marmite, la remplir de lait,
avec un morceau de canelle en bâton, un
peu d'écorce de citron verd, de la coriandre, un peu de ſel, & un clou de girofle.
Faites-le boüillir juſqu'à tant qu'il forme
une crême délicate ; après cela, paſſez-le
par l'étamine ; & l'aïant vuidé dans une
cuvette, mettez-y un peu de ſucre. Tenez-

le enfuite fur un fourneau qui ne foit pas trop ardent , parce qu'il ne faut pas qu'il boüille davantage. Il le faut remuer de tems en tems legerement ; & quand le fucre fera fondu , pofez-le fur de la cendre chaude & le couvrez , de maniere qu'il s'y formera une toile épaiffe deffus. Vous le fervirez chaudement dans la même cuvette.

H.

H A C H I S.

Pour faire un *Hachis de Perdrix* , vous obfervez le même que vous feriez pour un Hachis ordinaire de Mouton. Vous y pouvez ajoûter du jambon , le délaïer avec bon jus ; & garnir de petits croûtons de pain frit , & jus de citron en fervant.

Dans un *Hachis de Carpe* , mettez-y un peu de capres , champignons , truffles , & autres garnitures que vous aurez ; le tout bien haché & bien affaifonné.

Il y a encore d'autres Hachis , que l'on trouvera par le fecours de la Table , aux lieux où ils fe rapporteront en particulier.

H A R I C O T S.

On a vû ci-devant la maniere de faire un

Haricot de Mouton en parlant des cotelettes. On en peut auffi faire de Poiffons,
comme il eft marqué pour le Brochet en
Haricot, & autres. Voici pour les Legumes qu'on nomme Haricots.

Maniere de conferver & accommoder des Haricots.

On en peut conferver de deux façons;
ou confits dans du vinaigre, de l'eau &
du fel, comme les concombres; ou bien fé-
chez, aprés les avoir épluchez & blanchis.
On les fait fécher au Soleil; & quand ils
le font bien, vous les mettez dans un lieu
qui ne foit point humide. Pour les faire
revenir, vous les faites tremper durant deux
jours à l'eau tiede; & ils reprennent prefque la même verdeur, que quand on les a
cueillis. Vous les faites enfuite blanchir,
& vous les accommodez à l'ordinaire. A
ceux que l'on confit ou marine; quand ils
font bien affaifonnez dans un pot, avec
quelques clous & un peu de poivre, il
faut les bien couvrir, de peur qu'ils ne fe
gâtent; on peut y mettre du beurre fondu
par-deffus. A mefure que vous les voulez
emploïer, vous les faites tremper dans de
l'eau, comme les autres, afin qu'ils fe def-
falent bien; & aprés ils vous peuvent fervir,

ou pour Salade , ou pour Entremets , aprés
les avoir blanchis & paſſez à la crême.

HATTELETTES.

Les Hattelettes ſont encore une piéce
d'Entremets : Voici ce que c'eſt. Prenez
des ris-de-Veau , & les faites blanchir :
il les faut couper en petits morceaux , avec
des foies & du petit lard blanchi , & paſſer
le tout avec un peu de perſil , de ciboule &
de farine , & le bien aſſaiſonner. Etant
preſque cuit , en ſorte qu'il y ait un peu de
ſauſſe , & qu'elle ſoit liée ; faites de petites
Hattelettes , & y embrochez vos morceaux
de foies , de ris-de-Veau & de petit lard ,
ſelon la grandeur de vos Hattelettes : trempez-les dans la ſauſſe ; & les aïant panez ,
vous pourrez les faire griller , ou frire.
On en garnit auſſi des plats de Rôti.

HUITRES,

Sont certains Poiſſons de mer qui naiſ-
ſent entre deux écailles: ils ſe mangent cruds ,
avec du poivre à déjeûner , & d'autres façons.

Maniere d'accommoder des Huîtres.

Il les faut mettre dans une caſſerole avec
un

un peu d'eau & du verjus, & leur faire donner un boüillon. Tirez-les enfuite de là ; & l'eau qui eft dans les écailles, confervez-la, pour la mettre dans les ragoûts, lorf-qu'on eft prêt à fervir.

On fait de cette forte une Entrée de Poulets farcis aux Huîtres, comme on le marquera dans l'article des Poulets, lettre P. & l'on a déja obfervé la maniere d'accommoder du Brochet & autres Poiffons aux Huîtres, page 154, & un Canard aux Huîtres, qui fe pratique à l'égard de beaucoup d'autres chofes. Voici pour fervir des Huîtres en particulier.

Huîtres à la Daube.

Vous prendrez des Huîtres que vous ouvrirez, & les affaifonnerez de fines herbes, comme perfil, ciboule, thim, bafilic, fort peu dans chaque Huître; & auffi du poivre & un peu de vin blanc. Enfuite vous les recouvrirez de leur couvercle, & les mettrez au feu fur un gril ; & de tems en tems vous mettrez la pêle rouge par-deffus. Etant prêt à fervir, vous les drefferez, & fervirez découvertes.

Huîtres farcies.

Vous ouvrez vos Huîtres & les faites

Z

blanchir ; aprés vous les hachez bien , avec perfil , ciboule , thim , fel , poivre , anchois & bon beurre. Vous faites tremper une mie de pain , que vous y mêlez , avec muscade & autres épices douces , deux ou trois jaunes d'œufs , & vous ilez le tout enfemble. Vous en farciffez vos coquilles d'Huîtres ; & les aïant dorées ou panées , vous les mettez cuire au four fur un gril , & les fervez à fec , ou avec jus de citron.

Huîtres marinées & frites.

Aprés les avoir fait mariner au jus de citron , on les peut mettre en beignets , & les frire de belle couleur.

H U R E ,

Eft un nom particulier à la tête du Saumon & du Sanglier : on l'applique aujourd'hui , à celles de tous les gros poiffons.

Hures de Poiffon.

Nous avons remarqué dans l'article du Brochet , qu'on en peut mettre la Hure au court-boüillon. On la peut auffi fervir en Potage , de même que d'autres ; fur tout celle de Saumon falé , pour laquelle obfervez ce qui fuit.

Ecaillez votre Hure de Saumon; lardez-la de lardons d'Anguille, affaisonnez de poivre; paffez-la à la poële avec beurre roux, & faites-la cuire dans une terrine, avec purée claire, fines herbes & citron verd : ajoûtez-y des capres, champignons & huîtres paffez à la poële au beurre roux, avec un peu de farine; & dreffez le tout proprement fur votre Potage avec jus de citron en fervant.

Entremets d'une Hure de Sanglier.

Il faut prendre la Hure, & la bien faire brûler à feu clair; enfuite la froter avec un morceau de brique, à force be bras, pour en ôter tout le poil. Vous acheverez de la ratiffer avec le coûteau, & la nettoïerez comme il faut. Aprés cela, vous la defofferez, ôtant les deux mâchoires & le mufeau : vous la fendrez en deffous, de maniere qu'elle fe tienne attachée deffus par fa peau; & vous ôterez la cervelle & la langue. Vous prendrez votre coûteau, & avec la pointe vous ferez penetrer du fel dans toute la chair. Enfuite vous la remettrez & joindrez enfemble, & la ficelerez bien, l'envelopant dans une ferviette. Il faut avoir un grand chauderon, & la mettre dedans proprement, avec une grande quantité d'eau, toute forte de fines herbes,

de la panne de Cochon, de la coriandre ;
deux feüilles de laurier, de l'anis, du clou
de girofle & muſcade rompuë, & du ſel,
ſi vous croïez qu'il n'y en ait pas aſſez. Il y
faut encore de l'oignon & du romarin : &
étant à demi cuite, vous y mettrez une
bouteille de bon vin,&acheverez de la faire
cuire l'eſpace de douze heures.On peut auſſi faire cuire la langue dans le même boüil-
lon.Si vous avez le tems,vous pouvez laiſſer
la même tête dans ſon ſel, & la ſaler auparavant que de la faire cuire. Etant cuite,
laiſſez-la refroidir dans ſon boüillon ; enſuite tirez-la , rangez-la proprement dans
un plat, & la ſervez froide, entiere, ou
par tranches,

I.

J A M B O N,

ESt la cuiſſe d'un Porc que l'on a ſalé, &
que l'on a mis parfumer à la cheminée.
Les plus eſtimez, ſont ceux de Baïonne &
de Maïence: on en fait auſſi de Poiſſon pour
le Carême.

Pour faire l'eſſence de Jambon.

Il faut avoir de petites tranches de Jambon crud, les battre bien , & les paſſe

dans la casserole avec un peu de lard fondu:
mettez-les sur un réchaut allumé, & aïant
une cuillere à la main, faites-lui prendre
couleur avec un peu de farine. Etant coloré, on y met de bon jus de Veau, un
bouquet de ciboule & de fines herbes, du
clou de girofle, une gousse d'ail, quelques
tranches de citron, une poignée de champignons hachez, des truffles hachées, quelques croûtes de pain, & un filet de vinaigre. Lorsque tout cela est cuit, passez-le
proprement par l'étamine, & mettez ce
jus en lieu propre, sans qu'il boüille davantage: Il vous servira pour toute sorte
de choses où il entre du Jambon.

Pour faire le Pain au Jambon.

Passez vos tranches de Jambon comme
ci-devant, hors qu'il n'y faut point de
champignons, ni les passer par l'étamine.
Etant cuit, s'il n'est pas assez lié, on y
mettra un peu de coulis de pain. Il faut
avoir un Pain de Potage, le fendre par le
milieu, de maniere que les deux croûtes,
dessus & dessous, soient entieres, ôtez la
mie de dedans, & faites-le secher & prendre couleur à l'air du feu, ou au four, qu'il
soit roux. Quand on sera prêt à servir,
prenez les deux croûtes, joignez-les ensemble

dans un petit plat, les aïant fait un peu tremper dans la sauffe : mettez votre ragoût dedans, & la sauffe entre-deux. On peut garnir avec des foies à la crêpine, & fervir pour Entremets.

Pâté de Jambon.

Aïez un bon Jambon ; ôtez la peau ou coëne, & la mauvaife graiffe ; coupez le manche, & levez l'os du milieu. Aprés envelopez-le de bardes de lard & tranches de Bœuf, avec de fines herbes & épiceries, des tranches d'oignons, une feüille de laurier ; & étant ainfi bien couvert, mettez-le à la braife, un couvercle par-deffus, qu'il ne refpire de nulle part. Vous le ferez cuire environ douze ou feize heures, que le four ne foit pas trop ardent : étant cuit, laiffez-le refroidir dans la même marmite. Formez cependant une groffe pâte, avec un peu de beurre, un œuf, de l'eau & de la farine. Prenez le plat dans lequel vous voulez fervir, & faites un grand bord autour avec cette pâte, que ce bord foit épais & ait du pied, afin qu'il puiffe fe foûtenir, parce qu'il n'y a point de fond. On façonnera ce rebord en dehors, avec de petites fleurs-de-lys & autres ouvrages. Faites-le cuire dans le four ; & étant cuit, tirez votre

Jambon, ôtez-en toute la graiſſe qui eſt autour , & le mettez dans votre plat avec le
jus qu'il aura rendu. Vous mettrez auſſi
des mêmes tranches de Bœuf pour remplir
les intervalles , & de la graiſſe ; & l'acheverez de remplir, comme s'il avoit été fait
dans le Pâté. Il y faudroit un peu de perſil haché , & le poudrer de chapelûre de
pain ; lui faire prendre couleur avec la pêle
du feu rouge , & ſervir froidement.

Autre Entremets de Pâté de Jambon.

Otez la peau & la mauvaiſe graiſſe , coupez le bout & le deſoſſez comme ci devant.
Faites une groſſe pâte biſe , avec de la farine de ſeigle & de l'eau ; dreſſez votre Pâté rond , d'une grande hauteur : mettez au
fond une quantité de lard haché & pilé ;
rangez-y enſuite le Jambon , & y mettez
des feüilles de laurier , quatre ou cinq tranches de citron , & pluſieurs autres bardes
de lard au-deſſus. Couvrez-le enſuite de l'a-
baiſſe ; le tout façonné , dorez-le d'un
jaune d'œuf , & le faites cuire au four des
ſix heures ; & ſervez froid.

Jambon en ragoût à l'hipocras.

Il faut paſſer des tranches de Jambon

etuds par la poële ; faire une sauffe avec fucre , canelle , un macaron pilé , vin vermeil , un peu de poivre blanc concaffé , &
y mettre vos tranches & jus d'orange en fervant.

Le Jambon fe fert d'ailleurs fur le pied
de Salé , avec Saucissons & Langues fourrées.

Voïez ci-aprés pour l'Omelette de Jambon , lettre O. & les Poulets & Pigeons
au Jambon , lettre P. chacun en fa place ;
comme auffi le coulis de Jambon , ci-devant page 203.

Jambon de Poisson.

Prenez chair de Tanches , d'Anguilles
& de Saumon frais , & des laites de Carpes,
que vous hacherez & pilerez dans un mortier , avec fel , poivre , muscade & beurre. Mêlez bien toutes ces chairs enfemble,
& formez-en une maniere de Jambon ,
fur des peaux de Carpes. Vous enveloperez
le tout dans un linge neuf , que vous coudrez bien ferré , & le ferez cuire avec
moitié eau & vin , affaisonné de clous,
laurier & poivre : laiffez-le refroidir dans
fon boüillon ; & fervez avec laurier , fines
herbes coupées menu , & tranches de citron. Vous le pouvez auffi couper par

tranches, comme le veritable Jambon.

On peut imiter de la même maniere une Eclanche ou Epaule ; comme aussi des Poulets & Pigeons , ou avec la farce qu'on a pû voir , lettre F.

JULIENNE,

Est le nom d'un Potage de consequence : en voici la maniere. Faites rôtir une Eclanche de Mouton, & la dégraissez bien : ôtez-en la peau ; & quand elle sera rôtie, mettez-la dans une marmite grande à proportion , pour qu'il y ait du boüillon pour votre Potage. Mettez ensemble un bon morceau de tranches de Bœuf, de roüelle de Veau, un bon Chapon , deux carotes, deux navets , autant de panais, racine de persil, celeri , & quelque oignon piqué : faites cuire tout cela long-tems , afin que votre boüillon soit bien nourri. Il faut avoir dans une autre petite marmite , trois ou quatre paquets d'asperges un peu d'ozeille coupée de deux coups de coûteau , & du cerfeüil. Vous le ferez bien cuire , avec du boüillon de votre marmite ; & vos croûtes étant mitonnées , vous rangerez vos asperges & votre ozeille par-dessus , & rien autour.

On fait aussi des Potages à la Julienne ; de Poitrine de Veau, Chapon , Poularde ;

Pigeons, & autres viandes. Les aïant bien
appropriées & fait blanchir, vous les empotez avec de bon boüillon & un bouquet
de fines herbes. Vous y ajoûtez enfuite les
racines & legumes ci-deffus, dont vous
garniffez le Potage, avec des montans d'afperges rompus, rien que le verd, comme
des petits pois.

J u s.

On a marqué la maniere de tirer le Jus
de Champignons, tant pour les Potages,
que pour autre chofe. En voici quelques autres.

Jus de Veau.

Coupez une roüelle de Veau en trois, mettez-la dans un pot de terre, & le bouchez
de telle forte avec fon couvercle & pâte,
qu'il n'y ait point d'air. Vous le mettrez
fur un peu de feu, environ deux heures de
tems; & votre jus fera fait, pour vous en
fervir dans les chofes où l'on marque qu'il
eft befoin d'en mettre, pour les rendre plus
fucculentes, & d'un meilleur goût.

Vous pouvez pratiquer la même chofe
pour le jus de Mouton & de Bœuf; ou
bien voir ce qui a été dit au premier article
des Coulis.

Jus de Perdrix & de Chapon.

Faites rôtir l'un & l'autre ; & étant cuits, vous les prefferez feparément, pour en ti-rer le jus. On peut auffi en ufer de même pour le jus de Veau, & autres.

Jus de Poiffon.

Prenez des Tanches & des Carpes ; li-monez les premieres, & les fendez tout du long, & écaillez les Carpes : ôtez les oüies des unes & des autres, & mettez ces Poiffons dans un plat d'argent, avec un peu de beurre. Faites-les riffoler comme le Bœuf : & étant cuits, mettez-y un peu de fari-ne, que vous ferez encore riffoler avec le ref-te ; & enfuite du boüillon, fuivant ce que vous en aurez à faire. Paffez le tout dans un linge & le preffez bien fort : affaifonnez-le d'un bouquet, fel, & citron verd piqué de clous ; & vous en fervez, tant pour vos Potages, que pour les Entrées & Entre-mets de Poiffon.

L.

LAITUES.

Laituës farcies à la Dame Simone.

POur farcir des Laituës à la Dame Simone, il faut prendre des Laituës pommées, les faire blanchir, seulement qu'elles
aïent senti la chaleur de l'eau, les tirer &
les faire égouter. Prenez de la chair de Poulets & Chapons cuits, que vous aurez;
hachez-la avec quelques morceaux de Jambon cuit, quelques champignons & fines
herbes. Le tout assaisonné & bien haché,
mettez-le dans une casserole, avec deux poignées de mie de pain, & quatre ou cinq
œufs, selon la qualité de votre farce. Il
faut farcir vos Laituës dans le cœur ; &
aprés qu'elles seront farcies, les bien ficeler,
& les faire cuire avec du bon boüillon.
Etant cuites, il faut faire un bon blanc, de
plusieurs jaunes d'œufs ; qu'il ne soit pas
tourné : tirer vos Laituës, les bien égouter
& déficeler, & les mettre dans ce blanc,
qu'elles se tiennent chaudement. On les
sert pour Hors-d'œuvres, & parmi les Entrées.

On garnit aussi des Soupes de Volailles

farcies avec de femblables Laituës : & l'on
en farcit pour les jours maigres, d'une bonne farce de Poiffon, ou d'herbes & d'œufs.

L A M P R O I E,

Eft un Poiffon de mer , qui reffemble à
l'Anguille ; il y a auffi celles de riviere :
elles fe mangent frites ou rôties : on les peut
auffi accommoder de l'une de ces manieres.
Saignez-les , & gardez le fang : enfuite li-
monez-les dans de l'eau chaude , & les
mettez par tronçons, que vous ferez cuire
dans une terrine avec beurre roux , vin
blanc, fel, poivre , mufcade , un bouquet
de fines herbes , & une feüille de laurier ;
puis mettez-y le fang , avec un peu de farine frite & capres ; & fervez, garni de tranches de citron,

Pour les mettre à la fauffe douce ; aprés
les avoir limonées , faites-les cuire avec vin
vermeil , beurre roux , canelle , fucre,
poivre , fel , un morceau de citron verd ,
& jus de citron en fervant.

Si l'on en veut faire un Potage, coupez-
les par morceaux aprés les avoir limonées ;
& les paffez par la poële avec beurre roux ,
farine, fines herbes bien menuës , quelques
champignons , fel , purée claire , & un
morceau de citron verd ; & étant cuites ;

dreſſez-les ſur vos croûtes mitonnées, & jus de citron en ſervant.

Pour les Pâtez de Lamproies, voïez lettre P.

LANGOUSTE,

Eſt une écrevice de mer. La maniere de faire un hachis de Langouſtes, ne doit pas nous arrêter, étant commune avec celle d'autres hachis de cette nature. Pour les ſervir en Salade, on peut voir ce qui a été dit page 65. touchant les autres Salades de Poiſſons ; & ajoûter dans la ſauſſe de celleci, le dedans du corps des Langouſtes. On en fait auſſi un ragoût, & on les ſert en Potages, les deſoſſant aprés qu'elles ſont cuites ; & tout cela n'a rien de difficile, n'y aïant qu'à obſerver là-deſſus ce qu'on trouvera expliqué ailleurs en divers endroits, pour d'autres Poiſſons.

LANGUES.

Nous avons marqué divers Services de Langues de Bœuf, lettre B. On y a vû la maniere de faire des Langues de Cochon fourrées, qui peut auſſi être pratiquée pour celles de Mouton, celles de Veau, de Cerf, de Dain, de Chevreüil & de Sanglier.

Ces dernieres ſe peuvent auſſi manger à

la fauſſe douce, dans laquelle, aprés les
avoir farinées & frites de belle couleur,
vous les mettez mitonner tout doucement,
avec truffles & mouſſerons,

On les mange auſſi à la grillade, avec verjus, boüillon, champignons, ſel, poivre,
farine frite , muſcade , citron verd ; &
vous faites de même boüillir le tout enſemble , aprés avoir fait griller vos Langues de
Mouton avec ſel & mie de pain ; ou bien
vous y faites une ramolade. Voici maintenant pour les Langues de Veau.

Pour faire des Langues de Veau farcies.

Il faut prendre les Langues, & y faire
un trou en-dedans , du côté de la gorge,
avec un coûteau bien mince , & qu'elles
ne ſoient coupées en aucun endroit. Enſuite paſſez le doigt tout du long , comme ſi
c'étoit un boïau. On met là-dedans un petit ragoût de ris-de-Veau, de champignons,
de truffles , de perſil & de ciboule , le tout
bien paſſé , avec un peu de lard & de farine;
qu'il ne ſoit pas roux , & bien aſſaiſonné.
Vos Langues étant farcies avec ce ragoût ,
ficelez-les bien ferme par le trou , & mettez-les dans de l'eau chaude , pour y pouvoir lever la premiere peau ; aprés quoi on

les met à la braise. Etant cuites, on les fait
bien égouter de la graisse, & on le dresse
dans un plat, avec un bon ragoût par-dessus. Garnissez de Fricandeaux, rien que
piquez, & point de farce.

Langues de Veau d'autre maniere.

On en peut faire deux autres Entrées, comme celles des Langues de Bœuf qu'on a
marquées, lettre B. ou bien les rôtir,
aprés les avoir piquées étant à moitié cuites,
& les servir à la sausse douce.

LAPINS, LAPREAUX ET LEVRAUX.

Les Lapins se peuvent mettre en Pâté
froid pour Entremets, comme il sera dit
ci-aprés, au dernier article des Pâtez. On
en fait aussi un Pâté chaud pour Entrée, ou
comme ceux qui sont marquez au premier
article, ou de cette maniere.

Pâté chaud de Lapin

Lardez vos Lapins, & les empâtez en
abaisses de pâte brisée, assaisonnez de sel,
poivre, muscade, clous, lard pilé, laurier, & une échalote : L'aïant doré, faites-
le

lé cuire deux heures ; & mettez-y jus d'orange ou de citron en servant.

Lapins & Lapreax en Casserole.

Mettez vos Lapins en quatre, lardez les de gros lard ; & les aïant passez à la poële, mettez-les dans une terrine avec boüillon, un verre de vin blanc, un bouquet de fines Herbes, poivre, sel, farine frite & orange.

Lapreaux à la sausse blanche & brune.

On les coupe par quartiers ; on fend la tête ; & les aïant passez à la poële comme ci-dessus, avec lard fondu, on les fait cuire dans une terrine, avec sel, poivre, muscade, citron verd, boüillon & vin blanc. A ceux qu'on met à la sausse brune, on y ajoûte un peu de farine frite ; & aux autres, on fait la sausse blanche avec des jaunes d'œufs, comme les autres semblables.

Lapins & Lapreaux en Tourte, & autrement.

Les Lapins & L'apreaux se peuvent aussi mettre en Tourte, les coupant par morceaux, que vous passerez à la poële avec lard fondu, un peu de farine frite, fines

herbes , ciboulette , sel , poivre , mufcade , & un peu de boüillon. Etant refroidis , formez-en votre Tourte avec pâte fine , & garniſſez de morilles , truffles, lard
pilé ; & la recouvrez de la même pâte. Faites-la cuire une heure & demie ; & quand
elle le ſera à moitié , mettez-y la ſauſſe où
vous les aurez paſſez , & jus d'orange en
ſervant.

On peut auſſi , aprés que vos Lapreaux
ſont rôtis , les couper par la moitié , & y
faire une *ſauſſe au Jambon.*

Lapreaux à la Saingaraz.

Piquez vos Lapreaux proprement & les
faites rôtir. Il faut enſuite avoir des tranches de Jambon battuës , & les paſſer avec
un peu de lard & de farine , un bouquet
de fines herbes , & de bon jus qui ne ſoit pas
ſalé , & faire cuire le tout enſemble : mettez-y auſſi un filet de vinaigre , & liez cette ſauſſe avec un peu de coulis de pain. Coupez votre Lapeau en quatre , & dreſſez-le
dans un plat ou aſſiette ; jettez la ſauſſe deſſus avec les tranches de jambon , & ſervez
chaudement , aïant bien dégraiſſé.

Il ſe fait de la même maniere , des Poulardes à la Saingaraz , même des Poulets
des Pigeons , hors qu'on ne les coupe

par quartiers, fi l'on ne veut.

Levraux piquez.

Lardez-en une épaule & une cuiſſe, & l'autre non ; & les aïant fait rôtir, ſervez-les avec une ſauſſe douce, ou poivrade, garnis de marinade.

Levraut à la Suiſſe.

Mettez-le par quartiers, & les lardez de gros lard; faites-les cuire avec du boüillon, aſſaiſonné de ſel, poivre, clous, & un peu de vin. Etant cuits, paſſez le foie & le ſang par la poële, avec un peu de farine ; & mêlez le tout enſemble, avec un filet de vinaigre, olives deſoſſées, capres, & tranches de citron pour garnir.

Potages de Levraut à l'Italienne.

Il faut couper le Levraut en quatre quartiers, les larder de gros lard, & les paſſer à la poële avec lard fondu ; mettez-les cuire avec du boüillon gras, tel qu'on peut voir lettre B. avec dattes, raiſins de Corinthe, écorce de citron, canelle, ſel, & un peu de vin blanc : dreſſez le tout ſur vos croûtes mitonnées, & ſervez avec jus de citron, garni de tranches ou de grains de grenade.

Pour les Pâtez de Levraux, voïez lettre P. parmi les autres Pâtez.

LIMANDES,

Sont Poiſſons de mer aſſez ſemblables aux Carlets. On peut tâcher d'imiter avec les Limandes, les manieres qu'on verra pour les Soles : car pour ce qui eſt de les mettre au beurre blanc, ou d'en faire un ragoût, les paſſant au beurre roux aprés en avoir coupé la tête, cela eſt aſſez commun, pour n'être ignoré de perſonne.

Nous ne nous arrêterons pas non-plus, à la maniere de faire une Etuvée de *Loup de Mer*, ou les autres apprêts qui lui peuvent convenir ; parce qu'on n'a qu'à ſe regler ſur d'autres ſemblables.

M.

MACREUSE,

EST un Oiſeau de mer aſſez ſemblable aux Canards ; neanmoins nous le mettons aux nombre des Poiſſons, & en uſons en maigre, à cauſe qu'elle a le ſang froid. Vous la pouvez mettre à la Daube,

tout comme un Oiſon ou un Canard ; &
étant cuſte, ſervez-la ſur une ſerviette blanche, garnie de perſil & tranches du citron.

On en fait auſſi une Entrée au concombre, comme beaucoup d'autres ; ou bien
on l'accommode de l'une des manieres qui
ſuivent.

Macreuſe au Court-boüillon.

Aprés l'avoir plumée & vuidée, lardez-
la de gros lardons d'Anguille ; faites-la
cuire quatre ou cinq heures à petit feu, a-
vec eau, ſel, un paquet de fines herbes,
laurier, clous, poivre, un peu de vin blanc,
& un morceau de beurre. Faites-y une ſauſſe
avec beurre blanc, farine, ſel, poivre blanc,
citron verd & vinaigre ; & frotez d'une
échalote, le cu du plat où vous la dreſſerez.
On l'appelle à la poivrade.

Macreuſe en ragoût au Chocolat.

Aïant plumé & nettoïé proprement votre Macreuſe, vuidez-la, & la lavez ; faites-la blanchir ſur la braiſe, & enſuite em-
potez-la, & l'aſſaiſonnez de ſel, poivre,
laurier, & un bouquet : vous ferez un peu
de Chocolat, que vous jetterez dedans.
Preparez en même tems un ragoût avec
les foies, champignons, morilles, mouſſerons, truffles, un quarteron de marons &

& votre Macreuse étant cuite & dreſſée dans ſon plat, verſez votre ragoût par-deſ-ſus , & ſervez garni de ce que vous vou-drez.

Macreuſe en Haricot.

Vous la ferez cuire de même que ci-deſ-ſus ; & vous ferez un ragoût de navets , que vous paſſerez un peu au roux. Vous les moüilléz enſuite avec la ſauſſe de votre Macreuſe , laquelle étant cuite , vous la couperez par morceaux , & les mettrez dans vos navets. Dreſſez & ſervez quand il en ſera tems , garni de ce que vous aurez.

Macreuſe au Pot-pourri.

Lardez vos Macreuſes de gros lardons d'Anguille , & les paſſez à la poële avec beurre roux: enſuite mettez-les dans un pot ou terrine , avec un peu du même beurre & de farine , & eau ; aſſaiſonnez de ſel , clous, poivre , muſcade , champignons , un bou-quet de fines herbes & citron verd. Fâi-tes-les cuire à petit feu , pendant quatre à cinq heures , comme au court-boüillon; & voulant ſervir , ajoûtez-y des huîtres , ca-pres , & jus de citron.

Macreuse Haut-goût à la Broche.

Ayant plumé, vuidé & fait revenir votre Macreuse, faites une pâte des choses qui suivent.

Aïez de la mie de pain blanc assez tendre, effraisez-la grossierement sur une assiette; ajoûtez-y du sel environ une once, une pincée de poivre, une douzaine de clous de girofle entiers, feüilles de laurier, thim & basilic en poudre, deux ou trois rocamboles, écorce d'orange & muscade râpée, & une bonne pincée de persil haché ; ajoûtez-y un quarteron de bon beurre frais, une pincée de farine, & deux ou trois cuillerées de bon vin rouge ; pêtrissez bien le tout ensemble, & en formez une masse un peu longue ; enfermez-la dans un linge clair & blanc de lessive, que vous coudrez lâchement en un seul double, mettez-le ainsi dans le corps de votre Macreuse, que vous recoudrez à son ouverture ; & aïant embroché votre Macreuse, arrosez-la en cuisant, de vin blanc, de beurre, & de sel ; étant tres-bien cuite, ôtez le linge de dedans, & servez chaud avec jus de citron, vin blanc, & croûte de pain râpé.

Macreuse rôtie.

Vous l'arrosez en cuisant, de sel, &
beurre : ensuite on y fait une sausse avec le
foie , que l'on hache bien menu ; & on le
met dans le degout , avec sel, poivre, muscade , champignons & jus d'orange.

Pâté de Macreuse.

Il faut prendre les Macreuses , qu'elles
soient bien plumées & bien retroussées , &
les battre un peu sur l'estomac ; les faire
blanchir à la braise, & les ficeler aux côtez:
Prenez le foie avec des truffles hachées,
des champignons , du beurre & du persil,
un peu de ciboule & de capres , & un anchois ; le tout bien haché , bien nourri &
bien assaisonné. Il faut en farcir le corps de
la Macreuse , & garder un peu de cette même farce, pour en mettre dessous. Formez
votre Pâté de deux abaisses ; & faites-le cuire dans le four , l'aïant rempli de votre
Macreuse. Si vous voulez le servir chaudement,il y faut faire un bon ragoût, composé de laites de Carpes , de queuës d'Ecrevices , champignons & truffles ; ou un ragoût aux huîtres; le tout servi proprement:
Et si vous voulez le servir froid , aprés qu'il
est

cuit, il n'y a qu'à le laisser refroidir, &
servir quand vous voudrez.

Autre maniere.

Aïant bien plumé, vuidé & retroussé
votre Macreuse, faites fondre d'excellent
beurre frais dans une casserole ; étant assez
chaud, mettez-y revenir votre macreuse, la
tournant & retournant de tous côtez: l'aïant
retirée, jettez du sel, du poivre & du clou
battu dans son corps, avec un peu de basilic, & de thim ; laissez-la ainsi l'espace de
cinq heures : ensuite, faites un bon hachis
de chair de Carpe, d'Anguille & de Tanches;
assaisonnez-le bien d'écorce de citron ou
d'orange seche, sel, poivre, muscade,
laurier, clou de girofle, persil & ciboule:
ajoûtez-y des laitances de Carpes, des marons des champignons, des truffles, cus
d'artichaux, & pointe d'asperges, le tout
entier ; & aprés avoir lardé votre macreuse
de chair d'Anguille, emplissez-la de votre
farce & de ses accompagnemens, avec des
petits morceaux de beurre frais ; & aïant
dressé votre abaisse, mettez votre Macreuse au milieu, avec la garniture ordinaire autour : votre Pâté étant cuit, coulez-y de
bon boüillon de Poisson bien lié, avec un
jus de citron, & servez chaudement pour
Entremets.   B b

Potage de Macreuses.

Pour le Potage de Macreufes, il les faut faire boüillir dans du bon boüillon de Poiffon. Etant cuites, faites mitonner votre Potage d'un femblable boüillon. Il faut enfuite avoir un bon hachis de Poiffon, pour mettre deffus vos Macreufes, quand vous les aurez rangées fur votre Soupe, & qu'elle fera fuffifamment mitonnée. Garniffez avec des filets de Sole ou de Merlan, ou des Ecrevices, où autres Poiffons : le bon ragoût par-deffus, & un bon coulis aux Ecrevices ou champignons; le tout fervi chaudement.

On fait auffi des Potages de Macreufe aux nantilles.

MAQUEREAU,

Eft un Poiffon de mer que tout le monde connoît : on le fert dans la nouveauté, fur les bonnes Tables de la maniere qui fuit. Vous les fendez ou incifez un peu le long du dos, les aïant vuidez ; & vous leur faites prendre fel avec de l'huile & fel menu, poivre & fenoüil. Vous les envelopez du même fenoüil verd, pour les faire rôtir ; & vous y faites une fauffe avec beurre roux, fines herbes hachées menu, mufcade, fel, fenoüil, grofeilles dans la faifon, capres & un filet de vinaigre : garniffez de tranches de citron.

On peut auffi les fervir en Potage, a-prés les avoir fait frire bien à propos en beurre affiné, & mitonner enfuite dans une caferole, avec bon boüillon de Poiffon ou d'herbes : Garniffez de champignons en ra-goût, capres, jus & tranches de citron.

MARINADE,

Eft une fauffe dans laquelle on met trem-per les chofes aufquelles on veut relever la faveur, & les rendre plus agreables au goût. On met differentes chofes en Mari-nade, ou pour garnir d'autres plats, ou pour en faire de cela même. On garnit des Fricaffées de Poulets, d'autres Poulets en Marinade : la Marinade de Veau fert à garnir des Poitrines de Veau farcies, ou Longes de Veau rôties ; & ainfi du refte, comme Pigeons, Perdrix, & autres, dont on peut auffi faire des plats feparez pour Entrées. Parcourons ce qu'il y a à obfer-ver là deffus.

Marinade de Poulets.

Mettez vos Poulets par quartiers, &

faites-les mariner au jus de citron & verjus,
ou vinaigre, sel, poivre, clous, ciboules
& laurier. Laissez-les dans cette Marinade
l'espace de trois heures : ensuite faites une
pâte claire, avec farine, vin blanc & jaunes d'œufs ; trempez-y vos Poulets, & les
faites frite dans du lard fondu, ou du sain-
doux ; & servez en piramide, avec persil
frit & tranches de citron, si c'est en pour faire un plat particulier.

Marinade de Pigeons.

Il faut les faire mariner au jus de citron
& verjus, commeci-devant, avec les autres
assaisonnemens, les aïant fendus sur le dos,
afin que la Marinade penetre, ou les coû-
per en quatre : vous les laissez deux ou
trois heures dans la Marinade ; ensuite
vous les empâtez ou farinez tout moüillez,
& les faites frire doucemeent en belle friture. Vous servez avec persil frit par-dessus & autour, & vinaigre rosat & poivre
blanc.

Marinade de Perdrix.

Fendez-les en deux, battez-les, & les
faites tremper dans de la Marinade, comme les pieces ci-dessus. Il faut aussi les frire
de la même maniere, & servir avec vinai-

gre à l'ail , & poivre blanc.

La Marinade de Veau se fait de même pour garnir, coupant des tranches de Veau en maniere de Fricandeaux ; & ainsi des autres choses qu'on voudra mariner. Pour des Cotelettes de Mouton marinées, voïez page 101.

Marinade de Poißons.

Il y a des Poißons que l'on met en Marinade tout comme l'on vient de dire, entre-autres les Tortuës : ainsi étant cuites, mettez-les tremper dans du vinaigre , avec sel, poivre & ciboules ; puis les farinez, & les faites frire en beurre affiné , & les servez avec persil frit, poivre blanc & jus d'orange.

On fait une autre maniere de Marinade à des Poißons, aprés les avoir fait frire ; qui est de passer à la poële des tranches de citron ou d'orange , avec laurier , beurre affiné , ciboules, sel, poivre, muscade & vinaigre ; & vous mettez cette sausse sur vos Poißons tels que peuvent être les Soles, Congres, Sardines, Thon par roüelles, &c. On trouvera encore d'autres Marinades de Poißons dans l'article des Potages ; la Table les indiquera.

MAUVIETTES,

Sont des petits oiseaux semblables aux Allouettes. Outre ce qu'on verra pour les Mauviettes rôties, lettre R. dans l'article du Rôt ; on peut faire une Entrée de Mauviettes farcies à la moutarde , & un Potage de Mauviettes au bouïllon brun.

MENUS-DROITS OU MINE-DROIT.

On fait des plats ou hors - d'œuvres de Menus-droits, pour Entremets, de differentes choses ; entre - autres de palais de Bœuf, que l'on coupe par tranches déliées: & les aïant passées à la poële avec lard fondu, persil, cerfüil menu, thim, ciboule entiere, poivre, sel, boüillon & vin blanc, on les fait mitonner dans un pot ou plat, & on lie la sausse avec chapelûre de pain ; jus de Mouton & de citron en servant.

Les Menus droits de Cerf & autres, s'accommodent de la même maniere.

MERINGUES.

Les Meringues ne sont proprement qu'une affaire d'Officier ; cependant, comme les Cuifiniers ne laiffent pas quelquefois d'en faire, pour garnir plufieurs chofes, en voici la maniere.

Prenez trois ou quatre œufs frais, felon la quantité de Meringues que vous voulez faire ; retirez-en les blancs, & les foüertez jufqu'à tant qu'ils forment la neige à rochers. Aprés il y faut mettre un peu de râpure de citron verd , & trois ou quatre cuillerées de fucre fin paffé à l'étamine, & le tout foüerté enfemble : on y peut auffi ajoûter un peu d'ambre préparé. Enfuite prenez du papier blanc ; & avec une cuillere, formez vos Meringes rondes ou ovales, felon que vous voudrez , de la groffeur d'environ une noix , laiffant de la diftance entre l'une & l'autre. Prenez du fucre en poudre au bout d'une ferviette, & poudrez deffus les Meringues. Sur la même table où vous les avez dreffées , vous pouvez mettre le couvercle du four qui n'ait point été au feu , mais feulement du feu deffus, & couvrir les Meringues, pour leur faire prendre une couleur cendrée ; il n'y faut point de feu deffous. Etant cuites & bien glacées, ôtez-les de deffus le papier. Vous y pouvez mettre dedans , un grain de fruit, ou framboife , ou cerife , ou fraife , felon la faifon ; & joindre une autre Meringue contre, pour en faire de jumelles.

Meringues Piſtaches.

Il faut prendre une poignée ou deux de Piſtaches, & les échauder : & quand vous aurez foüetté vos blancs d'œufs, comme pour les aûtres Meringues ci-deſſus, & que vous y aurez mis & battu enſemble vôtre ſucre fin, mettez-y vos Piſtaches bien égoutées de leur eau ; & avec la cuillere à bouche, formez vos Meringues de la groſ-ſeur que vous voulez, & les glacez de la même maniere. Si vous ne les voulez pas glacer, elles reſteront blanches comme du papier. Elles vous ſerviront pour garnir toute ſorte de Tourtes d'Entremets, princi-palement des Tourtes de Maſſepain.

MERLANS,

Sont poiſſons de Mer d'une mediocré grandeur. Ils ſe mangent ordinairement frits ou rôtis ſur le gril. Ils ſe peuvent accom-moder en Caſſerole, comme on en trouve la maniere pour beaucoup d'autres Poiſ-ſons. Vous pouvez auſſi les ſervir frits, avec jus d'orange & poivre blanc : & pour cela fendez-les par le dos, & les poudrez de ſel & poivre ; mettez-les tremper dans du vinaigre, & enſuite farinez ou empâ-

tez-les, avant que de les frire. On les farcit
encore, comme on verra dans l'article du
Miroton en maigre ; & on fert enfin des
filets de Merlans, non-feulement en Salade, comme on a vû page 65. mais auffi en
ragoût de plufieurs manieres ; & même en
Tourte, en Pâté & en Potage : furquoi
voïez les articles qui s'y rapportent, comme Brochet, Soles, &c.

MIROTONS.

On fert un Miroton pour Entrée ; & il
s'en fait de diverfes manieres. Par exemple,
on peut prendre une belle roüelle de Veau,
& en faire plufieurs tranches bien minces,
que l'on battra avec le couperet fur la Table.
Il faut avoir d'autre roüelle de Veau, que
vous hacherez avec du lard blanchi , de la
graiffe, quelques champignons , quelques
truffles, de fines herbes & un peu de moëlle , le tout bien affaifonné. Mettez-y deux
ou trois jaunes d'œufs ; & quand vous aurez fait la farce, prenez une cafferole ronde, qui ne foit pas tr p grande : mettez des
bardes de lard bien arrangées au fond , &
aprés des tranches de Veau que vous aurez
battuës, & enfin la farce, que vous couvrirez par-deffus, du refte de vos tranches;
le tout bien fermé. Renverfez enfuite vos

bardes de lard ; & l'aïant bien couvert, mettez-le cuire à petit feu deſſus & deſſous, comme une Braiſe. Etant cuit, on le dé- graiſſe bien proprement ; on le dreſſe dans un plat, le deſſus deſſous ; on y met, ſi l'on veut, un peu de coulis, & l'on ſert chaudement.

Mirotons d'une autre maniere.

Pluſieurs font un bon godiveau bien lié, de même que pour le Poupeton : ils en font enſuite un bord à l'entour de leur plat, comme ſi c'étoit un bord de Potage au lait coṁpoſé de blancs d'œufs. Ils dorent ce- la avec des œufs battus ; & l'aïant pané bien proprement, ils lui font prendre cou- leur au four. Etant cuit, on égoute bien proprement la graiſſe. Il faut avoir une Terrine, compoſée d'un carré de Mouton coupé par morceaux, d'un bout-ſaigneux de Mouton, du petit lard, quelques Pi- geons & Cailles, ſelon la commodité. Tout cela étant bien cuit dans une terrine avec toute ſortes de fines herbes, comme ſi c'étoit une Braiſe, il faut avoir de petits pois paſ- ſez, ou des pointes d'aſperges, ſelon la ſaiſon : tirez vos viandes de dedans la ter- rine ; faites-les bien égouter, & mettez-les enſuite avec vos pois par-deſſus, dans vô-

tre plat. On y peut auſſi ajoûter quelques
cœurs de laituës blanchis & cuits dans la
même ſauſſe ; & ſervir chaudement. A la
place de la Terrine, quand il n'y a que le
bord, on met au milieu toute ſorte de bons
ragoûts. On peut auſſi y mettre un Hachis de Mouton ; & jus de Mouton & de
citron en ſervant.

Pour faire un autre Miroton.

Aïez des truffles, des champignons & du
jambon cuit, le tout bien haché enſemble :
mettez-le dans une caſſerole, avec deux ou
trois anchois, ſelon la groſſeur du Miroton ; hachez une poignée de capres, & les
mettez dans le même Miroton. Quand vous
verrez qu'il ſera preſque cuit, il faut mettre vôtre Hachis dans une caſſerole, avec
un peu de perſil, de ciboule, du lard fondu : le tout bien paſſé, le moüiller avec du
jus, y mettre un peu de coulis & le faire
boüillir, prenant garde qu'il ne ſoit pas trop
lié. Aïez du Bœuf qui ſoit tendre & maigre ; coupez-le par petites tranches, un peu
plus grandes que ſi c'étoit pour un filet au
concombre, & enſuite mettez le Bœuf dans
vôtre ragoût ; remuez-le fort peu, & ne
le laiſſez pas boüillir beaucoup. Avant que
de ſervir, vous y mettrez un jus de citron,

& dreſſez vôtre plat proprement.

Pour faire un Miroton en maigre.

Il faut prendre quatre ou ſix Merlans, ſuivant la grandeur de vôtre plat ; râtiſſez & lavez-les bien. Il les faut fendre tout du long par devant, & prendre garde de les gâter ſur le dos : ôtez-en l'arête & coupez la tête, & les détendez ſur la table. Prenez enſuite de la chair de bon Poiſſon ; faites-en une bonne farce, comme nous avons dit ci-devant. La farce étant faite, rangez-la ſur chaque Poiſſon, & les roulez comme ſi c'étoit des Filets mignons. Il faut prendre une caſſerole ou une terrine ſans manche, qui ſoit ronde. Faites une omelette avec un peu de farine, & qu'étant entiere elle tienne toute la caſſerole : Rangez là-deſſus vos Poiſſons farcis, aïant mis un peu de beurre ſous ladite omelette. Le Poiſſon étant rangé, avec quelques truffles & champignons bien aſſaiſonnez, il faut faire une autre omelette pour mettre par-deſſus, & la placer de même, qu'elle tienne toute la rondeur de la caſſerole. Mettez la caſſerole bien couverte ſur un peu de feu, afin qu'elle cuiſe doucement ; néanmoins feu deſſus & deſſous : Il faut prendre garde que cela ne s'attache pas au fond.

Étant cuit, égoutez le beurre ; & versez le Miroton dans une assiette ou plat, le dessus dessous. Coupez au milieu un petit morceau en rond, comme si c'étoit un Poupeton ; versez dedans un petit coulis de champignons, & le recouvrez de la même piece : le tout bien dégraissé, frottez le bord de vôtre plat, & servez chaudement.

Vous pouvez aussi faire une farce comme pour le Poupeton, ci-aprés, & en faire un cordon autour du plat que vous mettez cuire au four; & vous le remplirez d'un bon ragoût de champignons, morilles, truffles, mousserons, anchois, le tout bien haché ensemble, & toute sorte de filets de Poisson & capres ; un lit de ragoût, & un autre de filets, jusqu'à ce qu'il soit plein : & l'aïant fait mitonner sur un petit feu, servez avec sausse du ragoût, & jus de citron.

MORILLES & MOUSSERONS,

Sont comme les Champignons des excremens de la terre, qui naissent dans les bois: on les trouve ordinairement aux pieds des arbres dans les mois de Mars & d'Avril : on les fait sécher pour en avoir toute l'année ; ils servent à garnir les ragoûts & les pâtez. Dans l'article où nous avons montré comment conserver des champi-

gnons, ſçavoir page 181. on a vû auſſi ce qui
regarde ſur ce point les Morilles & Mouſſerons. Il ne s'agit donc plus ici , que de
marquer les plats particuliers qu'on en
peut faire , pour hors-d'œuvres d'Entremets.

Morilles en ragoût.

Vous le pouvez faire au roux ; paſſant
vos Morilles par la poële , avec beurre ou
lard fondu , aprés les avoir coupées en long
& bien lavées. Vous y mettez du perſil &
cerſeüil bien menu , une ciboule , du ſel ,
de la muſcade , & un peu de boüillon ,
pour les faire mitonner dans un petit pot
ou caſſerole. Servez à courte ſauſſe, avec jus
de citron.

On les met auſſi à la crême , comme on
a vû pour les champignons, page 179. & de
cette autre maniere.

Morilles frites.

Il faut couper les Morilles en longueur ,
comme ci-deſſus , & les faire boüillir avec
un peu de bon boüillon, à petit feu. Quand
le boüillon ſera conſommé , farinez-les ,
& les faites frire en lard fondu ou ſain-
doux. Faites ſauſſe avec le reſte du boüillon , aſſaiſonnée de ſel & muſcade ; & ſer-

vez-la deſſous vos Morilles, avec jus de
Mouton & de citron.

On ſert encore des Morilles farcies, & en
Potage ; & on en fait auſſi des Tourtes,
comme on verra pour celles de Champignons.

Mouſſerons en ragoût.

Aprés avoir bien mondé les Mouſſerons,
lavez-les un peu, puis les ſecoüez dans un
linge : faites-les cuire dans un plat ou caſſerole, avec beurre ou lard fondu, un paquet, ſel, muſcade ; & liez la ſauſſe avec
jaunes d'œufs, farine, ou chapelûre de
pain. En ſervant, mettez-y jus de citron,
& garniſſez de tranches.

M O R ü E.

Eſt comme chacun ſçait un poiſſon de
Mer, qu'on nous apporte tout ſalé de
Terre - Neuve. C'eſt un bon aliment,
& pour ainſi dire, le Bœuf des jours
maigres. Il y en a auſſi de fraîche,
mais qui eſt beaucoup meilleure & plus
eſtimée. Laiſſant à part les manieres communes de manger la Moruë, ſoit fraîche,
ou ſalée, qui ſont aſſez connuës d'un chacun, on ne s'arrêtera ici, qu'à ce qui peut
les relever & les enrichir, tel qu'on va voir
qu'eſt ce qui ſuit.

Moruë fraîche en ragoût.

Ecaillez vôtre Moruë, & la faites cuire avec eau & vinaigre, citron verd, laurier, fel & poivre. Faites fauffe avec beurre roux, farine frite, huîtres, capres, jus de citron & poivre blanc en fervant.

Queuë de Moruë en Cafferole, &, autrement.

Prenez une belle queuë de Moruë ; & l'aïant écaillée, détachez-en la peau, la faifant defcendre en bas. Enlevez des filets de vôtre Moruë,& rempliffez-en les creux, d'une bonne farce de Poiffon, ou de fines herbes avec beurre & chapelûre de pain. Remettez enfuite la peau par-deffus, pour recouvrir la queuë de Moruë ; & l'aïant panée proprement, faites-la cuire au four, de belle couleur. Vous y ferez un ragoût, des garnitures que vous aurez pour l'enrichir, & fervirez proprement.

Quand on la veut frire, il faut la faire cuire dans l'eau chaude, fans qu'elle boüille, afin qu'elle demeure bien entiere ; & aprés qu'on l'a laiffé égouter, on la farine, & on la frit en beurre affiné. Servez avec jus d'orange & poivre blanc. Vous pouvez

vez garnir de crêtes de Moruës empâtées & frites, si vous n'êtes dans un Ordinaire assez médiocre, pour n'en pas faire un plat.

MOULES,

Sont une espece de petits poissons de Mer, de la nature à peu prés des huîtres, étant enfermées de même dans des petites coquilles. On les met en ragoût aprés les avoir bien lavées, avec sel, poivre, persil, ciboule, beurre frais, & de la chapelûre de pain, aprés les avoir passez à la poële. On met les Moules en ragoût, à la sausse blanche ou brune; & l'on en fait un Potage fort considerable. Voici pour le Ragoût à la sausse blanche.

Tirez les Moules de leurs coquilles, & les passez à la poële avec beurre blanc, thim, & autres fines herbes hachées bien menu: assaisonnez de sel, poivre & muscade; & l'eau des Moules étant consommée, mettez-y des jaunes d'œufs avec du verjus, ou jus de citron; & garnissez des coquilles, & de pain frit.

Le Ragoût à la sausse brune se fait de même, hors qu'on n'y met point d'œufs mais seulement un peu de farine frite.

Potage aux Moules.

Il faut prendre de bonnes Moules, les bien nettoïer, & les laver dans quatre ou cinq eaux. Etant bien lavées, il les faut mettre dans une marmite avec de l'eau, qui vous servira pour le boüillon, en cas que vous n'aïez pas d'autre bon boüillon de Poisson. Mettrez avec vos Moules un peu de persil, du bon beurre, un oignon piqué de clous de girofle, & les faites ainsi blanchir ; aussi-tôt que la coquille s'ouvre, cela signifie qu'ils le font assez. Passez le boüillon dans une marmite à part. Otez les Moules de leurs coquilles, & n'en laissez que pour garnir vôtre Potage : les autres seront mises dans une petite marmite ou casserole, rien que la chair. Aprés il y faut mettre des champignons coupez par morceaux, des truffles en tranches, quelques laites de Carpes, un cu d'artichau entier, en cas que vous ne vouliez pas farcir un pain de hachis de Carpes ; c'est-à-dire que le cu d'artichau sera pour mettre au milieu de vôtre Potage, & trois ou quatre cus d'artichaux coupez en quatre. Passez tout ce ragoût avec de bon beurre dans une casserole, & un peu de farine : étant bien passé, moüillez vôtre ragoût du boüil-

lon des Moules, & les faites cuire quelque
peu. On y met un bouquet de fines herbes, une tranche ou deux de citron ; le tout
cuit doucement & bien affaisonné. Faites
mitonner vôtre Potage de croûtes de pain,
du même boüillon des Moules, qu'il ne
foit pas trop gras. Etant mitonné, vous le
garnirez de vos Moules qui font dans la
coquille ; & fi vous avez un pain farci,
vous en laifferez auffi pour garnir autour
dudit pain. Le tout bien mitonné, & le
ragoût par-deffus, il faut avoir un coulis
blanc, compofé d'amandes, mie de pain,
& fix ou huit jaunes d'œufs, le tout paffé
par l'étamine, avec un peu du même bouïllon de vos Moules ; prenez garde qu'il ne
tourne pas. En fervant, arrofez vôtre
Potage avec ce blanc ; & fervez chaudement. Prenez garde au fel.

Mouton.

Parmi les apprêts qu'on peut faire avec
du Mouton, on a vû les differentes manieres d'Eclanches que l'on peut fervir pour
Entrées. Nous avons auffi obfervé ce
qui regarde les Langues, Cotelettes de
Mouton, & les Filets de Mouton. Dans
le fecond article des Mirotons, il y a une
Terrine avec un Carré de Mouton, un

Bout-saigneux & autres pieces. Voici encore d'autres Entrées qu'on en peut faire,
dont la plus considérable est le Ros-de-bif.

Grand Entrée d'un Ros-de-bif de Mouton.

Prenez toute la croupe d'un Mouton bien
tendre ; levez adroitement la premiere peau
de dessus par la pointe, & la laissez attachée par en-bas. On y met quelques tranches de jambon bien minces ; assaisonnées
de persil, ciboule & poivre blanc : rangez
le tout sur la croupe de vôtre Mouton, a-
vec quelques bardes de lard, & renversez
la peau par-dessus. Ficelez-la ensuite, &
la faites cuire à la broche, envelopée de papier. Etant rôtie, panez-la proprement :
garnissez de cotelettes de Mouton, un ragoût fort riche par-dessus ; & servez chaudement.

On en peut faire autant d'un quartier
d'Agneau & de Mouton.

Autre Entrée d'un Quartier de Mouton.

Vous le farcissez sur la fesse, d'un Salpicon ou hachis de la même viande que
vous en tirez, comme on peut voir à l'A-

loyau farci , ou sous le mot de Salpicon ,
lettre S. Vous panez ensuite vôtre Quartier de Mouton, & le mettez au four pour
le colorer. Garnissez de pain frit, Cotelettes marinées & persil frit ; & marbrez
avec jus de citron , & de son jus.

Carbonnade de Mouton.

Coupez un Membre de Mouton en carbonnades,& les passez à la poële avec lard ,
avant que de les mettre cuire avec boüillon , sel, poivre , clous, un bouquet de
fines herbes, marons & champignons : passez farine par la poële , pour lier la sauss-
se ; garnissez de champignons & pain frit ,
& servez avec capres & jus de citron.

Carré de Mouton.

Vous le pouvez servir pour Hors-d'œuvre, l'aïant piqué de persil & fait cuire à
la broche ; y ajoûtant le jus d'une orange ,
& bon jus en servant , aprés l'avoir fraisé
de pain, sel & poivre blanc.
Une autre fois, aprés qu'il sera cuit dans
la marmite, passez-le dans une pâte claire,
& l'aïant fait frire avec lard fondu, servez-
le avec verjus de grain & poivre blanc.
Pour les Cotelettes qu'on en fait , aïez

recours à l'endroit qu'on a indiqué, lettre C.

Entrée de pieds de Mouton farcis.

Il faut prendre des Pieds de Mouton bien échaudez, & les faire cuire dans du bon boüillon, avec un peu de perfil & de ciboule, prenant garde qu'ils ne foient pas trop cuits. Les aïant tirez, coupez le pied, & laiffez la jambe, dont vous ôterez l'os, & détendrez cette peau fur la table : vous y mettrez un peu de la farce des Croquets, ou autre, & les roulerez un à un. Vous les rangerez enfuite dans un plat, & les arroferez d'un peu de graiffe ; vous les panerez proprement par-deffus, & leur ferez prendre couleur dans le four. Etant colorez, égoutez la graiffe, & frottez le bord de vôtre plat. On y met un peu de ragoût par-deffus, ou du coulis de champignons ; fervez chaudement.

On met auffi les pieds de Mouton à la fauffe blanche, les paffant à la poële avec lard fondu, fines herbes, ciboulettes que vous retirerez, fel, poivre & mufcade. Vous blanchiffez la fauffe avec jaunes d'œufs & vinaigre rofat ; & vous garniffez des os empâtez & frits, & de perfil de même.

Queuë de Mouton à la Sainte-Menehout.

Pour faire les Queuës de Mouton à la
Sainte-Menehout, il faut avoir une marmite qui soit à propos ; y mettre au fond de
bonnes bardes de lard , quelques tranches
de Veau & d'oignon. Rangez ensuite
vos Queuës de Mouton , & rachevez de
couvrir avec des tranches de Veau & du
lard ; aïant assaisonné de fines herbes & épices. Mettez votre marmite dans le four,
ou sur la braise, que le tout soit bien cuit,
mais qu'il ne se défasse pourtant pas. Il faut
aprés les tirer , les bien paner & les griller.
Etant grillées, on y fait une sausse qu'on
nomme Ramolade : elle est composée d'anchois , de câpres hachées , de persil & ciboules hachées à part. Passez cela proprement avec de bon jus, une goute d'huile,
une gousse d'ail , & assaisonnement ; & le
mettez sur vos Queuës, les aïant rangées
dans un plat : servez chaudement. Cette
même sausse sert pour plusieurs Volailles
froides, que l'on pane & passe sur le gril ;
& à beaucoup d'autres choses.

Queuë de Mouton d'autres manieres.

Vous la pouvez larder de gros lard, &

la faire cuire dans un pot à part avec eau &
un peu de vin blanc , assaisoné de sel , poivre , laurier , clous , un bouquet de fines
herbes , une tranche de citron ; qu'elle
soit de haut goût : Passez à la poële , des
capres & anchois , avec du lard , & un peu
de la sauße où elle aura cuit : & mettez cela
par-dessus en servant, avec jus de citron,ou
un filet de vinaigre à l'ail.

Une autre fois , votre Queuë de mouton
étant cuite , ôtez-en la peau ; trempez-la
dans de la pâte claire , faite avec farine,
jaunes d'œufs , sel , poivre & boüillon ; &
passez-la à la poële en bonne friture. Servez avec poivre blanc , verjus de grain &
persil frit.

Et une autre fois ; aïant ôtez la peau ,
arrosez la Queuë de Mouton , de lard fondu , & la panez jusqu'à trois fois , pour
lui faire prendre une belle croûte au four ;
aprés quoi vous la pouvez glacer , en la
frotant d'un blanc d'œuf.

MUGES,

Sont Poißons de mer & de riviere : ils
sont également bons l'un & l'autre. Faites-
les griller , aprés les avoir écaillez & incisez , & frotez de beurre fondu ; & faites
sauße avec beurre roux , farine frite , capres ,

pres , tranches de citron , un bouquet de fines herbes , poivre, fel , mufcade, & verjus ou jus d'orange.

Vous pouvez auffi les faire frire en beurre affiné , puis les mettre dans un plat , avec anchois , capres , jus d'orange , mufcade , & un peu du même beurre où ils auront cuit , aïant froté le plat d'une échalote ou gouffe d'ail.

On peut encore les mettre en Tourte , & fur tout en Pâté , comme beaucoup d'autres Poiffons.

O.

OEUFS & OMELETTES.

Rien ne fournit une plus grande diverfité , que les Oeufs ; on en fert même en gras , le tout pour hors-d'œuvres d'Entremets. En voici les principales manieres.

Oeufs à l'Orange.

Il faut foüetter des Oeufs , fuivant le plat que vous voulez faire, & en même tems y preffer le jus d'une orange , & prendre garde qu'il n'y tombe de la graine. Le tout étant bien battu , & affaifonné d'un peu de fel , prenez une cafferole : fi c'eft un jour maigre , mettez-y un peu de beurre ;

Dd

& en jour gras, un peu de jus. Versez-
y vos Oeufs, & remuez toûjours, comme si c'étoit une Crême, de-peur qu'ils ne
s'attachent au fond. Quand ils feront cuits
comme il faut, versez-les dans une assiette
ou plat ; & garnissez, si vous voulez, avec
des Oeufs frits, & servez chaudement.

Oeufs farcis.

Vous prenez & faites blanchir le cœur de
deux ou trois laituës, avec ozeille, persil,
cerfeüil, & un Champignon; hachez le tout
bien menu avec des jaunes d'Oeufs durs
assaisonnez de sel & muscade. Passez-les
ensuite avec du beurre, & les faites cuire.
Etant cuits, vous mettez de la crême naturelle, & vous en remplissez le fond de
votre plat ; & vos blancs d'Oeufs, vous
les remplissez d'une autre farce, avec de
fines herbes pour garnir le bord : vous leur
donnez couleur avec la pêle du feu.

On peut aussi frire des Oeufs farcis, aprés
les avoir trempez en pâte claire ; & les servir avec persil frit.

Oeufs à la tripe.

Coupez rien que les blancs de vos Oeufs
par morceaux, en tailladins ou en roüelles,

& les paſſez au beurre, avec perſil, & ciboule bien menus : vous les liez un peu , & les
aſſaiſonnez de ſel & muſcade ; & vous y
mettez de la crême. Les jaunes, faites-les
frire , pour garnir vôtre aſſiette.

Petits Oeufs.

Prenez un demi-ſetier de bon lait , que
vous ferez chaufer prêt à boüillir , avec un
peu de ſel & du ſucre en poudre, un morceau de canelle & de citron , & de l'eau
de fleur d'orange. Caſſez quatre ou cinq
Oeufs frais ; ôtez les blancs d'une partie ,
& les délaïez avec vôtre lait ou crême tout
chaud. Vous faites chaufer une aſſiette
ſur un réchaut ; & quand elle eſt bien chaude , vous y jettez vôtre appareil, aprés l'a-
voir paſſé à l'étamine. Vous en faites aller
par tout, en ſorte que l'aſſiete en ſoit bien
couverte : vous lui donnez couleur avec la
pêle du feu. Délaïez enſuite vos jaunes
d'Oeufs ſans blancs, & un peu de farine
pour faire le gratin , avec le reſte de vôtre
lait : remettez vôtre aſſiette ſur le feu pour
la faire chaufer , que vos Oeufs ſoient
comme une crême ; & jettez-y vos jaunes.
Poudrez de ſucre par-deſſus ; & un jus de
citron , & eau de fleur d'Orange en ſervant.

Oeufs à l'Allemande.

Vous caffez des Oeufs dans un plat, comme au Miroir ; vous y mettez un peu de boüillon de purée, & vous caffez deux ou trois jaunes d'Oeuf avec un peu de lait, que vous pafferez par l'étamine : vous ôtez le boüillon où ont cuit vos Oeufs ; vous y mettez vos jaunes par-deffus, avec du fromage râpé, & vous leur donnez couleur.

Oeufs à la Bourguignonne.

Prenez un morceau de betterave qui ne fente pas le terroir ; pilez-la bien, avec un morceau de citron, un peu de macarons, du fucre & de la canelle concaffée : prenez quatre ou cinq Oeuf, dont vous ôterez les germes, & broüillez bien le tout enfemble, & le paffez par l'étamine avec un peu de lait & de fel ; & vous le ferez cuire comme des Oeufs au lait, de belle couleur.

Oeufs fricaffez en oreille de Cochon.

Vous n'y mettez point le jaune ; il vous fert à frire, pour garnir avec de la moutarde, fi vous voulez, & jus de citron en fervant.

Oeufs au pain.

Mettez tremper de la mie de pain dans du lait, pendant deux ou trois heures, afin qu'il soit bien trempé. Vous le passez à l'étamine, ou dans une passoire bien fine. Vous y mettez un peu de sel & du sucre, un peu d'écorce de citron confite hachée bien menu, un peu d'orange verte râpée, & eau de fleur d'orange. Frotez un plat d'argent de beurre un peu chaud, mettez vos Oeufs dedans, avec du feu dessus & dessous, qu'ils prennent belle couleur, & servez proprement.

Oeufs à la Suisse.

On les met comme au miroir; & les aïant panez de mie de pain, & poudrez de hachis de Brochet & de fromage râpé, on leur fait prendre belle couleur.

Oeufs au jus, ou à la Huguenote.

Mettez jus de Mouton ou autre, sur une assiette creuse; & étant chaud, cassez-y vos Oeufs, ou au miroir, ou brouillez : assaisonnez de sel, muscade, jus de citron; & passez la pêle rouge par-dessus pour leur donner couleur.

Oeufs à la Portugaife.

Il faut faire fondre du fucre avec de l'eau
de fleur d'orange, deux jus de citron, &
un peu de fel ; mettez-le enfuite fur le feu
avec vos jaunes d'Oeufs, & les remuez avec
une cuillere d'argent : lorfque les Oeufs
quitteront le plat, ils feront cuits. Etant
froids, dreffez-les en piramide, & garniffez d'écorce de citron & maffepain.

On peut auffi les fervir chauds, les dreffant dans fon plat ; & les glacer avec fucre
& la pêle rouge.

D'autres fois, vous les pouvez mêler
dans le mortier, avec de la gelée de gro-
feille, ou du jus de poirée cuit en fucre,
& les paffer à la feringue, ou dans une toile
de crin, pour les fervir fecs, en rocher verd
ou rouge.

Oeufs aux Piftaches.

Pilez des Piftaches & un morceau d'é-
corce de citron confite : faites cuire vôtre
fucre avec du jus de citron ; & quand le firop fera à moitié fait, mettez-y les Piftaches avec les jaunes d'Oeufs : remuez comme ci-deffus, jufqu'à ce qu'ils quittent le
poëlon, & fervez avec eau de fenteur.

Oeufs à l'eau de fleur d'orange.

Mettez fucre & eau de fleur d'orange
dans un plat ou poëlon, avec de la crême
naturelle, de l'écorce de citron confite râpée, & un peu de fel ; puis mettez-y hûit
ou dix jaunes d'Oeufs, & remuez comme
des Oeufs broüillez.

Oeufs en filets.

Vous faites du firop du fucre pur avec du
vin blanc, & étant plus de moitié fait,
vous y battez vos œufs, & les paffez dans
une écumoire plate, afin que les filets fe
faffent bien : faites-les fecher devant le feu,
& les fervez mufquez, ou autre fenteur.

Oeufs à l'Italienne.

Faites un firop avec fucre & un peu d'eau:
étant plus qu'à demi-cuit, prenez des jaunes d'Oeufs dans une cuillere d'argent,
l'un aprés l'autre, & les tenez dans ce firop pour les cuire. Vous en ferez ainfi tant
qu'il vous plaira ; tenant toûjours vôtre
fucre bien chaud ; & vous les fervirez garnis & couverts de Piftaches, tranches d'é-
corce de citron, fleurs d'orange que vous

D d iiij

aurez passées dans le reste de vôtre sirop,
avec jus de citron par-dessus.

Oeufs à l'eau-rose.

Détrempez vos jaunes d'Oeufs avec eau-
rose, écorce de citron, macarons, sel, canelle pilée, & les faites cuire à petit feu
dans une tourtiere, avec beurre affiné.
Etant cuits, glacez-les avec sucre & eau-
rose, ou de fleur d'orange ; & mettez
jus de citron & grains de grenade en servant.

Oeufs au jus d'ozeille.

Pochez des Oeufs dans l'eau boüillante ;
pillez de l'ozeille, & mettez-en le jus dans
un plat. avec beurre, deux ou trois Oeufs
cruds, sel & muscade, & mettez cette sausse
liée sur vos Oeufs en servant.

Oeufs au verjus.

Délaïez vos Oeufs avec verjus de grain,
assaisonnez de sel & muscade, & faites-les
cuire avec un peu de beurre : garnissez de
pain frit, ou pâte frite.

Oeufs à la crême.

Vos Oeufs étant cuits tous entiers dans une casserole avec beurre, détachez-les, & les dressez sur une assiette ; puis mettez crême naturelle, & un peu de sel & de sucre, & les sevez chauds, avec grains de grenade, ou autre garniture.

Salade d'Oeufs.

On la fait avec anchois, capres, fenoüil, laituës, betteraves, pourpier & cerfeüil, le tout chacun en son particulier, & bien assaisonné.

Il y a encore beaucoup d'autres sortes d'Oeufs qu'il suffira de specifier ; comme Oeufs à la ciboulette & autres fines herbes.

Oeufs pochez, à la sausse-robert.

Oeufs au lait.

Oeufs au miroir.

Oeufs à la sausse verte, tout entiers.

Oeufs en hachis, passez avec fines herbes, & garnis de petites boulettes d'Oeufs frites.

Oeufs au fromage râpé.

Oeufs frits empâtez.

Oeufs au beurre roux à la poële,

Oeufs pochez à l'eau , au beurre lié.
Oeufs pochez au sucre.
Oeufs aux anchois.
Oeufs à l'ozeille , &c.

Oeufs falsifiez , ou artificiels.

En Carême , & principalement le jour du
Vendredi-Saint , on peut servir des Oeufs
falsifiez de plusieurs façons. Pour cela
prenez deux pintes de lait , & faites-le
cuire dans une terrine ou poëlon d'argent,
remüant toûjours avec une cuillere de
bois , jusqu'à ce qu'il soit reduit à une
chopine. Tirez-en la troisiéme partie dans
un plat à part , & remettez-le sur le feu,
avec de la crême de ris , & un peu de sa-
fran. Etant épaissi & un peu ferme , faites-
en comme des jaunes d'Oeufs , que vous
maintiendrez toûjours tiedes. Du reste du
lait , remplissez-en des coquilles d'Oeufs,
que vous aurez ouverts, aprés les avoir lavées & les couronnes aussi ; & pour servir,
mettez-y les jaunes d'Oeufs que vous aurez
faits , & par-dessus un peu de crême d'a-
mande , ou de crême de lait sans cuire , &
eau de fleur d'orange. Servez sur une serviette fressée : ce sera des *Oeufs molets ar-*
tificiels.

Pour les autres sortes, mêlez d'abord avec

vôtre lait , de la fleur de farine ou amidon ,
& faites-en comme une crême pâticiere
fans Oeufs , affaifonnée de fel. Etant cuite,
prenez-en de même une partie pour faire
les jaunes, y ajoûtant du fafran ; & mettez
ces jaunes dans des demi-coquilles d'Oeufs
lavées & moüillées avec eau ou vin blanc.
Du refte , rempliffez-en des coquilles entieres ; & votre crême s'y étant refroidie,
vous tirerez ces blancs & ces jaunes de
leurs coquilles, pour en faire telle forte
d'Oeufs artificiels que vous voudrez. Par
exemple.

Pour des *Oeufs farcis* ; aprés avoir ôté la
coquille , fendez les blancs , & creufez chaque moitié avec une cuillere d'argent,
pour les remplir d'une farce telle qu'on a
vû ci-devant ; les dreffant de même, garnis
de jaunes artificiels , que vous aurez farinez & frits.

Pour des *Oeufs à la tripe* ; aprés les avoir
fendu & vuidé de même , rempliffez-les
des jaunes , & les coupez encore en quartiers ; puis vous les farinerez & frirez en
grande friture. Les aïant dreffé fur une affiette , vous y ferez une fauffe avec beurre
roux , fines herbes , champignons cuits &
hachez , fel , poivre , mufcade & vinaigre
rofat ; & garnirez de pain frit , perfil &
champignons frits.

Pour des *Oeufs au lait* ; prenez du lait cuit & de la crême d'amande, & délaïez-y de la marmelade d'abricots : mettez le tout avec beurre dans une assiette sur petit feu, & ensuite la composition de vos Oeufs; & couvrez-les d'un couvercle de tourtiere avec feu, pour lui faire prendre couleur, comme à un flan de lait. Servez avec fleur d'orange & sucre.

Les *Oeufs au miroir* se font de cette maniere. Remplissez de vôtre crême le fond d'une assiette, & la faites cuire avec beurre, couverte d'un couvercle de tourtiere avec feu. Quand vous verrez qu'elles s'affermira, ôtez-la du feu ; faites dix ou douze places avec une cuillere, & remplissez-les des jaunes artificiels ; ensuite faites sausse avec beurre lié, fines herbes bien menuës, sel, poivre, muscade, & un filet de vinaigre, ou sans cela ; & quand vous voudrez servir, mettez-la sur vos Oeufs tout chaud : & ainsi de beaucoup d'autres manieres.

Omelette au sucre.

Foüettez vos Oeufs ; aprés hachez-y de l'écorce de citron bien menu : il y faut mettre un peu de crême de lait, & du sel. Le tout bien battu ensemble, faites vôtre Omelette. Avant que de la verser sur son plat, il

la faut fucrer dans la même poële ; & la
tourner en la dreffant , du côté qu'elle fera
colorée : il faut avoir renverfé l'affiette fur
laquelle vous la mettrez. Enfuite poudrez
la de fucre & d'écorce de citron hachée &
confite ; & tout d'un tems , glacez-la avec
la pêle du feu bien rouge : étant glacée fervez chaudement.

Omelettes de fèves vertes , & autres chofes, à la crême.

Il faut prendre les fèves, en ôter la peau,
& les fortir de l'écorce , & les paffer enfuite avec un peu de bon beurre , un brin
de perfil & de ciboule. Aprés il faut y
mettre un peu de crême de lait, l'affaifonner doucement , & les faire cuire à petit
feu. Formez une Omelette avec des Oeufs
frais, où il y entre de la crême, & falez-la
à difcretion. Etant faite, dreffez-la fur fon
plat ; liez les fèves avec un ou deux jaunes
d'Oeufs,& verfez-les fur l'Omelette qu'elles tiennent jufques fur le bord ; & fervez
chaudement.

On peut faire de pareilles Omelettes ,
Des Champignons à la crême.
Des Moufferons & Morilles à la crême.
Des petits Pois à la crême.
Des pointes d'Afperges à la crême.

Des cus d'Artichaux à la crême.

Il faut que le tout foit coupé par petites tranches. On en peut faire auffi,

Des Truffles blanches à la crême.

Des Truffles noires de même.

Des Epinars à la crême.

De l'Ozeille à la crême , &c.

De telle maniere que ce que l'on vient de dire vous fervira pour mafquer une infinité d'omelettes ; & auffi ces petites fauffes à la crême vous peuvent fervir pour affiette ou plat , les garniffant de petites garnitures; comme artichaux frits , rôties de pain, fleurons , feüillantine , cus d'artichaux frits en pâte , & autre femblable que l'on jugera à propos , le tout chaudement.

Pour faire une Omelette de Jambon.

Faites un hachis de bon Jambon cuit , & que dans le même hachis il y entre un peu de Jambon crud. Vôtre Omelette étant formée & dreffée dans fon plat, vous la mafquerez de ce hachis de Jambon , de même que celle ci-deffus. On fait encore pareille chofe pour des langues de Bœuf cuites.

Autre Omelette farcie.

Prenez un eſtomac de Poule rôtie, ou
autre volaille, & coupez-le en dez, des
champignons en dez, du jambon cuit en
dez, des foies gras, des truffles, & autres
garnitures, le tout paſſé en ragoût & cuit.
Formez l'Omelette ; & avant que de la
dreſſer ſur ſon plat, mettez tout contre une
mie de pain, ou de la croûte; après verſez
dans la même poële vôtre ragoût, & dreſſez vôtre Omelette ſur ſon plat avec adreſſe.
En ſervant, arroſez-la d'un peu de jus,
& ſervez chaudement. On peut farcir des
Omelettes de toute ſorte de ragoût, ſans
qu'il ſoit neceſſaire d'en dire ici davantage ;
comme roignons de Veau cuits, foies de
Lapin ou de Levraux, ris de-Veau, foies-
gras, &c. auſſi-bien qu'en maigre, d'une
farce de Poiſſons, de laites de Carpes, &
farce d'herbes bien nourrie.

Omelette nouvelle.

Faites une bonne farce de blanc de Chapon, de Poulet, & de Perdrix ; de foies-
gras, de crême douce, & de cervelats
hachez par morceaux, avec deux ou trois
jaunes d'Oeufs durs effraiſez : aſſaiſonnez

le tout de sel , poivre & clou battu ; cassez vos Oeufs dans un plat , jettez-y un peu de sel , & de la canelle en poudre ; battez bien le tout , faites fondre d'excellent beurre frais , jettez-y vos Oeufs & vôtre farce au milieu ; étant cuite servez , avec jus de citron & persil haché.

O I L.

L'Oil est un grand Potage que l'on peut servir en maigre , aussi-bien qu'en gras. Voici premierement pour ce dernier.

Oil en gras.

Prenez toute sorte de bonnes viandes ; sçavoir , Bœuf de cimier , roüelle de Veau, morceau d'éclanche , Canard , Perdrix , Pigeons, Poulets , Cailles , un morceau de Jambon crud , des Saucisses & un Cervelat : le tout passé au roux, vous l'empotez, chaque chose suivant ce qu'il faut de tems pour cuire , & vous faites une liaison de vôtre roux que vous mettez ensemble. Aprés l'avoir bien écumé , vous l'assaisonnez de sel, clous , poivre , muscade , coriandre , gingenbre , le tout bien pilé avec thim & basilic , envelopé dans un linge. Ensuite on y ajoûte toute sorte d'herbages & racines

nes bien blanchies, felon qu'on juge à propos, comme oignons, porreaux, carotes,
panais, racines de perfil, choux, navets,
& autres par paquets. Il faut avoir des cuvettes, marmites d'argent, ou autre baffin
propre à cela ; & vôtre potage étant bien
confommé, vous rompez des croûtes par
morceaux & les faites mittonner du même
boüillon bien dégraiffé & de bon goût.
Etant mitonné, avant que de fervir, vous y
mettez encore beaucoup de boüillon, toûjours bien dégraiffé ; vous dreffez vos volailles & autres viandes, & vous garniffez
des racines fi vous n'avez qu'un baffin : finon vous fervez fans racines, mettant là cuvette fur un plat d'argent, & une cuillere à
pot d'argent, dedans, avec laquelle chacun puife de la foupe quand l'Oil eft fur la
table.

Voïez parmi les Potages une autre maniere d'Oil aux ramereaux & autres volailles.

Pour l'Oil maigre.

Prenez de bon boüillon de purée ou
moitié poiffon : emporez-y toutes les racines ci-deffus, & faites-les cuire bien à
propos. Dreffez vôtre Oil, un pain de
profitrolle au milieu, & garniffez des racines.

E e

On peut aussi servir un Oil de racines
& autres legumes à l'huile pour le Vendredi-Saint.

OLIVES,

Sont des fruits dont la Provence est fort
abondante ; on nous les apporte confites
en eau & en sel. Elles servent ordinairement
en salade.

On fait aussi des Entrées de Poulardes ,
Becasses , Perdrix & autres gibiers aux
olives. Les unes & les autres se font de la
même maniere ; ainsi il suffira d'en expliquer une pour donner à connoître tout ce
qui regarde les autres.

Entrée de Poularde aux olives.

Il faut avoir des Poulardes bien tendres,
bien retroussées , & les faire rôtir, une
bonne barde de lard sur l'estomac. Durant
qu'elles cuisent, faites le ragoût, composé d'un petit brin de persil & de ciboule
haché, & passé avec un peu de lard & de
farine. Etant passé mettez-y deux cuillerées de jus , & un verre de vin de Champagne , des capres hachées , un anchois,
des olives , une goute d'huile d'olive , un
bouquet de fines herbes : Pour lier la sausse,

ajoûtez y du bon coulis, le tout bien affaifonné & bien dégraiffé. Prenez les Poulardes rôties ; & aïant coupé les jambes à
la jointure, & ficelé aux aîles, aux cuiffes
& à l'eftomac, écrafez-les un peu, & les
mettez enfuite dans la fauffe. Un peu auparavant que de fervir, dreffez les Poulardes dans un plat, le ragoût par-deffus,
preffez y un jus d'orange, & fervez chaudement.

OREILLES.

Oreilles de Veau farcies.

On fert en Entremets des Oreilles de
veau farcies. Pour cela prenez les Oreilles
entiers, échaudez-les bien, & les faites
blanchir un peu. Il faut faire une bonne farce qui foit bien liée, en farcir le dedans des
Oreilles, & les coudre tout autour proprement. On les fait cuire comme les pieds
de cochon à la Sainte-Menehout. Étant
cuites déficelez-les proprement, que la farce ne forte, & les roulez dans des œufs
foüettez legerement : panez-les en même
tems, & faites-les frire dans du fain-doux,
comme les croquets ; garniffez de perfil frit.

Oreilles de porc.

Vous les pouvez servir à la sauſſe Robert, les aïant coupées par tranches & paſſées à la poële, avec un peu de beurre. Fricaſſez dans le même beurre de la ciboule bien menuë, aſſaiſonnée de ſel, poivre, muſca-de, vinaigre, capres & un peu de boüil-lon; & quand vous voudrez ſervir, ajoû-tez-y de la moutarde. Les mêmes tranches vous les pouvez empâter & frire, & les ſer-vir avec poivre blanc & jus de citron.

P.

P A I N.

ON fait diverſes Entrées qu'on appelle Pains, ainſi qu'on a déja vû pour le Pain au Jambon, lettre I. On ſert entr'au-tres des Pains de Perdrix, des Pains au Veau, & le Pain d'Eſpagne. Voici la ma-niere de les faire.

Entrée de Pain de Perdrix.

Il faut avoir des Perdrix rôties, & pren-dre la chair de quelque Chapon ou Poulet avec du lard blanchi, de la graiſſe blan-

chie , des champignons & morilles hachées,quelques truffles & cus d'Artichaux,
de fines herbes , une gouffe d'ail , le tout
bien affaifonné & bien haché ; & pour le
lier , ajoûtez-y une mie de pain trempée
dans de bon jus , & quelques jaunes d'œufs.
Il faut avoir du papier , & former deffus
des Pains de Perdrix qui foient ronds, de la
groffeur d'un œuf , & éloignez les uns des
autres ; il faut tremper la pointe de vôtre
coûteau dans de l'œuf battu , pour les pouvoir former , & les paner proprement. Ils
peuvent auffi vous fervir pour garnir d'autres plus grandes Entrées.

Pour faire un Pain de Veau.

Prenez de la roüelle de Veau,& coupez-
la par tranches bien minces,que vous batrez
avec le dos d'un coûteau.Vous en prendrez
à proportion du plat que vous voulez faire.
Aprés il faut prendre d'autre Roüelle de
Veau , & la bien hacher avec du lard blanchi, de la graiffe blanchie,du Jambon cuit,
toute forte de fines herbes , la chair d'un
eftomac de chapon & perdix ; un peu de
truffles hachées , & de champignons &
moufferons auffi hachez ; tout cela bien
affaifonné, de toutes fortes de fines épices,
& mêlé d'un peu de crême de lait. Il

faut avoir une caſſerole ronde , y arranger
des bardes de lard , y mettre la moitié
des tranches de veau battuës , & enſuite la
farce. Il faut achever de couvrir au-deſſus
de la même maniere que deſſous , en ſorte
que la farce ſoit bien enfermée. Enſuite mettez à la braiſe bien couvert , feu deſſus &
deſſous , & le faites bien cuire. On peut
mettre dans la Farce une petite pointe d'ail.
Il faut ſervir chaudement , aïant bien de-
graiſſé , & dreſſé vôtre plat proprement &
avec adreſſe.

On peut ſervir ce Pain de veau , aux
pois & aux aſperges , quand c'en eſt la
ſaiſon.

Pour faire un Pain d'Eſpagne.

Il faut prendre des eſtomacs de Perdrix
rôties , les bien hacher , & une poignée de
Piſtaches bien échaudées , avec un peu de
coriandre en poudre , le tout bien pilé dans
le mortier. On y met trois ou quatre jaunes
d'œufs , ſuivant vôtre plat , un peu d'écorce de citron, & de bon jus de veau ; le tout
bien délaïé dans le mortier , & paſſé dans
l'étamine comme ſi c'étoit de la crême à
l'Italienne. Etant bien paſſé , il faut ranger
ſon plat dans le four , & verſer le tout dans
le plat , feu deſſus & deſſous , juſqu'à ce

qu'il foit bien pris. Il faut le faire porter fur
table par une perfonne adroite , de-peur
qu'il ne fe rompe en s'ébranlant : fervez
chaudement.

Autre Entrée d'un Pain farci.

On fait une autre Entrée d'un Pain farci de ris-de-veau, cus d'artichaux, truffles &
jambon paffez en ragoût , avec une liaifon
blanche de veau rôti , & jus de citton ; &
vous faites bien mitonner vôtre Pain pendant un quart d'heure avec de bon boüillon. Vous fervez avec jus de Mouton , un
peu de liaifon , & jus de citron en fervant.

Voïez ci-aprés parmi les Potages , les
Pains de Profitrolle , & croûtes farcies de
plufieurs fortes tant en gras qu'en maigre,
dont on peut auffi faire autant d'Entrées
dans des Ordinaires mediocres .

PATEZ.

Il y en a de plufieurs fortes , tant en gras
qu'en maigre ; les uns fe fervent froids pour
Entremets , & les autres chauds pour Entrées. Voici la maniere de preparer la pâte.

Pâte bise, pour les Pâtez de Jambon,
& grosse venaison.

Prenez un boisseau de farine de seigle,
pêtrissez-la avec de l'eau un peu chaude ;
mettez-y un peu de sel menu, & demi-
livre de beurre frais ; faites vôtre Pâte un
peu ferme, & formez vôtre abaisse avec le
rouleau de l'épaisseur d'un bon poûce.

Pâte blanche pour les gros Pâtez qui se
mangent froids.

Mettez un demi-boisseau de fleur de farine de froment sur une table bien nette ;
faites une fosse dans le milieu, & mettez-y
deux livres de beurre frais & trois onces de
sel bien menu, & un demi-setier ou environ d'eau tiede ; maniez le tout ensemble &
en formez vôtre Pâte ; si elle est trop forte,
vous y ajoûterez encore un peu d'eau pour
la rendre plus maniable ; ensuite formez-
en vôtre abaisse avec le rouleau. On doit
y mettre plus de beurre en Hiver qu'en
Eté, parce que le froid la rend plus seche
& plus difficile à manier.

Si vous la voulez rendre plus fine, vous
y mettrez trois livres de beurre, & obser-
verez la même chose comme ci-dessus.

Pâte

Pâte feüilletée.

Mettez trois livres de fleur de farine fur vôtre table, faites vôtre Pâte avec de l'eau tiede, mettez-y un peu de fel menu, & fi vous voulez quelques jaunes d'œufs ; pêtriffez-la & la rendez maniable, enfuite faites-en une abaiffe avec vôtre rouleau à l'épaiffeur d'un poûce : vous la couvrez enfuite de deux livres & demi de bon beurre frais, & renverfez l'un des bouts fur l'autre, de telle maniere que le beurre foit en dedans ; vous la détendrez une feconde fois avec le rouleau en la poudrant de farine deffus & deffous, pour qu'elle ne tienne pas à la table : la replier & la détendre de rechef, continuant ainfi jufqu'à cinq ou fix fois. Elle eft bonne à faire des Pâtez d'affiette, de veau, de pigeonneaux, de beatilles, & autres à manger chaud ; elle peut auffi fervir à faire des Tourtes de confitures, & autres pieces de four.

Pâté chaud de Perdrix, Becaffes, &c.

Il faut avoir deux Perdrix & deux Becaffes ; les Perdrix, les bien vuider & garder le foie; retrouffer les unes & les autres proprement, & les battre fur l'eftomac avec

un rouleau : enfuite les piquer à gros lardons de lard & jambon affaifonnez de poivre & fel. Les aïant piquées, fendez-les par
le dos : faites farce d'un morceau de veau
gros comme un œuf, bien tendre, avec du
lard crud, un peu de moëlle, du perfil &
de fines herbes, un peu de truffles & champignons hachez, & quelques peu de graiffe
de veau. Le tout étant bien haché & affaifonné, liez-le avec un jaune d'œuf, &
farciffez avec cela vos quatre pieces par le
dos. Il faut encore hacher & piler du lard;
prendre les deux foies de Perdrix, & les
piler tout enfemble, & affaifonner cela de
fines épiceries. Faire une Pâte compofée
d'un œuf, de bon beurre & farine, & peu
de fel. Formez deux abaiffes, jettez-en
une fur du papier beurré ; prenez du lard
pilé dans le mortier, & l'étendez proprement fur l'abaiffe. Affaifonnez vos Perdrix
& Becaffes, & rangez les rondement : il
faut leur avoir caffé tous les os. Mettez-y
quelques truffles & champignons, une feüille de laurier, le tout bien couvert de bardes
de lard. Enfoncez votre autre abaiffe
rondement ; fermez bien les bords tout au
tour, dorez vôtre Pâté & le mettez au
four, prenant garde au feu. Etant cuit, tirez-
le & ôtez le papier de deffous, aïez un bon
coulis de Perdrix, quelque ris-de-veau,

champignons & truffles ; coupez le couvercle du Pâté , levez toutes les bardes
de lard , dégraissez - le bien , pressez un
jus de citron ; & quand il faudra servir,
jettez le tout dans le Pâté bien chaudement,
couvrez-le & le servez en même tems pour
Entrée.

Les Pâtez chauds de Poulets , Pigeons ,
Alloüettes, Cailles, Grives, & autres, semblables , se font de la même maniere.

Voïez ci-devant le Pâté chaud de Faisans , lettre F. qui est une maniere de
Godiveau.

Pâté de gros Pigeons ou Dindons.

Il faut prendre de gros Pigeons , les vuider & retrousser, & les battre sur l'estomac pour en casser les os. Lardez-les ensuite
à gros lard bien assaisonné. Prenez les foies
& du lard crud , du persil , de la ciboule,
de fines herbes , le tout bien haché & bien
assaisonné , avec quelques truffles , champignons & moëlle ; pilez le tout ensemble
dans le mortier : farcissez vos Pigeons ou
Dindons dans le corps , & gardez un peu
de la farce pour mettre dessous. Il faut faire
une bonne pâte, dresser vôtre Pâté, mettre
la farce dessus l'abaisse , ensuite les Pigeons
bien arrangez & bien assaisonnez : mettez-

y une feüille de laurier, couvrez de bardes
de lard, & enfuite de l'autre abaiſſe. Vôtre Pâté étant cuit, il le faut dégraiſſer,
& y mettre un bon ragoût de ris-de-veau,
champignons, crêtes, &c. ſelon la commodité, & ſuivant la ſaiſon : ſervez chaudement encore pour Entrée.

Pâté de Poulets à la crême.

Vôtre Pâté étant dreſſé, mettez-y vos
Poulets par quartiers, aſſaiſonnez de ſel,
poivre, muſcade, canelle, lard fondu ou
pilé, & fines herbes : couvrez-le d'une
autre abaiſſe de même pâte, & étant cuit,
mettez-y de la crême & le laiſſez encore
quelques momens dans le four : ajoûtez-
y jus de champignons, & ſervez chaudement.

Pâté de Chapon deſoſſé.

Vous le farciſſez d'une farce faite avec ſa
chair, roüelle de veau, moëlle ou graiſſe
de bœuf, & lard, aſſaiſonnée de ſel, muſcade, poivre, clous & fines herbes, avec
ris-de-veau, truffles & champignons. Enſuite vous le dreſſez avec bardes en pâte
fine que vous dorez, & faites cuire environ deux heures. En ſervant mettez-y jus
de citron.

Pâté de Canards.

Caſſez-en l'eſtomac, & les lardez de moïen lard ; dreſſez-les enſuite comme les autres ci-devant ; & garniſſez de champignons, foies gras, truffles & aſſaiſonnemens neceſſaires. Aïant cuit deux heures, mettez-y jus d'échalote ou d'ail, & d'orange en ſervant.

Pâté à l'Allemande.

Vous le faites d'agneau en quartiers que vous lardez de moïen lard, & les mettez dans un Pâté dreſſé de pâte à demi fine : aſſaiſonnez de ſel, poivre, muſcade, clous, laurier, lard pilé, fines herbes & ciboule. Couvrez-le d'une abaiſſe de la même pâte, & faites-le cuire trois heures : ſur la fin paſſez huîtres par la poële avec lard fondu, farine frite, câpres, olives doſoſſées, jus de citron, de champignons & mouton, & mettez le tout dans vôtre Pâté avec l'eau des huîtres.

Pâté de Godiveau.

Faites un bon Godiveau avec roüelle de veau, moëlle ou graiſſe de bœuf,

& un peu de lard ; affaifonnez de fel,
poivre , clous , mufcade , fines herbes &
ciboules : dreffez vôtre Pâté en abaiffe
fine en la forme que vous voudrez , ronde
ou ovale , & de trois ou quatre doigts de
hauteur : garniffez-le de champignons,
ris-de-veau , cus d'artichaux , morilles &
andoüillettes à l'ouverture du milieu , & en
fervant verfez-y une fauffe blanche.

Les Pâtez d'affiette qui fe façonnent en
rond fe font de même , lorfqu'on les couvre entierement . & on fait un petit dôme
au milieu ; on les dore , & il ne faut qu'u-
ne petite heure pour les cuire

Pâté de Roüelle de Veau.

Vous la coupez par morceaux que vous
lardez de gros lard ; & l'aïant dreffée dans
un bon Godiveau , vous le rempliffez de
pointes d'afperges , champignons , ris-de-
veau , & cus d'artichaux ; étant prêt à fervir, vous y mettez une petite liaifon & jus
de citron ; & le garniffez de fa même croûte auffi-bien que les autres.

Pâté de Sang pour Entrée.

Dans les jours que l'on tuë des dindons ,
poulardes , & autres volailles , il faut en

conferver le fang la quantité feulement
d'un grand verre. Il faut le mettre dans une
terrine, & avoir quelques filets de liévre &
de veau. Piquez ces filets de jambon & de
lard à gros lardons, & les mettez tremper
dans le fang, les affaifonnant un peu. Pour
faire le Godiveau, il faut avoir de la chair
de Poulet, de la chair de Perdrix, quelque
bon morceau de cuiffe de veau, du lard &
de la moëlle, & un peu de graiffe, du
perfil & de la ciboule, une pointe d'ail, des
truffles hachées, le tout bien affaifonné,
bien nourri & bien haché. Mettez le fang
dans cette farce & la délaïez avec. Faites
deux pâtes ; une pâte ordinaire, mais beaucoup, & peu de l'autre compofée d'œufs,
de beurre, fel & farine, & point d'eau, le
tout bien manié. Il faut faire deux abaiffes
de la pâte ordinaire, & deux petites abaiffes de la pâte fine. Mettez la grande abaiffe
fur du papier & la petite par-deffus. Prenez
la moitié du Godiveau & l'étendez proprement deffus les deux abaiffes : Rangez enfuite vos filets, & achevez de mettre vôtre
farce que vous couvrirez de bardes de lard,
& aprés de la petite abaiffe par-deffus rondement, moüillant un peu la grande abaiffe
tout autour. Mettez enfuite l'autre abaiffe,
façonnez vôtre Pâté, dorez-le d'un œuf,
& le mettez cuire au four le foir à huit ou

dix heures. Il l'y faut laiſſer toute la nuit
juſqu'au lendemain matin à la même heure;
prendre garde du four trop chaud , & ſervir chaudement , y aïant fait un coulis de
perdrix. La viande & la pâte qui ſont dedans, ſe doivent manger avec la fourchette.

Pâté à la Ciboulette.

Pour la farce ou Godiveau , il faut
avoir un morceau de tranches de Bœuf,
ou de Veau bien tendre, avec de la graiſſe de Bœuf cruë & blanchie, du perſil
& beaucoup de ciboule ; hachez-le tout
enſemble proprement , & qu'il ſoit bien
nourri , & bien aſſaiſonné de toute ſorte
de fines épices. On y met un peu de moëlle de Bœuf, & de la mie de pain trempée
dans du jus, quelques morceaux de truffles
& champignons hachez. La farce étant
faite, faites deux abaiſſes de bonne pâte ;
celle de deſſus aſſez mince , & celle de
deſſous plus forte. Dreſſez le Pâté de la
hauteur de trois ou quatre doigts ſur du
papier , & mettez la farce dedans, le tout
bien aſſaiſonné & bien rangé. Couvrez le
deſſus de quelques bardes de lard & tranches de citron ; mettez enſuite l'autre abaiſſe, & l'aïant façonné proprement, mettez-
le cuire au four. Etant cuit , on y peut

mettre un bon coulis au blanc , ou de Perdrix , & servir chaudement.

Pâté a l'Angloise.

Il faut prendre de la chair de liévre,& de
la cuisse de Veau bien tendre,selon la grosseur de votre Pâté. Hachez le tout sur la
table avec du bon lard crud , de la moëlle,
un peu de graisse de Veau , de l'écorce de
citron confite , du sucre, de la canelle en
poudre, un peu de coriandre ; le tout bien
haché , bien nourri & bien assaisonné de
toute sorte d'épices douces, & lié de quatre ou cinq jaunes d'œufs. Il faut avoir
une pâte bien faite , la dresser d'une belle
hauteur , mettre votre farce dedans , quelques tranches de citron & bardes de lard ,
& couvrir de l'autre abaisse. Faites cuire
votre Pâté ; étant cuit , faites une sausse
composée de deux bons verres de vinaigre ,
un peu de sucre, du clou de girofle & de
la canelle en bâton. Faites boüillir le tout
ensemble, que la sausse soit presque cuite :
si votre Pâté est gros , il en faut à propor-
tion.Découvrez le Pâté, dégraissez-le bien,
& y versez la sausse. Faites une belle dé-
coupure à fleur séche dessus , si vous voulez, & servez chaudement pour Entrée.

Pâté de Poisson.

Pour faire un Pâté de Poisson au maigre, faites un Godiveau de même maniere que la farce de Poissons qu'on a vû lettre F. hors les jaunes d'œufs , & l'omelette que vous en pouvez exclure. Du reste , hachez des champignons & truffles tout de même. Ce Godiveau vous servira comme si c'étoit pour un Pâté de Godiveau au gras. Aprés avoir fait sa pâte & dressé le Pâté , on met dedans la moitié de ce Godiveau , & en même tems toute sorte de garnitures au maigre , truffles , champignons, andoüillettes , cus d'artichaux & filets de poisson crud coupez par petits morceaux : achevez de mettre le Godiveau par-dessus , le tout bien assaisonné , fermez votre Pâte , & le faites cuire. On y peut faire sur la fin un blanc ou coulis de champignons, ou quelqu'autre ragoût ; & sur tout servez chaudement.

La Table vous indiquera quelques autres Pâtez de Poissons particuliers qui ont été décrits à l'occasion de ces mêmes Poissons : Voici ceux qui restent.

Pâté de Carpes.

Il faut écailler la Carpe & la larder de lardons d'anguille; affaisonnez de bon beurre, sel, poivre, clous, muscade, laurier & huîtres, & dreffez votre Pâté de la longueur de la carpe en pâte fine : couvrez-le, & le faites cuire à petit feu ; & étant cuit à demi, mettez-y un demi verre de vin blanc.

Vous la pouvez auffi farcir comme il a été dit lettre C. avec laites de carpes, huîtres, champignons, cus d'artichaux, & fervir avec jus de citron : ou bien la mettre en filets comme aux Pâtez ci-devant. De même que les Poiffons fuivans & autres.

Pâté de Turbot.

On le dreffe dans un baffin rond, ou ovale, ou en deux abaiffes de pâte à l'ordinaire ; après l'avoir bien écaillé & lavé, coupez la queuë & la tête, & ôtez les foies : affaifonnez de fel, poivre, clous, muscade, ciboulette, fines herbes, champignons ou morilles, & bon beurre, & le couvrez de fon abaiffe : étant à demi cuit, mettez-y un verre de vin blanc, & fervez avec jus de citron ou verjus de grain.

Pâté de Rougets.

Vous le dreſſez comme celui de Turbot en pâte fine, l'aſſaiſonez & garniſſez de même, y ajoûtant des pattes d'Ecrevices ſi vous en avez. Etant à demi cuit, paſ-ſez les foies par la poële avec beurre roux, & enſuite pilez-les & les paſſez par l'étami-ne avec demi verre de vin blanc, que vous mettrez dans le Pâté, & jus de citron en ſervant.

Pâté de Truite.

On peut larder la Truite d'Anguille, aprés l'avoir écaillée & inciſée, puis la mettre en Pâté dreſſé à l'ordinaire, aſſaiſonné de ſel, poivre, muſcade, clous, laurier, beurre, fines herbes, & enrichi de cham-pignons, cus d'artichaux, capres, huîtres, laitances, & jus de citron en ſervant.

Pâté de Soles.

Vos Soles étant bien écaillées & lavées, mettez-les en pâte fine, aſſaiſonnées de ſel, poivre, muſcade, fines herbes bien me-nuës, ciboules, champignons, truffles, morilles ou mouſſerons, huîtres fraîches,

& force beurre ; & étant cuit, fervez avec
jus de citron.

Pâté de Thon.

Coupez-le par roüelles , & le dreffez à
l'ordinaire en pâte fine , enrichi d'huîtres ,
cus d'artichaux , fines herbes , ciboule ,
beurre , fel , poivre , mufcade , laurier,
avec une ou deux tranches de citron verd.
Faites-le cuire à petit feu , & mettez-y jus
de citron ou un filet de vinaigre en fervant.

Pâté de Lamproies à l'Angloife.

Limonez vos Lamproies & gardez le
fang : dreffez-les en abaiffe de pâte fine, affaifonnez de fel , poivre , canelle pilée,
fucre , écorce de citron confite , dattes ,
raifins de Corinthe ; & étant à demi cuit
à petit feu , mettez-y le fang & un demi
verre de vin blanc, & jus de citron en fervant.

Petits Pâtez de Poiſſons.

Prenez chair de Carpes , Anguilles &
Tanches , & des champignons à demi cuits
en cafferole, hachez le tout avec perfil , ciboule, thim , fel, poivre, clous , mufcade,
autant de bon beurre que de viande ; &

dreffez vos Pâtez en pâte feuilletée.

Petits Pâtez d'Huîtres à l'écaille.

Aïez telle quantité d'huîtres à l'écaille
que vous voudrez faire de pâtez ; faites enfuite un hachis de laites & chair de Carpes , de Tanches , de Brochets , de chair
d'Anguilles ; affaifonnez le tout de poivre,
fel , clou battu , & vin blanc ; envelopez-
en vos huîtres , dont vous en mettrez une
dans chaque pâté , avec un peu de bon
beurre frais ; faites-les cuire , & fervez
chaud pour Entremets.

Petits Pâtez à l'Efpagnole.

Nous allons finir par cet article ce qui
regarde les Pâtez chauds pour Entrées tant
en gras qu'en maigre. Il ne confifte qu'à
prendre un morceau de lard , un petit morceau de veau , & un blanc de poulet : faites blanchir le tout dans la marmite & le
hachez bien menu , affaifonnez de fines é-
pices. Vous le battez encore dans le mortier , y ajoûtant un peu d'ail & de rocambole , & aïant fait une pâte fine , vous en
formez des abaiffes , & vos petits Pâtez ,
qui vous ferviront pour garnir ou pour
hors-d'œuvre.

Pâtez froids pour Entremets.

On a déja vû ci-devant ce qui regarde le Pâté de Jambon lettre J. Parlons des autres qui se servent encore pour Entremets, & commençons par les Pâtez de venaison qu'on peut servir entiers ou en tranches.

Pâté de Cerf, & autre Venaison.

Il faut laisser mortifier le Cerf ou le mariner, & le larder de gros lard, assaisonné de sel, poivre, muscade & clous, le tout bien pilé. Faites une pâte bise avec farine de segle, comme étant plus propre à conserver les viandes & plus portative; il y faut du sel & un peu de beurre. Dressez votre Pâté, y mettant du lard pilé, bardes de lard, laurier & assaisonnemens ci-dessus. Dorez-le avec jaunes d'œufs, & le faites cuire trois ou quatre heures. Il faudra le percer de-peur qu'il ne créve & ne s'enfuie, le boucher sortant du four, & le mettre sur un claïon.

Le Pâté de Sanglier se fait de la même maniere, & celui de Chevreüil aussi; mais il n'est pas besoin de le laisser tant cuire, ni la assaisonner si fort.

Pâtez de tranches de Bœuf, & autres grosses viandes.

Prenez une tranche de cimier, battez-la bien & la lardez de gros lard, assaisonné comme ci-devant, & la dressez & faites cuire de même.

Selon la grosseur dont vous voudrez faire votre Pâté, vous y pouvez aussi mettre une éclanche, ou en faire un Pâté particulier ; & pour cela vous en ôtez la peau & la graisse, vous la desossez & la battez bien, & vous la piquez de moïens lardons, assaisonnez de fines herbes, persil, ciboules & épices. Faites une pâte ordinaire dont vous tirerez une abaisse épaisse & forte, vous jetterez sur du gros papier beurré : dressez-y vos membres de mouton avec bardes de lard ; feüilles de laurier & assaisonnemens necessaires : couvrez votre Pâté d'une autre abaisse ; & l'aïant façonné proprement, faites-le cuire comme les precedens, environ trois heures. Etant cuit, mettez-y une gousse d'ail ou d'échalote écrasée par le soûpirail, & servez froid.

Pour les Pâtez de roüelle de veau, il la faut larder de même, l'aïant mis un peu mariner avec vinaigre bien assaisonné. Du reste observez ce qu'on vient de dire pour
les

les Pâtez de membre de Mouton.

Pâté de Liévre & Levraut.

Si vous les voulez faire avec les os, lardez votre Liévre & Levraut de moïen lard, assaisonné de sel, poivre, muscade, clous, laurier; & ne plaignez point le lard pilé ni les bardes, en dressant votre Pâté en pâte bise ou blanche; étant cuit, mettez-le en lieu sec & le bouchez.

Quand on les veut dessosez, il faut tâcher de conserver la chair la plus entiere que l'on pourra, la larder de gros lard & l'assaisonner, empâter & faire cuire comme avec les os.

Pâté de Poulardes & autres.

Troussez vos Poulardes proprement & leur cassez les os : piquez-les de gros lardons assaisonnez de fines herbes, persil, ciboule & épices : rangez-les sur une abaisse de pâte ordinaire, avec laurier, beurre frais, bardes de lard & assaisonnement; & aïant couvert & façonné proprement votre Pâté, faites-le cuire deux ou trois heures, suivant le feu.

Les Pâtez de Dindons, Canards, Perdrix, Faizans, Becasses, Lapreaux Lapins,

G g

Oisons, Sarcelles & autres se font de la
même maniere

PATES.

Il ne s'agit pas ici des differentes Pâtes
que l'on fait ; les unes claires . les autres
plus fortes ; celles-ci pour des Pâtez & des
Tourtes ; & celles-là pour des Beignets,
ou pour empâter plusieurs choses qu'on veut
frire. On doit être à present assez instruit
de ce qui regarde ce point; & l'on a même
déja vû quelques autres especes de Pâtes ,
comme les Pâtes d'amandes page 90. à
quoi nous en allons ajoûter une , qui n'est
pas moins curieuse.

Pâte croquante.

Il faut prendre du Sucre en poudre, &
autant de farine ; quelques blancs d'œufs ,
selon la quantité de vôtre Pâte , & une
goute d'eau de fleur d'orange. Formez vôtre Pâte sur le tour , qu'elle soit bien faite,
& pas trop molle : tirez-en une abaisse aussi
mince que du papier, s'il se peut ; & farinez toûjours bien dessous , en frotant avec
la main : elle s'étendra presque d'elle-même . après lui avoir donné quelques coups
de rouleau. Engraissez une assiette ou tour-

tiere d'un peu de beurre ; mettez-y vôtre abaiſſe, & la rognez tout au tour : aprés il la faut piquer avec la pointe du coûteau, afin qu'elle ne bouſe pas dans le four. Faites-y ſecher cette abaiſſe ; & étant cuite, dreſſez-la dans ſon plat ou aſſiette : & un peu avant que de ſervir, vous y mettrez vôtre marmelade, telle que vous aurez, Abricots, Pêches, Cedres, & autres fruits confits.

De cette Pâte, vous en pouvez tirer des abaiſſes bien minces, que vous décuperez proprement, & les ferez ſecher au four ; il faut toûjours engraiſſer l'aſſiette ou tourtiere, de-peur qu'elles ne s'y attachent. Etant ſeches, on les peut glacer, ſi l'on veut, & mettre ces abaiſſes ſur vos Tourtes, que vous garnirez de Biſcuits de Savoie, ou autres petites garnitures.

Pâte ſeringuée.

Prenez de la Pâte d'amandes qu'on a décrite, lettre A. pilez-la dans un mortier, avec un peu de crême naturelle & cuite ; & l'aïant paſſé à la ſeringue, faites-la frire en grande friture : mettez ſucre muſqué & eau de ſenteur en ſervant. Vous pouvez façonner cette Pâte de mille autres manieres, chacun ſuivant ſa fantaiſie, ainſi

qu'il a été remarqué au même endroit dé
la lettre A.

Perches,

Est un Poisson de riviere fort excellent,
Vous en pouvez faire une Entrée à la sauf-
se aux mousserons passez au blanc avec de la
crême. On en met aussi en filets au concombre, comme ci-aprés les Soles, les
coupant en filets quand elles seront écaillées, & qu'elles auront cuit un boüillon.
On sert encore des Perches à la sausse verte,
& de cette autre maniere.

Perches en filets au blanc.

Passez des champignons au blanc, & les
faites cuire avec un peu de crême, sans
liaison. Vous aurez vos filets de Perches
coupez tout prêts, que vous mettrez dedans,
avec une liaison de trois jaunes d'œufs, du
persil haché, de la muscade râpée; & un
jus de citron: vous remûrez bien doucement, de-peur de rompre vos filets; & é-
tant cuits vous les dresserez, garnis de
tranches de citron, ou autre chose.

PERDRIX,

Eſt un oiſeau aſſez commun pour être connu de tout le monde ; c'eſt la viande des meilleurs Tables.

On a parlé ci-devant de la maniere de faire les Pains de Perdrix ; comme auſſi des Hachis & Pâtez de Perdrix. Voici encore d'autres Entrées qu'on en peut faire.

Perdrix ſauſſe à l'Eſpagnol.

Il faut faire rôtir vos Perdrix. Etant rôties, prenez-en une, & la pilez bien dans le mortier : aprés il faut paſſer cela avec de bon jus. Il faut auſſi avoir pilé les foies de perdrix, quelques morceaux de truffles, le tout bien paſſé avec de bon jus, en ſorte que le coulis ſoit un peu lié ; remettez-le dans un plat. Prenez une caſſerole, avec deux verres de vin de Bourgogne, une gouſſe ou deux d'ail, deux ou trois tranches d'oignon, un peu de clous de girofle; des deux verres de cette ſauſſe, il faut qu'il n'en reſte qu'un : ſi le plat eſt grand, augmentez davantage de vin & de coulis. Vôtre ſauſſe étant cuite, paſſez-la par un tamis dans une caſſerole ; verſez-y le coulis dedans, le tout bien aſſaiſonné. On y met un peu d'essence de jambon , & on fait cuire le tout ensemble. Dépecez vos Perdrix , mettez - les dans la sausse, & les tenez chaudement. Auparavant que de servir, il faut y presser deux ou trois oranges.

Biberot de Perdrix

Prenez tout l'estomac de vos Perdrix , après qu'elles seront rôties. Si vous n'en avez pas assez , prenez quelque estomac de Poulardes rôties. Hachez le tout sur la table , qu'il soit comme de la farine. Prenez les carcasses , & pilez-les bien dans le mortier : après les avoir pilé , mettez-les dans une casserole avec de bon jus , & l'aïant ensuite passé par l'étamine , remettez-le dans une petite marmitte , & vôtre Biberot ou viande hachée dedans. Laissez-le cuire à petit feu, prenant garde qu'il ne s'attache au fond. Vous y pouvez mettre quelque cuillerée d'essence de jambon. Il faut le faire cuire , de maniere qu'il ne soit pas trop liquide, ni gras. Etant bien cuit, dressez-le dans une assiette ou deux. Il y en a plusieurs qui le servent ainsi : & d'autres après qu'ils l'ont dressé dans leur assiette, ils le poudrent avec de la chapelûre de pain bien fine , & ils y font prendre couleur avec la pêle rouge. On le mange de cette maniere, à la fourchette ; & pour l'autre, à la cuillere. Servez chaudement.

Perdrix en filets au jambon.

Vos Perdrix étant cuites à la broche, vous les mettez en filets & les paſſez avec vôtre jambon & un anchois, capres, ciboule, perſil hachez bien menu ; & ſervez pour hors-d'œuvres d'Entrées.

On en ſert auſſi à la ſauſſe de Becaſſe, ou de Brochet.

Autre maniere pour les Perdrix.

Vous les pouvez mettre à la braiſe, ou en ſurtout, comme on trouvera la maniere pour les Pigeons ; ou bien aux olives, comme on a vû pour les Poulardes. Pour les Pâtez de Perdrix, voïez ci devant ; & ci-aprés pour les potages ; ou mieux à la Table des Matieres.

PIGEONS.

Les Pigeons fourniſſent une grande diverſité de ragoûts. On en a déja pû voir une partie ; comme la Biſque, le Godiveau farci de Pigeonneaux, les Pâtez de gros Pigeons, ci-devant. Il en reſte encore beaucoup d'autres, dont il est à propos de faire connoître les manieres. Commençons par les Pigeons au basilic.

Pour faire des Pigeons au basilic.

Il faut prendre les Pigeonneaux bien échaudez & bien blanchis; les fendre par le dos, si peu que rien, pour y pouvoir mettre une petite farce, composée de lard crud bien haché, avec un peu de persil, de basilic, de ciboule, le tout bien assaisonné. Etant farcis, on les fait cuire dans une petite marmite, avec du boüillon, un oignon piqué de clous de girofle, un peu de verjus, & du sel; & quand ils sont cuits, vous les tirez hors de la marmite. Il faut avoir des œufs battus; rouler vos Pigeons dedans, & en même tems dans la mie de pain, afin qu'ils soient bien panez. Aprés en avoir fait de même à tous, il faut avoir du sain-doux bien propre; & quand il sera bien chaud, frire vos Pigeons jusqu'à tant qu'ils aïent pris une belle couleur; les tirer, frire tout d'un tems du persil pour garnir, & servir chaudement pour Entrées.

Entrée de Pigeons au fenoüil.

Il faut que vos Pigeons soient d'une belle

le qualité ; les bien retrousser , & montrer seulement à l'air du feu , pour les faire blanchir. Prenez le foie , avec du lard, de la ciboule , du persil , & un peu de fenoüil verd ; hachez & assaisonnez bien le tout : farcissez-en le corps de vos Pigeons; faites-les rôtir ; & en servant , mettez un bon ragoût par-dessus.

Entrée de Pigeons à la braise.

Prenez de gros Pigeons bien retroussez : faites, si vous voulez , une farce un peu liée , pour les farcir dans le corps. Mettez-les à la braise, comme beaucoup d'autres choses : étant cuits , dressez-les dans un plat ; & les aïant bien dégraissez , mettez un ragoût de truffles & ris-de-veau par-dessus.

Compote de Pigeons.

Vous les lardez de gros lard , & les passez ensuite avec lard fondu ; puis vous les mettez cuire avec sel , poivre , muscade , citron verd , clous , champignons, truffles , un verre de vin blanc & boüillon. Vous y faites un coulis blanc ou brun, comme pour la fricassée , pour laquelle on les coupe par morceaux ; & vous garnis-

Hh

sez de roulettes que vous coupez en deux ; ou de ce que vous voudrez , & jus de citron en servant.

Entrée de Pigeons au jambon.

Elle se fait de la même maniere que les Poulets au jambon , que l'on verra ci-aprés. Si les Pigeons sont bien gros , il les faut piquer à gros lard & lardons de jambon , & les mettre à la braise. Etant cuits , les tirer ; laisser bien égouter la graisse , & les mettre dans le ragoût de jambon que l'on a fait. Le tout bien dégraissé , mettez-y un filet de verjus ou vinaigre ; prenez garde qu'il n'y ait trop de sel , & servez chaudement.

Autre Entrée de Pigeons aux truffles.

On fait une autre Entrée de Pigeons, piquez ou farcis , en ragoût aux truffles & aux raves , passées en ragoût de belle couleur & bien assaisonné , avec cus d'artichaux & pointes d'asperges. Vous garnissez de ris-de-veau passez au blanc , & persil frit ; & jus de citron en servant.

Entrée de Pigeons grillez ou frits, à la Sainte-Menehout.

Il faut prendre de gros Pigeons ; les bien retrousser, les couper en deux, & les mettre à la braise. Etant bien cuits, tirez-les, & les panez proprement ; prenant garde qu'ils ne se défassent. Si vous les voulez frire, avant que de les paner il les faut tremper dans des œufs battus, & les paner ensuite, afin que le pain tienne mieux. De l'une ou l'autre maniere, ils vous peuvent servir pour garnir. S'ils vous servent de plat, il y faut faire une ramolade dessous, composée d'anchois, persil, capres hachées, un peu de ciboule, & bon jus, le tout bien assaisonné, avec un filet de vinaigre ; & servir chaudement.

Vous en pouvez faire de même de toute autre Volaille que vous voudrez. Si l'on veut, on peut larder les Pigeons à gros lard avec du jambon, afin qu'ils aïent meilleur goût. Quelques-uns appellent cette maniere, des pieces à la Sainte-Menehout.

On en peut aussi faire cuire dans une marmite, bien assaisonné, comme un bon court-boüillon, bien nourri & de bon goût : & quand ils sont cuits, vous les panez pro-

prement , en forte qu'on ne voïe point de
viande ; & vous leur donnez couleur avec
la pêle rouge.

Pigeons en fourtout , rôtis & à la braife.

Prenez de gros Pigeons , qui foient bien
retrouffez : faites une farce qui foit compofée de lard crud & jambon cuit , de truffles & champignons, hachez avec les foies,
du perfil & de la ciboule , une pointe d'ail,
& quelques ris-de-veau ; le tout bien haché & bien affaifonné , & lié avec un ou
deux jaunes d'œufs. Il faut farcir vos Pigeons entre la peau & la chair & dans le
corps , & les bien ficeler : avoir un grand
fricandeau piqué pour chaque Pigeon , que
vous mettrez fur l'eftomac ; le tout bien ficelé & embroché proprement , vous l'enveloperez de papier , & ferez cuire ainfi
vos Pigeons. Étant rôtis, on y fait un bon
ragoût ; & auparavant que de fervir, dreffez vos Pigeons dans un plat, ôtez le fricandeau , verfez le ragoût ou coulis par-
deffus, de quoi que ce foit , pourvû qu'il
foit bien cuit & bien affaifonné : remettez
enfuite le fricandeau fur l'eftomac , & fervez chaudement.

Pour les Pigeons en furtout à la braife ,
on les fait de la même maniere. Toute la

difference qu'il y a d'avec les autres chofes qu'on accomode de cette façon, c'eft qu'on ne met point de bardes de lard, ni viande fur le fricandeau, afin qu'il prenne belle couleur. Etant cuit, vous égoutez la graiffe, & vous faites un ragoût aux truffles, felon vôtre commodité. On peut fervir de pareilles Entrées de Perdrix, Becaffes, & autres Volailles : & pour les déguifer, on y fait un ragoût aux huîtres, à la Sainga-raz, ou du coulis de perdrix, fuivant la dépenfe ; le tout bien dégraiffé, & fervi chaudement.

Tourte de Pigeons.

Il faut avoir des Pigeons de Voliere, bien échaudez & bien retrouffez. Mettez-les dans une Cafferole avec du lard fondu, de la moëlle, des ris-de-veau coupez par moitié, des cus d'artichaux coupez en quatre, & un entier pour mettre au milieu, quelques foies gras, des crêtes bien épluchées, des champignons coupez en dez, des truffles par tranches ; le tout bien paffé dans une cafferole avec un peu de farine, & bien affaifonné. Etant paffé, tirez-le en arriere. Formez vôtre pâte avec de la farine, felon la grandeur de vôtre Tourte, un œuf, du beurre, du fel & de l'eau : faites un morceau

de pâte feüilletée ; & de la premiere , formez une bonne abaisse, que vous mettrez
dans une tourtiere qui soit propre , suivant
la grandeur de vôtre plat. Aprés avoir é-
tendu l'abaisse dans la tourtiere , mettez-y
du lard fondu qui ne soit pas trop chaud,
mais par raison. Ensuite il faut bien arroser & arranger les Pigeons, le cu d'artichaut au milieu , & les truffles en tranches , les champignons & ris-de-veau dans
les intervalles. Achevez ensuite de mettre
toute la sausse ; & prenez l'autre morceau
de pâte qui étoit roulé rondement , aprés
avoir plaqué la main dessus pour l'élargit
sur le tour , afin d'y pouvoir mettre la pâte de feüilletage , & détendre l'abaisse
proprement. Il faut qu'il n'y ait point trop
de feüilletage , afin que l'autre morceau
soit plus gros. Couvrez vôtre Tourte de
cette abaisse ; faites un bord proprement
à l'entour : & pour servir , levez les bardes
de lard , dégraissez , & jettez-y un coulis
de quelque carcasse de Pigeons , ou une
liaison au blanc.

Autres manieres pour les Pigeons.

Vous les pouvez mettre au Pere-Doüil-
let ; & pour cela , les aïant bien appropriez,
faites-les cuire dans un petit pot , bien assai-

fonnez & bien nourris , avec fel , clous ,
thim , oignon , & un peu de vin blanc :
Garniffez de perfil , tranches de citron , &
jus en fervant.

D'autres fois , vous les pouvez fervir au
jus de Veau , rôtis , bardez , de belle couleur , fans autre garniture ; ou au blanc ;
ou enfin , en marinade , comme on a vû
lettre M.

PLIES DE LOIRE.

Ces fortes de Poiffons font particuliers à
la Loire , & valent mieux que ceux des
autres Rivieres.

Vous les pouvez mettre à la broche ;
les découper par-deffus le dos en croix, leur
couper nez & la queuë, & les mettre dans
une cafferole avec vin blanc, champignons,
laites , morilles , truffles, perfil , ciboule
& thim , & un morceau de bon beurre , le
tout bien lié : remuez-les doucement, de
peur de les rompre. Etant cuites & de bon
goût, dreffez-les proprement; qu'elles foient
bien blanches , une fauffe de même par-
deffus: & garniffez de ce que vous voudrez.

Pour celles que l'on frit , on les poudre
auparavant de fel & de farine ; & on les
fert avec fel & jus d'orange.

POTAGES.

Quoique nous aïons déja parlé de divers Potages, tant gras que maigres ; comme de la Bisque, Casserole, Oil, Julienne, Potage de tête d'Agneaux, de Cailles, de Brochet, d'Ecrevices, de Macreufes, de Moules, & plusieurs autres, suivant les pieces dont il s'agissoit, cette matiere ne laisse pas d'être encore tres-feconde, & capable de fournir pour un gros article. On a vû en general ce qui regarde les boüillons qui doivent faire le corps de tous ces Potages, & de tous les autres qu'on voudroit servir ; comme aussi les coulis qu'on y fait. Venons maintenant au particulier ; & commençons par les Potages de Légumes, qui peuvent convenir à plusieurs Volailles, pour ne pas repeter inutilement une même chose pour chacune.

Potage aux Pois.

Prenez des petits Pois ; & les aïant écossez & mis les gros à part, ils vous serviront pour faire de la purée verte. Prenez pour cela les écosses des petits Pois avec les gros, & les faites blanchir tant soit peu, avec un verd de ciboule & un peu de persil ; &

égoutez-les de leur eau. Aprés il les faut piler, & y mettre une mie de pain trempée dans de bon boüillon. Aïant pilé le tout ensemble, passez-le par l'étamine à force de bras; faites que vôtre purée soit un peu liée. Il faut prendre vos petits Pois avec un peu de lard dans une casserole, y aïant auparavant frit un peu de persil haché & de sarriette hachée : passez vos petits Pois avec cela, & moüillez de bon boüillon ; on y met un bouquet de fines herbes. Le tout empoté & presque cuit, vous y mettez la purée verte. On y passe aussi quelques cœurs de laituës pommées en petites tran-tranches, avant que de mettre les petits Pois ; l. tout bien assaisonné. Faites miton-ner vôtre Potage avec de bon boüillon clair. Etant mitonné, mettez un peu de purée par-dessus ; rangez vos Volailles sur vôtre Potage. Vous garnirez de laituës far-cies, ou sans farcir ; ou de concombres, ou de lard maigre, selon que vous jugerez à propos. Arrosez ensuite avec de la purée, & petits Pois sur vôtre Potage ; & servez tout d'un tems.

On sert beaucoup de semblables Potages aux Pois dans la saison ; comme de têtes d'Agneaux, Canards, Oisons, Poulets farcis, Dindons & autres, que l'on doit empoter separément avec bon boüillon.

On garnit de pointes d'asperges, laituës
farcies, ou concombres. Hors de la saison,
on peut faire la purée avec des vieux Pois,
& cela est bon , sur tout pour les Canards,
Andoüilles , &c.

Il est aisé de se regler sur cet article, pour
le Potage aux Pois en maigre , les passant
au beurre blanc , & faisant mitonner vos
croûtes d'un bon boüillon d'herbes, comme il est marqué lettre B.

Pour les Volailles qui se doivent farcir ,
on en trouve la maniere aux articles où il
est parlé de ces Volailles. Voïez pour le
reste , ce qui sera dit aux Potages suivans.

Potage aux Navets.

Aprés avoir ratissé vos Navets , coupez-
les en dez ou en long, & les passez à la
poële avez lard fondu , & un peu de farine.
Vous pouvez vous servir du même lard
où vous aurez passé vos Volailles au roux,
soit Canards, Sarcelles, Oisons, ou autres;
à moins que vous ne vouliez les faire un
peu rôtir à la broche. De l'une ou l'autre
maniere, empotez le tout ensemble avec
bon boüillon , assaisonné de sel , poivre & un paquet de fines herbes ; vous y
ajoûtez une liaison rousse en cuisant ; &
aïant fait mitonner vôtre Potage du même

boüillon, vous dreffez vos Volailles & vos Navets proprement ; & garniffez tantôt de pain frit , & tantôt de fauciffes, andoüil- lettes , ou petit lard cuit enfemble : mettez jus de citron & bon jus en fervant. Quel- ques-uns font cuire les Navets feparé- ment.

Les Oies, Oifons, Canards , & fem- blables, que l'on fert aux Navets, doivent être piquez de gros lard avant que de les paffer à la poële ; & les Volailles plus le- geres fe peuvent farcir , principalement les Poulets.

Les jarets de Cerf & de Sanglier fe peu- vent fervir en pareil Potage.

On peut auffi fervir un Potage aux Na- vets, d'une épaule de Mouton que vous lar- dez de gros lard, étant bien mortifié, & la faites rôtir à demi : auffi-bien que d'une é- clanche farcie, que vous pafferez à la poële comme les Volailles ci-deffus.

Potage de Choux.

Prenez de gros Pigeons , des Perdrix, ou autres Volailles bien retrouffées; piquez- les de trois ou quatre rangées de lard , & faites-les rôtir feulement qu'elles aïent pris couleur. Prenez des Choux qui foient bien pommez ; coupez-les en quatre , & les fai-

tes blanchir : étant blanchis , il les faut é-
gouter , les empoter , & vos Volailles aussi ,
avec du petit lard blanchi , un peu de basi-
lique , un oignon piqué de clous de girofle ,
une ou deux gousses d'ail : les assaisonner , y
mettre de bon jus & boüillon , & faire cuire le tout ensemble. A demi cuit , on y fait
une liaison rousse , composée de lard & farine , comme si c'étoit pour faire une bonne
sausse-robert. Quand la farine a pris couleur , moüillez vôtre liaison de bon jus ,
ou du même boüillon des Choux ; & étant
cuit , jettez tout ensemble dans les Choux.
Vous faites mitonner vôtre potage avec de
bon jus , & boüillon des Choux , quand
vous voïez qu'il a bon goût & qu'ils font
bien cuits. Etant mitonné , rangez les Volailles dessus le Potage ; faites un beau bord
autour du plat , ou dans les intervalles ,
avec du petit lard par tranches : arrosez de
bon boüillon , & servez chaudement.

Pour les Choux de Milan & autres , on
peut , étant blanchis , les hacher & passer
à la poële , avant que de les empoter comme ci-devant ; hors quelques cœurs , que
vous conserverez pour garnir. Voïez encore ce qu'on a dit sur cet article , lettre
C.

Potages de Racines.

Aprés avoir fait de bon boüillon, paſſez-le dans une marmite ; & empotez y un Chapon gras, avec des racines de Perſil, Panais, & petites Ciboules entieres. Le tout étant cuit enſemble, mitonnez vôtre Potage ; mettez le Chapon deſſus : garniſſez des Panais & petites Ciboules, & avant que ſervir, arroſez avec de bon jus de Veau.

On fait auſſi des Potages de Cailles, Ramereaux, Poulardes & autres, aux Racines, de la même maniere.

Potages aux Nantilles.

Il faut prendre des Perdrix, Pigeons, Canards, ou autres Volailles ; les piquer de quelques rangées de lard, & les faire rôtir. Etant rôties à demi, empotez-les avec de bon boüillon, un bouquet de fines herbes, & autres aſſaiſonnemens ordinaires, & faites-les cuire. Prenez des Nantilles qui ſoient cuites ; pilez-les avec oignon, carotes, racines de perſil, & les paſſez par l'étamine, pour en faire le coulis. Paſſez d'autres Nantiles dans la caſſerole, avec un peu de perſil, ciboule hachée,

& sarriette menuë. Etant passées, mettez-
y du boüillon où ont cuit vos Volailles,
& le coulis avec ; & empotez le tout,
jusqu'à ce que vous fassiez mitonner, &
dressez vôtre Potage. Il faut avoir du petit
lard, cervelat ou saucisse, pour garnir ; &
si l'on veut faire de la dépense, faites une
bordure autour de vôtre plat, avec des
crêtes & ris-de-veau en ragoût, le tout
bien dressé & bien dégraissé ; & nourrissez
vôtre Potage, d'un coulis de Bœuf, carcasses de Perdrix, croûtons de pain & morceau de citron verd, le tout pilé dans le
mortier, passé à l'étamine, & assaisonné.
Voïez le coulis de Nantilles, lettre C.

On fait un autre Potage aux Nantilles,
garni d'un pain farci au milieu, tant en
gras qu'en maigre. On le peut servir à
l'huile pour ces derniers jours; & principalement pour le Repas en Racines, ou autres jours de Carême, ausquels on en peut
faire un plat ou assiette, les passant en ragoût aux fines herbes.

Potage de Ramereaux, maniere d'Oil.

Aïant retroussé proprement vos Ramereaux, faites-les blanchir à l'eau, & les empotez avec de bon jus. On y met un paquet
de porreaux coupez par morceaux, un bou-

quet de celeri, un autre de navets, un paquet d'autres racines, quelques ciboules, & un bouquet de fines herbes. Le tout étant cuit, faites mitonner vôtre Potage du même boüillon : rangez vos Ramereaux dessus, & garnissez tout le tour, de vos racines. Arrosez de bon jus & de bon goût, & servez chaudement. Les garnitures ne doivent occuper que le bord du plat, pour laisser la Soupe libre.

On en peut faire autant des Cailles, & de toute autres volaille.

Les Ramereaux se mettent d'ailleurs en Potage aux Choux, aux Champignons, & autres manieres que l'on voudra.

Potage d'Alloüettes.

Aïant vuidé & retroussé vos Alloüettes, poudrez-les d'un peu de farine, & les passez à la poële avec lard & beurre roux : passez aussi palais de bœuf & roignons de mouton ; ajoûtez-y champignons, morilles, pointes d'asperges, raisins, & marons rôtis : assaisonnez bien le tout de sel, poivre, clous, muscade, & un bouquet de fines herbes ; le tout étant cuit, faites mitonner vos croûtes de quelques bons boüillons, & garnissez vôtre plat de vos Alloüettes, & vôtre ragoût au milieu, avec un jus de ci-

tron en servant. Il se peut faire un pareil
Potage de Francs-Moineaux, observant la
même chose comme ci-dessus.

Potage à la Reine,

de Perdrix, Cailles, ou autres Volailles.

Il faut prendre des Perdrix qui soient
fraîches ; les faire blanchir, les bien retrousser, & les faire cuire dans de bon boüillon,
avec un bouquet de fines herbes , quelques
bardes de lard dans la marmite, & tranches
de citron. Faites un coulis d'un blanc d'estomac de Poularde ou Chapon rôti, haché
& pilé dans le mortier, avec une mie de
pain trempée dans du boüillon , & passé
par l'étamine proprement. Mettez ce coulis dans une petite marmitte , qui soit bien
couverte. Que vôtre Potage, qui doit être
de croûtes de pain , mitonne avec de bon
boüillon clair; rangez ensuite vos Volailles
dessus ; arrosez avec de bon jus ; & auparavant que de servir, pressez un jus de citron
dans le coulis. Aïez un pain farci pour
mettre au milieu de vôtre Potage , & les
Volailles autour : versez vôtre coulis par-
dessus ; & bordez le plat de crêtes de Coq
farcies , de ris-de-veau piquez & rôtis,
de quelques autres tranches de ris-de-veau
en ragoût, & cus d'artichaux. Couvrez
l'estomac

l'eſtomac de vos Perdrix, ou autres Volailles, de tranches de truffles noires, le tout rangé proprement. Pour le pain farci, il ſera d'un bon hachis de quelques Volailles rôties, quelques morceaux de truffles & champignons, & petites pointes d'aſperges ſelon la ſaiſon.

Vous pouvez faire un petit Potage d'une Perdrix ſeule, ſans pain farci, en obſervant tout le reſte, le plus que la dépenſe & la commodité vous le permettront.

On fait auſſi un Potage de Perdrix farcies, garni de fricandeaux piquez paſſez en ragoût, avec ris-de-veau, champignons, cus d'artichaux, crêtes, truffles, & un jus de citron en ſervant.

Autre Potage blanc à la Reine.

On n'y met point de Volaille; l'on prend ſeulement le blanc d'un Chapon, un morceau de colet de Veau, des amandes, deux ou trois jaunes d'œufs durs, une mie de pain trempée dans de bon boüillon : le tout bien pilé dans un mortier, vous le faites mitonner dans une caſſerole, avec de bon jus & boüillon, qu'il ſoit de bon goût ; vous le paſſez par l'étamine, & vous l'étendez ſur vôtre Potage quand il eſt mitonné. On peut le marbrer avec quelque beau jus,

Potages de Cailles farcies, & Perdreaux.

Farciſſez vos Cailles au blanc de Chapon, moëlle de Bœuf, ſel, poivre, muſcade, & jaunes d'œufs cruds : faites-les cuire avec bon boüillon, & un paquet, comme au Potage precedent. Pour le coulis, paſſez par l'étamine deux cus d'artichaux cuits, & ſix jaunes d'œufs, avec le même boüillon des Cailles; faites-le boüillir doucement ſur les cendres chaudes. Dreſſez vos Cailles ſur les croûtes mitonnées, & garniſſez de petits cus d'artichaux : mettez vôtre coulis par-deſſus, & jus de champignons & de Mouton en ſervant. On peut auſſi y faire un ragoût de truffles, ou farcir les Cailles au Baſilic.

Pour les Perdreaux & Perdrix farcies; aprés les avoir fait cuire avec bon boüillon, vous faites un coulis blanc, où il entre des amandes & citron verd; & vous garniſſez de crêtes, champignons, & jus de Mouton & de citron en ſervant.

Potage ſans eau.

Aïez une belle marmite bien étamée; une bonne roüelle ou tranche de Bœuf, de la roüelle de Mouton, de la roüelle de Veau, un Chapon, quatre Pigeons, deux Perdrix, le tout bien retroussé, & les grosses viandes battuës. Rangez-les dans dans vôtre marmite, avec quelques tranches d'oignons, quelques racines de panais & persil, & assaisonnez de toute sorte de fines herbes, & peu de sel. Faites une pâte ; & avec du papier fort, bouchez entierement tout le vent que pourroit respirer vôtre marmite, en sorte qu'il n'y entre, ni n'en sorte le moindre air. Il faut avoir une autre grande marmite, où celle-ci puisse entrer : qu'il y ait de l'eau qui boüille avec du foin, afin que l'autre marmite ne se tourne & ne s'agite point dedans. Cette marmite doit ainsi boüillir continuellement dans l'eau bien serrée, environ cinq ou six heures. Aprés il faut la découvrir, & passer tout le jus que la viande aura rendu, & le bien dégraisser. Vous hacherez les Volailles qui étoient dedans, pour farcir un pain, avec de bonnes garnitures. Etant farci, faites mitonner, autant la soupe que le pain, avec le même jus ; & faites un ragoût de toutes sortes de garnitures passées au lard, pour mettre par-dessus. Garnissez avec des crêtes farcies, ris-de-veau, ou autre chose semblable ; le tout dressé & servi proprement.

Potage de santé.

Vous prenez de bon boüillon fait avec Bœuf de cimier, jarret de Veau & Mouton, pour empoter vos Chapons, Poulardes, ou autres Volailles propres pour la Soupe de Santé; & vôtre boüillon étant de bon goût, vous en faites mitonner vos croûtes. Aïez dans un autre pot à part, de bonnes herbes, comme ozeille, pourpier, cerfeüil, &c. le tout coupé bien menu : vous en garnirez vôtre Potage avec vos Volailles ; ou les passerez, pour n'en mettre que le boüillon, & bon jus en servant.

On fait un autre petit Potage de Santé tout clair, d'un Poulet, d'un morceau de roüelle de Veau, sans garniture. Vous lui donnez seulement couleur, avec la pêle du feu bien roüge.

Potage de Poulets farcis.

Vous les farcissez d'un bon Godiveau, entre la peau & la chair : vous pouvez aussi ôter l'estomac ; & étant bien propres & bien blanchis, vous les empotez avec de bon boüillon. Vous pouvez garnir de ris-de-veau & crêtes, comme un Bisque, ou de legumes ; & jus & coulis en servant.

Voïez ci-aprés , differentes manieres de
Poulets farcis.

Potage de Poulets de grain.

Aprés les avoir farcis d'un bon Godiveau
bien delicat , où il entre de la crême , vous
les empoterez proprement ; & garnirez de
pâtes frites , ou de legumes, & jus de citron en fervant.

Potage de Poulets farcis aux oignons.

Vous y faites un coulis blanc par-deſſus,
avec du blanc de Chapon ou de Veau , &
trois ou quatre jaunes d'œufs durs : le tout
bien pilé dans un mortier , avec de la mie
de pain trempée dans de bon boüillon ,
vous le paſſez dans une caſſerole ; &
l'aïant aſſaiſonné, vous le faites boüillir cinq
ou ſix boüillons. Vous le paſſez enſuite par
l'étamine , & y ajoûtez un jus de citron ;
& vous en arroſez tout vôtre Potage, étant
prêt à ſervir.

Le Potage de Pigeons au blanc , garni
d'oignons blancs ou de cardes , ſe fait de la
même maniere que celui ci-deſſus.

Potage de Poulets farcis, garnis de Marons.

Faites cuire vos Poulets dans vôtre pot ordinaire, & les marons dans un petit pot à part, aprés les avoir pelez & épluchez de leur seconde peau, avec du bon boüillon de bon goût, & qu'ils ne soient point rompus. Vous en ferez un cordon autour de vôtre plat & des Poulets, & vous arroserez avec un bon coulis en mitonnant, & jus de citron en servant.

Autre Potage de Poulets farcis.

On fait encore un Potage de Poulets farcis, avec un coulis verd, & des pointes d'asperges par-dessus, & un cordon de petit lard.

Potage de Poulets & autres, aux Concombres.

Empotez vos Poulets ou Chapons à l'ordinaire, avec bon boüillon, bien assaisonnez. A l'égard des concombres, vuidez-les; & les aïant fait blanchir à l'eau, farcissez-les d'une bonne farce, & les faites cuire avec boüillon, sel, & un paquet de fines herbes.

Paſſez par l'étamine des jaunes d'œufs cuits, avec jus de poirée & un bon boüillon, & faites-le cuire & mitonner à part. Dreſſez vôtre Potage avec croûtes, vos Poulets au milieu ; les concombres farcis pour garnitures, & vôtre coulis par-deſſus, avec jus de citron. Obſervez la même choſe pour des Dindonneaux, & autres pieces.

Vous pouvez faire d'autres Potages aux concombres, ſans les farcir ; mais ſeulement les paſſer à la poële avec lard fondu, & les faire cuire & dreſſer comme ci-deſſus.

Potage aux croûtes farcies de blanc de Perdrix.

Vos Perdrix étant cuites à la broche, prenez en le blanc & le coupez en dez, & des cus d'artichaux de même. Vous les paſſez enſemble, qu'ils ſoient de bon goût, & vous en farciſſez vos croûtes. Vous faites un coulis d'un morceau de Bœuf bien riſſolé à la broche, que vous pilez dans le mortier, avec les carcaſſes de vos Perdrix ; & vous paſſez le tout dans une caſſerole, l'aſſaiſonnant comme il faut : Vous le paſſerez enſuite par l'étamine avec de bon jus, & un morceau de citron ; & vous en ferez mitonner vos croûtes. Faites un petit ha-

chis de Mouton que vous poudrerez par-
deſſus, avec un cordon de croûtons autour
de vôtre plat.

On fait un autre Potage de croûtes farcies
de nantilles, avec un coulis de nantilles,
comme aux Pigeons & autres Volailles,
comme ci-devant ; & il eſt aiſé d'en imiter d'autres ſur le pied de ce premier, ſuivant les viandes que vous aurez ; ou bien,
farcir le pain d'un bon ragoût.

Autre Potage aux croûtes farcies de jambon.

Vous les farciſſez de jambon, de ris-de-
veau, blanc de Chapon, mouſſerons, cus
d'artichaux ; le tout coupé en dez, & paſſé
en ragoût avec coulis de veau. Vous ferme-
rez vos croûtes avec une autre, & les ficelerez proprement pour les faire mitonner,
qu'elles ne ſe rompent point. Etant prêt à
ſervir, dreſſez-les ſur vôtre Potage, & garniſſez-en vôtre plat, avec un jus de citron
en ſervant.

Potage de Profitrolle.

Il faut avoir un petit pain rond, de-
même que ceux de la Soupe aux croûtes.
Vous le farciſſez, & faites mitonner avec
jus

jus de Veau & bon boüillon : & étant mitonné, vous le dreſſez ſur vos autres croûtes mitonnées, avec un peu de hachis de
Perdrix, ou de Chapons. Faites un coulis
avec les viandes dont vous aurez fait vôtre
jus ; & l'aïant paſſé, verſez-le ſur vôtre
Potage. Quand vous ſervirez, vous pouvez mettre un beau cu d'artichaut ſur vôtre pain, quelques champignons au-de-
dans ; & garnir avec des fricandeaux, ou
ris - de - veau.

Potage de Profitrolle, garni de Poupiettes.

Vous paſſez les poupiettes, dont vous
trouverez la maniere en ſon rang, dans un
plat ou caſſerole ; & vous faites un coulis
d'un morceau de veau rôti à la broche,
battu dans le mortier, bien aſſaiſonné &
paſſé par l'étamine, pour en arroſer vos
poupiettes. Il faut avoir un ragoût de ris-
de-veau, champignons, truffles, mouſſerons, morilles, crêtes, cus d'artichaux ;
le tout paſſé au blanc & de bon goût,
vous en garnirez vôtre Potage ; le pain de
Profitrolle au milieu, & un jus de citron
en ſervant.

K k

Autre Potage de Profitrolle.

Formez-le de six petits pains, & un grand au milieu ; trois farcis avec du jambon , & les trois autres farcis de Chapon : le grand, farci d'un hachis de jambon & de Chapon, avec ris-de-veau , champignons , truffles , mousserons, cus d'artichaux coupez en dez. Vous garnirez de fricandeaux piquez passez au roux , un cordon de crêtes, & un ragoût de mousserons, ou champignons , cus d'artichaux , pointes d'asperges , le tout passé au blanc ; & un jus de citron en servant.

Voïez ci-aprés , pour les Potages de Profitrolle au maigre.

Potage de Chapon ou Poularde , au Ris.

Vous faites cuire vôtre Ris avec de bon boüillon , & vous en garnissez vôtre Chapon ou Poularde sur vos croûtes mitonnées. Vous mettez par-dessus , un lit de Parmesan râpé , & de pain de canelle ; & vous lui faites prendre couleur avec la pêle bien rouge. On peut garnir le tour du plat , de croûtons de pain bien roussis dans le saindoux , & servir avec jus de Mouton & de citron.

Le Potage de Vermicelli se fait de la même maniere.

Potage de Sarcelles & autres, aux Champignons.

Lardez les Sarcelles de moïen lard ; & les aïant passées à la poële avec lard fondu, faites-les cuire dans du bon boüillon à l'ordinaire, avec sel, & un paquet de fines herbes. Passez champignons & farine avec le même lard, & les mettez avec les Sarcelles, quand elles seront à demi cuites. Servez, dressé proprement, avec jus de Mouton & de citron, & par tranches.

On a vû les Potages de Champignons farcis, lettre C.

Potage aux Truffles.

Il faut faire cuire les Truffles avec bon boüillon & jus dans un petit pot, avec un bouquet de fines herbes, & une liaison bien nourrie. Vôtre Potage étant mitonné, & vos Truffles cuites, vous les rangerez dessus, & jus de citron en servant. Vous pouvez mettre un pain de Profitrolle au milieu.

Pour les Potages de Faizandeaux, Cailles, & autres volailles que vous voudrez servir aux Truffles ; empotez-les à l'ordinaire, bien assaisonnées. Coupez vos Truffles par

morceaux , & non par tranches ; & les
aïant paſſez avec un peu de lard , faites-les
cuire comme deſſus : & pour brunir le Potage que vous en garnirez , aïez un bon
coulis de Bœuf ou de Mouton , & jus de
citron en ſervant.

Potage aux Truffles & aux Mouſſerons.

Faites un coulis de Veau ou blanc de Chapon , bien aſſaiſonné & de bon goût ; &
un pain farci de tout ce que vous voudrez ,
au milieu de vôtre Potage. Vous paſſerez
vos Truffles & Mouſſerons en bon ragoût;
& vous en garnirez le Potage , & un jus de
citron en ſervant.

Potage de Pigeons farcis au roux.

Vous paſſez des oignons au roux , pour
faite le cordon ; & vous faites un coulis
brun , d'un morceau de Bœuf bien riſſolé
à la broche , & pilé dans le mortier avec
croûtons de pain ; le tout paſſé dans une
caſſerole & bien aſſaiſonné , & paſſé enſuite par l'étamine avec un jus de citron ,
pour en arroſer vôtre Potage , étant prêt à
ſervir. Enrichiſſez de champignons , cus
d'artichaux , & autres garnitures.

Potage de Pigeons aux Raves.

Vou les lardez de gros lard , & vous les
paſſez aux roux de belle couleur ; vous les
mettez cuire avec de bon boüillon doucement, & un bouquet de fines herbes. Vous
faites une liaiſon avec fines herbes , que
vous jettez dedans : & aïant fait mitonner
vos croûtes avec de bon boüillon , vous
garnirez vôtre Potage avec les Raves bien
blanches , & cuites proprement ; une
partie coupées en dez , & l'autre partie
entieres.

On fait un Potage de Pigeons farcis au
roux de la même maniere ; une liaiſon en
cuiſant , & garni de Raves de même.

Potage de Pigeons au blanc.

On peut le garnir de poupiettes & de
membres de Poulets de grain marinez
& frits ; un coulis blanc ſur vos Pigeons , & un pain au milieu ; ou bien un
cordon d'aſperges , & pain de profitrolle ,
& jus de citron en ſervant.

Voïez ci-devant, pour le Potage blanc de
Pigeons aux oignons.

Potage de Parmesan.

On le peut garnir de petits pains de profitrolle chapelez bien proprement, que vous trempez dans du lard fondu, & les poudrez ensuite de Parmesan râpé, pour leur faire prendre couleur au four. Vous preparez vôtre Potage dans un plat, pour mitonner ; & vous faites un lit de Parmesan, un lit de quelque bon hachis de viande, & un lit de pain à canelle. Vous faites cela par deux fois, & lui faites prendre couleur avec la pêle. Garnissez le bord de vôtre Potage, de croûtons bien roux ; & le milieu, de vos pains ; & ris-de-veau dans les intervalles, avec des fricandeaux piquez, truffles & crêtes ; & un jus de citron en servant.

Pour un autre Potage de Parmesan, hachez la chair d'un Poulet fort menu, que vous poudrerez sur vos croûtes, & du Parmesan râpé par-dessus. On peut mettre un pain au milieu, garnir de cus d'artichaux & autres choses ordinaires ; ou ne le point garnir, & lui donner belle couleur avec la pêle.

Voïez ci-devant la Casserole au Parmesan, lettre C.

Potage de Cailles au blanc-manger.

Vos Cailles étant cuites avec de bon boüillon, sel & un paquet de fines herbes; pilez des amandes, que vous passerez par l'étamine au même boüillon; & faite-le cuire avec un peu de canelle & de sucre. Faites le fond de vôtre Potage avec maca-rons, biscuits, & massepains; & quand vos Cailles seront dressées, mettez vôtre boüillon blanc par-dessus, & garnissez de tranches de citron, & jus & grains de grena-te en servant.

Les autres Potages de Cailles sont expli-quez ci-devant, soit au sujet d'autres Vo-lailles, ou en particulier.

Potage de Perdrix au boüillon brun.

Lardez vos Perdrix de moïen lard, & les passez à la poële avec lard fondu, pas-sez-y aussi un peu de farine, & mettez le tout dans un pot avec bon boüillon, un paquet de fines herbes, & le sel necessaire. Faites le coulis d'un morceau de Bœuf rôti, passé avec le même boüillon de Perdrix, & le maintenir chaudement; coupez par morceaux des cus d'artichaux cuits, & les mettez dans ce coulis, avec tranches de citron & crêtes cuites & paſſées en ragoût. Vôtre Potage étant mitonné, dreſſez vos Perdrix & vos garnitures, jettez le coulis par-deſſus, & tranche & jus de citron en ſervant.

Vous pouvez auſſi en faire un Potage aux Ecrevices, obſervant ce qui a été dit pour le Potage maigre, lettre E. Vous garnirez de ris-de-veau, foies gras, fricandeaux, pains de Perdrix, & autres choſes que vous aurez.

On peut voir plus haut, les Potages de Perdrix, que l'on veut faire aux Choux, aux Nantilles, & autres legumes.

Potage d'une poitrine de Veau & d'un Chapon, un pain au milieu.

Vous farciſſez le pain de blanc de Chapon, Mouton & Perdrix hachez enſemble, avec cus d'artichaux, ris-de-veau coupez en dez, truffles, crêtes & champignons paſſez en ragoût, & un coulis de Veau : le pain eſt ouvert par deſſus, afin qu'on voïe le ragoût. Vous le marbrez d'un jus de Veau & de citron ; & aïant dreſſé vôtre Potage, vous le garniſſez de ris-de-veau & crêtes autour, le tout paſſé au blanc ; & jus de citron en ſervant.

Potage de Dindons à la chicorée.

Prenez des Dindons, Poulardes, Poulets, ou autres Volailles, que vous empoterez & ferez cuire à l'ordinaire, avec
boüillon, fel & un paquet de fines herbes.
Faites blanchir vôtre chicorée dans l'eau,
& la mettez cuire avec le reſte. Dreſſez &
faites mitonner vôtre Potage : garniſſez de
la chicorée, & ſervez au boüillon naturel,
avec jus de Mouton & de champignons.

Potage de Poulardes.

Vous en prenez une, que vous coupez
par morceaux, & vous les faites mariner
au jus de citron ou verjus, avec les autres
aſſaiſonnemens. Vous faites une pâte avec
du verjus, pour les frire de belle couleur ;
ce ſera pour en garnir vôtre Potage, autour
d'une autre Poularde que vous aurez empo-
tée bien proprement dans de bon boüillon.
Vous ferez un coulis avec les os de la Poularde marinée, des croûtons de pain & bon
boüillon : vous en arroſez vôtre Potage en
mitonnant, & un jus de citron en ſervant.

Potage à l'Italienne.

C'eſt une maniere d'Oil, que l'on dreſſe

dans un baffin , aprés y avoir fait une fe-
paration en croix avec de la pâte que l'on
fait cuire au four. A l'un des quarrez , on
fait une Bifque ; à l'autre , un Potage de petits Poulets ; au troifiéme , un Potage à la
Reine en profitrolle ; & au quatriéme , un
Potage de Perdrix farci ; le tout dans fes
boüillons particuliers , & avec differentes
garnitures , les plus riches qu'on pourra.

Potage d'Oifons farcis.

Faites une farce avec le foies , le cœur ,
& fines herbes , & une omelette de quatre
œufs , que vous battrez enfemble dans un
mortier , & l'affaifonnerez de bon goût ,
pour en farcir vôtre Oifon entre la peau
& la chair. Vous l'empoterez avec de bon
boüillon , & ferez une purée verte pour
jetter par-deffus vôtre Potage. Faute de
Pois nouveaux , prenez en de vieux , dont
vous ferez vôtre coulis verd. Garniffez de
laituës farcies.

Potage blanc.

On peut appeller ainfi le Potage à la
Reine , que l'on a marqué le fecond ; en
voici quelques autres. Prenez des blancs de
Poulets ou de Chapons , que vous hache-

rez bien menu , & les poudrerez fur vôtre Potage mitonné ; le marbrant avec jus de Veau bien roux , & jus de citron en fervant.

Autrement : pilez la chair d'un Poulet ou du blanc de Chapon , & un morceau de mie de pain bien blanc ; paffez le tout par l'éramine : & vos croûtes étant mitonnées , mettez ce coulis par-deffus fans garnir.

Potage de Chapon defoßé aux Huîtres.

Aprés avoir defoffé vos Chapons , confervant les peaux entieres , farciffez-les de la même chair , avec graiffe de Bœuf ou moëlle , lard pilé , fines herbes , fel poivre, mufcade , jaunes d'œufs , & le mettez cuire avec bon boüillon. Paffez huîtres, champignons & farine par la poële, & mettez le tout avec les Chapons , quand ils feront prefque cuits : dreffez & fervez proprement , avec jus de citron & de champignons.

Pour les autres Potages de Poiffons en gras , voïez ci-aprés celui de Soles.

POTAGES MAIGRES.

Potage de Santé.

Coupez laituës, pourpier, ozeille, poirée & autres bonnes herbes, & les mettez
fur le feu dans un pot de terre avec du
beurre, pour les faire amortir. Mettez-y
enfuite de l'eau boüillante, du fel, un
bouquet de fines herbes, & un pain ou
croûte que vous mettrez au milieu de vôtre Potage. Vous passerez les herbes, fi
vous voulez ; ou vous les fervirez, & garnirez de petites laituës, jus de champignons & une cuillerée de purée en fervant.

Le Potage fans beurre & la Julienne fe
rapportent affez à ceci, pour n'être pas befoin d'en parler en particulier.

Potage de Mousserons & Morilles
à la crême.

Paffez-les au bon beurre, avec fines
herbes ; ils fe paffent auffi à l'huile, pour
d'autres Soupes. Quand vos croûtes feront mitonnées, vous mettrez vôtre crême avec les Mousserons, dans la casserole
où vous les aurez fait cuire, avec un bouquet de fines herbes ; faites qu'ils foient
bien liez. Vous dresserez en même tems

vôtre Potage , un pain de profitrolle au milieu , & jus de citron en fervant. Garniffez le tout de vôtre plat, de Moufferons frits en beignets , ou autres chofes convenables.

Potage d'Oignons au blanc.

Vous le dreffez avec un pain au milieu fi vous voulez ; vous faites un coulis blanc d'amandes, racines de perfil & mie de pain trempée dans du boüillon de purée, le tout paffé par l'étamine. Ce même coulis eft bon , non feulement pour les Oignons , mais auffi aux Cardes , Salfifix , Cheruis , &c.

On fait un autre Potage d'Oignons paffez au roux , coupez en dez ; & pour garniture, des Oignons par roüelles frits comme les beignets, ou enties : comme auffi un Potage d'Oignons au bafilic.

Potage d'Oublons.

Blanchiffez-les bien proprement , & les liez par paquets ; & les aïant fait cuire dans de bonne purée ou autre boüillon maigre , vous en garniffez vôtre Potage, avec un pain au milieu.

Potage de Pourpier.

Vous le laissez presque de toute sa longueur quand il est petit, & le faites cuire
avec boüillon de purée dans un petit pot,
un oignon piqué, une carote, quelques
panais, & une liaison. Etant cuit, & vos
croûtes mitonnées, vous en garnissez vôtre
Potage.

Potage de Brocolis.

Les Brocolis sont des rejettons de choux:
vous les épluchez bien, & les jettez dans
de l'eau fraîche; & les aïant fait blanchir,
vous les empoterez, y mettrez un petit
coulis comme au pourpier; & garnirez
de Brocolis.

Potages de Raves.

Ratissez-les bien, & laissez un petit
bouquet de vert au bout. Vous les ferez
blanchir, & les mettrez cuire avec de bon
boüillon, & une petite liaison. Dressez-
les comme le pourpier.

Potages aux Concombres.

Faites blanchir vos Concombres, & les
mettez cuire dans de bon boüillon de pu-

rée, avec un oignon piqué de clous, quelques racines, & de petites herbes. Vous y ferez une liaison comme aux autres en gras, & garnirez de vos Concombres avec capres. Vous pouvez aussi les farcir d'herbes ou de poisson, & garnir de pointes d'asperges selon la saison.

Potages d'Asperges.

Au défaut de pois, vous pouvez passer des Asperges pilées par l'étamine, avec du boüillon d'herbes, pour faire le coulis verd. Vous passerez d'autres pointes d'Asperges par la poële, avec beurre & fines herbes, & les mettrez mitonner, assaisonnées de sel & muscade : vous en couvrirez vôtre Potage, & vôtre coulis par-dessus, auquel vous ajoûterez de la crême naturelle, ou des jaunes d'œufs, si le tems le permet.

Potages de Laituës farcies.

Voïez ce qui a été dit ci-devant pour les Laituës farcies, lettre L. hors qu'ici vous les farcirez d'une bonne farce de poisson, telle qu'on a vû lettre F. & si c'est pour des jours de plus grande abstinence, ou faute de Poisson, farcissez-les d'une bonne farce de fines herbes, assaisonnée de sel, poivre , muscade , & jaunes d'œufs où crême. Du reste , faites-les cuire avec purée claire , ou boüillon d'herbes ; & les aïant dressées sur croûtes mitonnées de pareil boüillon , ajoûtez-y un coulis , & jus de champignons en servant ; garni de pain frit , ou autre chose.

Potage marbré.

C'est un Potage de lait d'amande , auquel on ajoûte des jaunes d'œufs , du sucre , de la canelle , & un peu de sel : vous le dresse-rez sur pain ou biscuits , & vous le marbrez avec jus ou gelée de groseille , jus de poirée cuit au sucre , & fleurs d'oranges. Garnis-sez de grains de grenade & nompareille.

Potage au Fenoüil.

Vous prenez du Fenoüil que vous hachez bien , & le mettez dans un petit pot ; ob-servant quant au reste , la même chose qu'au Potage qui suit.

Potage d'Epinars.

Vous n'en prenez que le cœur , que vous hachez bien ; & vous les mettez cuire dans un petit pot , avec du boüillon de purée , une

carote ,

carote, un oignon piqué de cloud, & les autres assaisonnemens. En faisant mitonner vos croûte, râpez-y du Parmesan, & dressez vôtre Potage, le garnissant de pains à canelle, un au milieu ; ou bien d'oignons, ou de rôties frites.

Potage de bourgerons de Vigne-vierge.

Otez les plus grandes feüilles, & prenez garde qu'il n'y ait du bois : faites-les blanchir à l'eau boüillante, & les aïant liez par paquets, mettez-les cuire dans un petit pot, avec une carote, panais, racine de persil, oignon piqué, quelques navets en quatre, & une gousse d'ail. Ajoûtez-y en cuisant une petite liaison ; & garnissez vôtre Potage avec les bourgerons, un pain au milieu.

Potage aux petits Pois.

Voïez ci-devant ce que nous avons dit pour le Potage aux Pois en gras, & observez la même chose ; hors qu'ici vous passerez vos petits Pois au bon beurre, & vous servirez de bon boüillon. A la purée simple, garnissez de concombre, cus d'artichaux, pointes d'asperges, & semblables choses.

LL

Potage aux Choux.

Voïez aussi le Potage de Choux gras ;
où il y a la maniere de les empoter & faire
cuire ; retranchant ici le lard , pour ne se
servir que de beurre, & de boüillon maigre,
ou purée claire : Garnissez des cœurs , cus
d'artichaux & paix frit.

Potage de Citroüilles au lait.

Coupez les Citroüilles en dez bien menus, & les passez à la poële au beure blanc,
avec sel , persil , cerfeuil & fines herbes :
mettez-les dans un pot de terre , avec lait
bouillant , & les dressez sur croûtes mitonnées : Garnissez de pain frit , & mettez
poivre blanc en servant.

Potage de Melon.

Il faut le couper comme les Citrouilles,
& le passer de même à la poële avec beurre ; faites-le cuire, assaisonné de sel, poivre
& un paquet de fines herbes ; passez-en
par l'étamine avec le même boüillon, dont
vous ferez aussi mitonner vos croûtes ; &
aïant dressé le tout, servez garni de Melon frit, & grains de grenade.

Autre maniere.

Vous pouvez faire un Potage avec le Melon, comme l'on fait celui de la Citrouille au lait; reservé qu'il y faut mettre du sucre & le border de macarons, de prâlines & de biscuits, d'amandes ameres, & servir sans mitonner.

Potage au Lait.

Aïez de bon lait de vache fraîchement tiré, mettez-le dans un poëlon sur le feu avec un peu de sel & du sucre ce qu'il en faut : quand il viendra à bouïllir, vous y jetterez dedans quelques jaunes d'œufs délaïez avec du lait, ensuite vous le remuërez bien avec une cuillere, de peur qu'il ne tourne : quand il commencera à bouïllir, vous le verserez vôtre plat, aïant auparavant rangé dedans vos croûtes seches.

Potage de grains de Muscat.

Faites un bon lait d'amandes, comme vous avez pû voir page 92. & quand vous voudrez dresser vôtre Soupe, mettez-y des grains de muscat, aïant ôté les pepins. Au lieu de croûtes ou autre pain,

dreſſez vôtre Potage avec macarons ou biſcuits , & garniſſez de Muſcat confit au ſucre ; jus de citron & de groſeilles pour marbrer en ſervant.

Potage de Cardes d'Artichaux.

Il faut faire blanchir & cuire vos Cardes
avec eau , beurre , ſel & une croûte de
pain. Etant cuites , mettez-les proprement
dans du beurre fondu ; il les faut couper
fort courtes. Faites mitonner vôtre Potage
avec bon bouïllon d'herbes : mettez la
croûte d'un petit pain entier au milieu ,
dreſſez vos Cardes en dôme ſur le pain , &
râpez du fromage de Parmeſan par-deſſus.
Vous y pouvez faire un coulis blanc ; par-
ſemer encore de fromage râpé;& garnir de
capres & tranches de citron.

Potage de Choux blancs & Ciboulettes au lait.

Aprés les avoir fait blanchir dans l'eau ,
hachez-les , & les paſſez à la poële avec
beurre blanc ; puis les mettez dans du lait
chaud , aſſaiſonnez de ſel , poivre & un
paquet de fines herbes : dreſſez ſur du pain
par tranches.

On en fait de même avec des Ciboulettes,
bien menuës.

Potage de cus d'Artichaux.

Coupez vos cus d'Artichaux par la moitié, & les paſſez à la poële avec beurre
roux & farine, ou au beurre blanc : gardez-
en un entier pour le milieu du Potage.
Mettez-les dans un pot de terre avec purée claire, ſel & fines herbes ; & étant
cuits, dreſſez ſur croûtes mitonnées ; &
ſervez avec capres & jus de champignons.

Ces Potages ſont plus que ſuffiſans pour
ce qui concerne les Herbages & Legumes,
ſoit pour le jour du Vendredi-Saint, ou
pour les autres jours maigres durant l'année : venons à ce qui regarde les Poiſſons
dont nous n'avons point encore parlé.

Potage d'Eſturgeon.

Vôtre Eſturgeon étant bien nettoïé,
faites-le cuire avec eau, beurre, ſel, & un
paquet de fines herbes. Etant à demi cuit, tirez ce boüillon ; & remettez dans vôtre caſſerole ou terrine, vin blanc, ſel, poivre,
clous pilez, verjus, oignons & l'aurier,
avec quoi vous l'acheverez de cuire. Paſſez
des champignons & farine à la poële avec
beurre que vous mettrez dans le premier

boüillon pour vôtre Potage, avec une cuillerée de purée. Faites en mitonner des
coûtes de pain dans un bassin rond ou ovale ; & dressez l'Esturgeon au-dessus, l'aïant
égouté. Garnissez d'huîtres, champignons,
capres ; & ajoûtez-y jus & tranches de citron en servant.

Potage de Turbot.

Ecaillez le Turbot , & le faites cuire
dans un linge avec vin blanc & moitié eau,
verjus , sel , poivre , muscade, clous &
l'aurier : faites mitonner vos croûtes avec
bon boüillon de poisson ; & aïant égouté
vôtre Turbot, dressez-le , & garnissez de
champignons sur le corps du poisson ; &
les bords du plat, de champignons farcis ,
laites , huîtres , capres ; & jus & tranches
de citron.

Potage de Saumon frais.

Il faut écailler le Saumon , le mettre par
tronçons , & le faire cuire à demi comme
l'Esturgeon, pour en tirer le boüillon :
vous l'assaisonnerez ensuite de sel , fines
herbes bien menuës , & purée claire ; &
pendant que vous en ferez mitonner vos
croûtes , vôtre Saumon achevera de cuire

à petit feu, bien affaisonné. Quand il faudra servir, dreffez, & garniffez de champignons farcis, laites de carpes, champignons à l'eftoufade, capres, jus & tranches de citron, & jus de champignons.

Potage de Soles.

Pour faire un Potage de Soles, prenez-en qui foient d'une belle qualité & bien fraîches : Il les faut ratiffer & bien laver. Si elles font petites, prenez-en deux pour farcir : fi elle font grandes, vous n'en prendrez qu'une, pour mettre au milieu de vôtre Potage. Prenez la Sole à farcir du côté de la tête proprement : il la faut preffer au-deffus, pour en pouvoir fortir toute l'arête & la renverfer. Il faut prendre un peu de cette chair & de la chair de Carpe, pour en faire une farce, avec ciboule, perfil, mie de pain ; & vous la remettrez de la même maniere que quand elle étoit entiere. Vous la farcirez tout d'un tems. Vous en aurez d'autres pour frire, afin d'en tirer les filets pour garnir vôtre potage. Il faut avoir un bon ragoût, de même que pour le Potage aux Ecrevices, & auffi un pareil coulis. Vous ferez mitonner vôtre Potage avec de bon boüillon de poiffon ; cependant vous frirez vôtre Sole farcie, que vous

mettrez fur le Potage quand il fera mitonné
& prêt à fervir. Vous garnirez des filets
des autres Soles frites, de laites de Carpes
& cus d'artichaux. Verfez le ragoût tout
autour, & laiffez la Sole découverte,
qu'elle paroiffe d'une belle couleur : le
tout fervi chaudement.

Si ce n'eft pas en Carême, on peut faire
une omelette pour mêler avec la farce ; &
au lieu de frire les Soles, on les peut auffi
mettre dans une tourtiere frotée de beurre:
Vous les panez pour leur faire prendre
couleur, & les faites cuire dans le four
doucement.

On fait encore un Potage des feuls filets
de Soles, un pain au milieu, garni d'oignons paffez au roux : comme auffi un Potage de filets de Soles au bafilic.

Potage de Soles en gras.

Le boüillon & le jus font de même que
pour les autres Potages gras. Quant au
refte, prenez des Soles, & à quelques-
unes, tirez-en les filets cruds, & les piquez proprement, avec quelques ris-de-
veau piquez ; ce qui fervira pour la garniture de vôtre Potage. Pour la Sole tarcie
au milieu de vôtre Potage ; prenez vôtre
Sole, ratiffez-la, & la troüez du côté de
la

la tête, pour en tirer toute l'arête, & que la peau reste toute entiere. Prenez de la chair de la même Sole, un peu de lard blanchi, quelques morceaux de ris-de-veau, truffles & champignons, le tout bien haché. Pour faire une farce delicate, il faut y mettre un peu de mie de pain trempée dans un peu de lait, & la lier avec deux jau-nes d'œufs : il faut y avoir haché un peu de persil & de la ciboule. Vôtre farce étant faite, il en faut remplir vôtre Sole ; & étant prêt à servir, la fariner, la faire frire avec lard, de belle couleur ; & du reste de la farce, faire de petites andoüillettes & les frire, les aïant bien farinées & panées, aprés les avoir trempées dans des œufs battus, afin que le pain s'y tienne. Pour les filets, aprés les avoir piqué, & les ris-de-veau, il faut les fariner un peu, & les frire dans le même lard. Vôtre Potage étant mitonné, garnissez-le de ces filets & ris-de veau, & de petites andoüillettes : mettez la Sole au milieu du Potage, avec un ragoût de ris-d'agneau & truffles selon la saison ; le tout bien garni, & arrosé de bon jus sur le pain du Potage, & servi chaudement.

Une autre fois, on peut piquer la Sole du milieu ; & pour la pouvoir piquer, aprés l'avoir ratissée, lavée & bien essuïée,

M m

il y faut passer la pêle rouge sur le dos
legerement, afin que vôtre lardoire puisse
passer proprement pour la pouvoir piquer.
Étant piquée, vous la pouvez frire comme
l'autre Sole ; & aussi vous pouvez la mettre dans une tourtiere, avec du lard dessous,
& lui faire prendre couleur à la broche,
ou au four.

Pour des Entrées ; il s'en peut faire de
même que le ragoût ci-devant, garnissant
de filets, andoüillettes & autres choses; le
tout servi chaudement.

Potage de Tortuës maigre.

Il faut prendre des Tortuës, leur couper
la tête & les jambes un jour auparavant,
& les mettre tremper dans de l'eau pour
ôter le sang. Ensuite il faut prendre une
petite marmite, à proportion des Tortuës,
& les mettre cuire avec de l'eau, un peu
de sel, du bon beurre, un peu de persil,
une ciboule piquée de clous de girofle, un
peu de fines herbes, & faire bien cuire le
tout. Si vous voulez que vôtre boüillon
soit meilleur, ajoûtez-y quelques arêtes
de Carpes ou autre poisson dont vous aurez
tiré la chair pour faire des farces. Le tout
étant bien cuit, tirez les Tortuës, & passez
le boüillon, qui servira pour le Potage &

pour le ragoût. Il faut ôter la coquille de
deſſus vos Tortuës, & ôter proprement la
peau : aprés il faut prendre la chair de vos
Tortuës, & qu'elles ne ſoient pas trop
cuites. Prenez garde de l'amer. Gardez la
coquille de deſſus, pour y faire une pâte claire pour la faire frire, comme ſi c'étoit une
marinade en pâte, elle ſervira pour mettre
au mileu de vôtre Potage. Prenez de la chair
de Tortuë, & la paſſez proprement dans
une caſſerolle avec un peu de beurre, un
peu de ciboule, de perſil ; & mouillez le
ragoût du même bouïllon. Enſuite vous
y mettez vos laites, truffles & champignons,
& autres garnitures, ſi vous en avez, avec
un petit coulis d'Ecrevices ou autre poiſſon. Faites mitonner vos croûtes. Aïez
auſſi des filets de poiſſon frits, qui ſoient
bien propres, pour garnir le Potage. De
plus, il faut avoir un petit coulis blanc de
chair de Brochet pour arroſer le Potage,
afin qu'il ſe trouve marbré avec le ragoût;
qu'il y entre auſſi du coulis d'Ecrevices.
Dreſſez proprement vôtre Potage, le ragoût par-deſſus, les filets autour : marbrez
des deux coulis, & mettez au milieu de
vôtre Potage la coquille que vous aurez
frite.

Potage de Tortuës en gras.

Pour le Potage de Tortuës en gras, on les fait cuire comme ci-deſſus, pour en tirer la chair, que l'on paſſe avec du lard & fines herbes. On fait un coulis avec un morceau de veau rôti à la broche bien riſ-ſolé, que vous pilez dans un mortier avec du blanc de Chapon ou de Poulets, & cinq ou ſix amandes, un morceau de mie de pain trempée dans de bon bouïllon. Vous faites bouïllir le tout dans une caſſe-role, & l'aſſaiſonnez de bon goût; & le paſſez enſuite par l'étamine, avec un mor-ceau de citron verd; ce coulis ſera pour bien nourrir vôtre Potage en mitonnant. Vous le garnirez de ris-de-veau coupez en laites, cus d'artichaux, poupiettes piquées paſſées au roux à part; & au milieu, vos coquil-les frites de belle couleur, & jus de citron en ſervant.

Potage aux croûtes farcies de Vives &
Perches au blanc.

Vous faites cuire vos Vives ou vos Per-ches, à l'eau & au ſel; vous en ôtez la peau, & prenez la chair, que vous hachez bien menu. Il faut avoir une douzaine d'a-

mandes avec de la chair de vos Vives, &
en faire un coulis ; les pilant avec trois ou
quatre jaunes d'œufs, ſi le tems le permet.
Vous paſſez vôtre hachis au bon beurre &
fines herbes, & vous vous en ſervez pour
poudrer vos croûtes mitonnées ; & jus de
citron en ſervant.

Potage aux croûtes farcies de Soles.

Il faut faire le hachis comme celui ci-deſſus, aïant fait frire vos Soles, avec nantilles paſſées dans le coulis ; ou bien un
coulis verd avec des pointes d'aſperges.

Potage aux croûtes farcies de Brochet.

Vous le faites comme les precedens, avec
un coulis verd & des pointes d'aſperges
dans la ſaiſon, ou bien un coulis blanc.

Potage de Perches au blanc.

Prenez vos Perches ; & les aïant bien lavées, faites-les cuire avec de l'eau, du ſel,
clou, oignon, thim, poivre. Etant cuites,
épluchez-les bien proprement : vous en
prendrez une pour faire un coulis, avec un
peu d'amandes pilées & quelques jaunes
d'œufs, ſuivant le tems ; pilant le tout dans

un mortier, bien affaifonné, & paffé enfuite par l'étamine. Vous mettez d'un hachis de Carpes fur vos croûtes, & le coulis
par-deffus ; & garnirez de pain frit.

Potage de Grenoüilles.

Vous prenez vos Grenouilles, dont vous
coupez les jambes, & décharnez les os des
cuiffes & les rompez. Vous refervez les
plus groffes pour frire. Vous les faites mariner avec verjus, fel, poivre, & les aïant
paffées dans une pâte claire, vous les faites
frire d'une belle couleur, pour en faire un
cordon autour de vôtre Potage. Les autres,
vous les pafferez en ragoût, avec laites,
champignons, & autres garnitures, le tout
au blanc : vous en garniffez vôtre Potage
mitonné ; un coulis par-deffûs, & un jus
de citron.

Potage aux Profitrolles.

Faites un hachis de Carpes que vous pafferez au beurre avec fines herbes, un morceau de citron verd & bouïllon. Vous le ferez cuire & l'affaifonnerez, qu'il foit de
bon goût. Coupez du Brochet ou des Vives en fricandeaux, que vous ferez mariner
avec verjus, oignon, fel, poivre ; & les

aïant farinez , vous les ferez frire de belle couleur : ce fera pour garnir vôtre Potage. Vous mettrez vôtre hachis par-deſſus vôtre pain mitonné , le pain de Profitrolle au milieu, & jus de citron en ſervant.

Potage de Profitrolle de Tortuës.

Vous le pouvez garnir d'Ecrevices , & coquilles frites par intervalles. Faites un coulis roux , comme aux Ecrevices : paſſez vos Tortuës en fricandeaux , comme des Poulets au coulis blanc, & un morceau de citron verd. En mitonnant vos croûtes , mettez par-deſſus quelque hachis de poiſ- ſon , & laites paſſées au roux avec fines herbes. Vous dreſſez enſuite vos Tortuës, un pain au milieu , & jus de citron.

Potage à la Roïale.

Il faut avoir de la chair d'anguille & autant de champignons, que vous paſſerez à la poële avec beurre blanc: hachez le tout enſemble , & le mettez dans un pot avec bon boüillon de poiſſon, aſſaiſonné de ſel & un bouquet de fines herbes. Vous ferez mitonner vos croûtes du même boüillon de poiſſon : vous les couvrirez de vôtre chair hachée par-deſſus; & garnirez de lai-

M m iiij

tes de Carpes , foies de Brochet , champignons farcis , & tranches & jus de citron & de champignons en fervant , avec capres.

Potage d'Huîtres.

Paſſez les Huîtres par la poële avec beurre roux, & gardez leur eau , comme on l'a déja dit ailleurs ; paſſez en même tems avec vos Huîtres , des champignons par morceaux, & un peu de farine : & mettez cuire le tout avec purée claire, fel, & un morceau de citron verd. Faites mitonner vôtre pain avec bon boüillon de poiſſon ; & aïant dreſſé vos Huîtres & vos champignons , garniſſez de capres & tranches de citron ; & fervez , aprés avoir mis l'eau de vos Huîtres dans vôtre Potage , avec jus de champignons & de citron.

Potage de Tanches farcies , au boüillon brun.

Il les faut limoner dans de l'eau chaude ; & ôter la peau entiere, comme vous pourriez faire aux Soles. Faites farce avec la chair, champignons, fines herbes, jaunes d'œufs, fel, poivre & muſcade ; & étant farcies comme ſi elles étoient entieres ,

mettez-les cuire avec purée claire , ou autre
boüillon , & beurre. Paſſez champignons
par la poële avec beurre & farine; & faites-
les cuire dans d'autre boüillon ou eau, aſſaiſonnez de ſel , clous , & un paquet de fines
herbes. Ce boüillon vous ſervira pour faire
mitonner vos croûtes , ſur leſquelles vous
dreſſerez vos Tanches , garnies de champignons , capres , laites de Carpes ; & jus &
tranches de citron en ſervant.

Les Cancres farcis , & autres ſemblables
poiſſons , ſe peuvent ſervir en pareil Potage.

POT-POURRI.

Cette maniere eſt propre à pluſieurs choſes , comme Canards , Dindons , Levraux ,
& autres pieces. On les larde de gros lard,
& on les paſſe à la poële avec lard fondu,
pour·les colorer : enſuite on les fait cuire
avec boüillon, vin blanc , un paquet de
fines herbes , ſel & poivre. Etant à demi
cuits , paſſez des champignons dans le
même lard , & un peu de farine ; & mettez le tout enſemble , avec jus ou coulis
d'artichaux , andoüillettes , ris-de-veau,
huîtres , ſi vous voulez , & concombres
marinez ſuivant le tems. Servez avec jus de
Mouton & de citron , dreſſé proprement
& chaudement pour Entrée.

POULARDES.

Nous avons marqué ci-devant une maniere d'Entrée de Poulardes , sçavoir aux Olives ; que l'on peut pratiquer à l'égard d'autres Volailles. En voici de particulieres , qui ne font pas moins curieuses , ni moins délicates.

Poulardes à l'Angloife.

L'on y fait une farce compofée de capres , du lard , de la tetine de Veau , un peu de moëlle , des truffles , des champignons , des cus d'artichaux, des ris-de-veau, un peu d'ail ; le tout haché, blanchi & affaifonné. On en farcit les Poulardes dans le corps ; & les aïant bien ficelées , avec une bonne barde de lard fur l'eftomac , vous les envelopez dans du papier , & les faites rôtir. Vous les fervez chaudement, avec une petite fauffe compofée de truffles hachées , champignons, anchois, un peu de capres, & du jus de Veau ; le tout haché, détrempé & cuit. On y met auffi un peu de coulis ; & en fervant, on y preffe le jus d'une orange.

Poulardes à la crême, farcies sur l'arête.

Il faut prendre des Poulardes & les faire rôtir. Etant rôties, tirez l'eſtomac; prenez-en la chair, & la hachez bien proprement, avec du lard cuit, un morceau de jambon cuit, un peu de champignons, des truffles, de la ciboule & du perſil, une mie de pain trempée dans de la crême, qui ait un peu mitonné ſur le feu : le tout étant bien haché, mettez-y quelques jaunes d'œufs. Enſuite il faut farcir avec cela vos Poulardes ſur l'arête, les ranger dans un plat ou tourtiere, les paner deſſus proprement, y aïant paſſé du blanc foüetté des œufs dont vous avez pris le jaune, & leur faire prendre couleur dans le four. Si vous avez trop de cette farce, & que vous ayez quelques cuiſſes ou aîles de Poulets & Poulardes, vous les pouvez farcir avec la même farce ; ce ſera pour garnir vôtre plat : & ſi vous voulez, vous pouvez faire à ces Poulardes un petit ragoût de champignons & foies paſſez à la crême, que vous mettrez deſſous.

Poulardes à la Sainte-Menehout.

Prenez des Poulardes, retrouſſez-les

pour boüillir, & les fendez par derriere :
élargiſſez-les ſur la table, caſſez les os,
& ôtez ceux des cuiſſes. Il faut avoir une
caſſerole avec du bon lard, & les paſſer
proprement ; que la caſſerole ſoit large, &
qu'il y ait beaucoup de lard, avec un peu
de perſil, de la ciboule, & les autres aſſaiſonnemens. Aprés les avoir paſſées, laiſſez-
les dans la même caſſerole : couvrez-les de
quelques bardes de lard deſſus ; & les mettez
à la braiſe, feu deſſus & deſſous, prenant
garde qu'il ne ſoit pas trop ardent. Il faut
y avoir auſſi mis quelques tranches d'oignons. Etant cuites, tirez-les, & les panez proprement ; mettez-les au four pour
prendre couleur, & ſervez chaudement,
avec une ramolade deſſous, ſi vous voulez,
& jus de citron.

Autre Entrée de Poulardes en filets.

Il faut faire rôtir les Poulardes ; enſuite
en tirer les filets & toute la chair bien proprement. Otez la graiſſe, & rangez-les
dans le fond du plat. Il y faut faire cette
fauſſe : Hachez du perſil, un peu de ciboule, de capres, d'ail ; & mettez le tout dans
une caſſerole, avec un peu d'huile & de
vinaigre, bien aſſaiſonné. Délaïez tout cela bien enſemble, & preſſez-y un jus de

citron : il ne faut pas mettre la fauſſe ſur le
feu. Aprés qu'elle eſt bien délaïée, verſez-
la dans un plat où ſont vos filets de Poulardes, & ſervez froid.

Poularde accompagnée.

Prenez une bonne Poularde, ou Chapon,
ou autre choſe approchant, comme Faizan
ou Becaſſe. Vous les fendez par-deſſus le
dos, & vous en ôtez tout ce que vous pouvez d'os en dedans. Faites une farce pour
les farcir, avec des viandes delicates ; comme Pigeonneaux, petits Poulets, Becaſſines,
Mauviettes, & un petit ragoût mêlé &
paſſez enſemble, bien aſſaiſonné. Vous les
recouſez proprement, aprés les avoir farcies ; & vous les faites cuire doucement à
la braiſe dans une marmite bien bouchée,
avec des bardes de lard, tranches de Bœuf,
un morceau de citron verd, un bouquet de
fines herbes, & autres épices. Etant cuites,
vous les dreſſez ſur le dos, & jettez par-
deſſus un ragoût de champignons, ris-de-
veau, truffles, cus d'artichaux, le tout de
bon goût : vous garnirez de Pigeons marinez, ou autre choſe convenable.

Poulardes à la sausse au jambon; & autrement.

Etant cuites à la broche, faites-y une
sausse au jambon, avec capres & une petite liaison, & jus de citron en servant.
D'autres fois, passez-les en ragoût avec
truffles : ou bien mettez-les à la braise, à
la Saingaraz, ou au coulis d'Ecrevices,
comme beaucoup d'autres choses.

POULETS.

Nous voici encore à un article qui fournit abondamment dequoi faire un grand
nombre d'Entrées differentes : commençons par les principales.

Poulets au jambon.

Prenez des Poulets ; vuidez & retrouffez les, & ne les faites pas blanchir. Coupez des tranches de jambon pour chaque
Poulet ; battez-les un peu, & les assaisonnez de persil, & ciboule hachée. Avec les
doigts détachez la peau de dessus l'estomac
de vos Poulets, pour y pouvoir faire entrer cette tranche de jambon, entre la chair
& la peau ; sur tout que celle-ci soit entiere. Blanchissez-les à l'air du feu ; mettez

une bonne barde, & faites-les rôtir : Etant
cuits, levez la barde ; faites une bonne fauffe
au jambon par-deffus, & fervez chaudement.

Poulets farcis aux Huîtres.

Il faut avoir de bons Poulets, les accommoder comme fi c'étoit pour rôtir ; & faire
une petite farce, pour les farcir entre
la peau & la chair. Il y faut des huîtres,
un peu de ris-de-veau, des champignons,
des truffles, du perfil & de la ciboule hachez, le tout paffé proprement dans une
cafferole, avec un peu de farine, une petite goute de jus paffé, & bien affaifonné.
Il faut farcir les Poulets dans le corps, les
bien ficeler des deux côtez, & les faire rôtir, une barde fur l'eftomac. Etant cuits,
dreffez-les dans le plat ; faites-y un petit
coulis de champignons, & fervez chaudement.

Poulets à la Mazarine.

Coupez vos Poulets de même que fi c'é-
toit pour faire une fricaffée blanche ; & les
mettez à la braife, comme nous avons dit
ci-devant pour les Pigeons grillez ou frits
à la Sainte-Menehout, avec toutes fortes de
fines herbes. Le tout étant bien cuit, on
les pane proprement, & on les fait griller.

Ils vous peuvent servir pour garnir, ou pour plats. On ne les frits pas ordinairement, comme on peut faire les Pigeons. Le tout se sert chaudement, pour Entrée. Plusieurs appellent ces Poulets, Pigeons & autres Volailles qu'on accommode de la sorte, des *Pieces à la Sainte-Menehout*. Il faut sur tout, que le pain dont on les pane soit fin & blanc, afin qu'il ait belle couleur quand le tout est grillé.

Entrée de Poulets, coulis aux Ecrevices.

Il faut prendre des Poulets qui soient bien gras ; les bien retrousser, & les faire rôtir. Si vous les voulez mettre à la braise, il les faut larder à gros lard & jambon, selon que l'on jugera à propos. Etant cuits, d'une maniere ou d'autre, il faut avoir un bon ragoût, composé de toute sorte de garniture, bien passé & bien assaisonné ; sçavoir, ris-de-veau, truffles, pointes d'asperges & cus d'artichaux selon la saison. Après que vôtre ragoût sera cuit, il y faut mettre les Poulets, qui doivent avoir l'estomac un peu battu, afin qu'ils tirent le goût de la sauffe. Prenez des Ecrevices ; pilez bien toutes les jambes, mais point de cuisses ni de queuës, parce que le coulis n'en

seroit

feroit pas bien roux. Aïant pilé cela dans le mortier avec une petite croûte de pain, paſſez-le avec du jus, ou même les ſeules jambes, afin qu'il ſoit plus roux. Pour lier le ragoût, aïez un coulis de pain, & quand tout ſera cuit, vous y mettrez le coulis d'Ecrevices. Vous pouvez auſſi y mettre quelque queuës d'Ecrevices ; & ſi vous voulez, vous y hacherez un anchois : le tout bien dégraiſſé, & ſervi chaudement.

Poulets à la brochette.

Prenez des Poulets, & les coupez de-même que ſi c'étoit pour une fricaſſée blanche. Il faut avoir une caſſerole, y mettre un peu de lard, & le paſſer avec un peu de farine & les Poulets. Etant bien paſſez & aſſaiſonnez, moüillez avec de bon jus, & faites cuire vos Poulets. On y hache quelques champignons & truffles ; on y met auſſi un verre de bon vin de Champagne, un peu de capres & d'anchois hachez. En cas que la ſauſſe ne ſoit pas aſſez liée, on y met un peu de bon coulis. Etant bien cuit & bien dégraiſſé, dreſſez proprement le tout dans un plat, la ſauſſe deſſus : vous garnirez avec des cotelettes, ou autre choſe que vous voudrez. Servez chaudement.

Nn

Poulets farcis, coulis de Champignons.

Il faut prendre les Poulets & les bien
retrousser, qu'ils ne soient pas blanchis.
Pour faire la farce, prenez du lard crud,
de la moëlle, des ris-de-veau hachez, des
truffles hachées, du persil & de la ciboule,
toute sorte de fines herbes, des foies gras
& des champignons : hachez & pilez le
tout ensemble, qu'il soit bien assaisonné.
Cette même farce peut servir pour le Pâté
de Perdrix, & à toute sorte de Volaille
farcie, à la braise ou rôtie. Liez la sausse
avec deux jaunes d'œufs : faites rôtir vos
Poulets farcis, bien ficelez & couverts de
papier, & preparez sur la fin vôtre coulis
de champignons. Il doit y entrer un peu
de jambon, des capres, des truffles, &
un anchois. Dressez vos Poulets, le
coulis par-dessus ; & garnissez de pain
blanc.

On farcit encore des Poulets sur l'estomac, aprés en avoir tiré la chair que vous
y emploïez ; & vous les servez, panez &
cuits au four, de belle couleur.

Poulets à la Civette.

Prenez des Poulets bien gras, & les re-

trouffez bien pour les faire rôtir : blanchiffez-les fur la braife , & leur coupez les
jambes. Etant blanchis, mettez-les tremper
dans du bon lard , environ trois ou quatre heures , avec quelques tranches de ciboules , & affaifonné de toutes fortes de
fines épices & un peu de fel : après il les
faut faire rôtir , & les arrofer du même
lard. Etant rôtis, vous y faites un bon ragoût , ou du coulis de champignons , ou
une bonne poivrade , le tout fervi chaudement. Vous en pouvez faire de même à
plufieurs Volailles , de même que pour les
Poulardes à la Sainte-Menehout.

Poulets à l'ail.

Il faut prendre des Poulets, & les piquer
à lard par rangées : enfuite les faire rôtir ,
les aïant auparavant piquez de petites pointes d'ail. Etant cuits faites-y une bonne
poivrade , ou du bon coulis de champignons . ou un ragoût de truffles ; qu'il y
entre une pointe d'ail ; & auparavant que
de fervir, preffez dans la même fauffe deux
jus d'orange.

Poulets en fricaffée.

On fait des fricaffées de Poulets au

blanc & au roux. Pour le dernier, vous
écorchez les membres de vos Poulets, &
les passez à la poële avec lard fondu : ensuite vous les mettez cuire avec un peu de
beurre, boüillon ou eau, & un verre de
vin blanc, aſlaiſonné de ſel, poivre, muſcade, cerfeüil bien menu, ciboulettes entieres que vous retirerez ; & vous y ferez
une liaiſon du même roux où vous les aurez paſſez, avec un peu de farine. Vous y
pouvez mettre des ris-de-veau, champignons, cus d'artichaux & autres garnitures.
Garniſſez de fricandeaux & poupiettes à la
broche, ou tranches de citron ; ſervez avec
jus de mouton & de citron

La fricaſſée de Poulets au blanc, ſe blanchit d'une bonne liaiſon de trois ou quatre
jaunes d'œufs, avec verjus ou citron. On
la peut garnir de Poulets marinez, pain
frit & perſil dans les intervalles.

Et pour la fricaſſée de Poulets à la crême,
après qu'ils ſont cuits comme ci-deſſus, on
ôte un peu de la graiſſe, & l'on y met de
la crême en ſervant.

Entrée de Poulets à la Gibelote.

Vous prenez vos Poulets, & vous les
coupez comme pour mettre en fricaſſée :
vous les rangez dans une caſſerole, & les

aſſaiſonnez comme une étuvée de Carpes.
Vous y mettez champignons & autres garnitures, & un morceau de citron ; & jus
en ſervant.

Autre Entrée.

On fait une autre Entrée de Poulets piquez ſur les membres, cuits à la broche :
& quand ils ſont cuits, vous les retirez
dans un plat ; vous coupez les jointures &
les cuiſſes, & vous jettez deſſus un ragoût
de champignons, cus d'artichaux, mouſſerons, ris-de-veau, foies gras & capres.

Poulets à la braiſe.

Vous prenez vos Poulets, & les fendez
ſur le dos juſqu'au croupion, & vous les
aſſaiſonnez de ſel, poivre, ciboule, perſil
haché bien menu, coriandre : vous les mettez entre de bonnes bardes de lard, l'eſtomac en deſſous ; & vous les faites chaufer,
auparavant que de les enterrer entre deux
braiſes, feu deſſus & deſſous. Vous y pouvez mettre un peu de jambon, un morceau
de citron, & un bouquet de fines herbes. Vous hachez le jambon crud bien menu, & le poudrez parmi vos Poulets ; &
étant prêt à ſervir, mettez le jus qui en

sort par-dessus, & jus de citron en servant.
On peut aussi farcir ces Poulets qu'on met
à la braise.

Entrée de Poulets désossez.

Vous les farcissez d'un bon Godiveau,
& les passez au roux ; & vous y faites un
ragoût de ris-de-veau, truffles, champignons & artichaux coupez par petits morceaux ; le tout bien assaisonné. & garni
de marinades ou autre chose convenable,
& jus en servant.

Poulets en filets, pour Hors-d'œuvres.

On les met au blanc ou au roux, & l'on
y fait une liaison avec de la mie de pain
passée dans du lard, avec fines herbes &
bouillon, & jus de citron ; & passez le
tout par l'étamine, avec un peu de jus.

Poulets à la sauße de Becaße.

On les passe au roux brun, avec une
petite liaison ou coulis de Becasse. Vous y
mettez un anchois haché bien menu, avec
une rocambole & jus de citron, & une
goute de vin ; & on les sert aussi pour
Hors-d'œuvres d Entrées, de même que les
suivans.

Poulets au jus.

Vous les ſervez ſans être panez, ni piquez ; ſeulement un peu de ſel menu par-
deſſus : Vous les pouvez garnir de petits
croûtons de pain.

Poulets en compote.

Aïant trouſſé & bardé vos Poulets, em-
brochez-les, & en rôtiſſant, arroſez-les de
verjus ; étant à demi rôtis, tirez-les de la
broche. Faites fondre enſuite de bon lard
& de bon beurre dans une poële ; étant
fort chaud, mettez-y vos Poulets & les y
laiſſez un moment, en les retournant bien
de côtez & d'autres ; puis retirez-les & les
égoutez : mettez-les cuire enſuite dans une
caſſerole, avec bon boüillon, fines herbes,
ſel, poivre, clous & muſcade ; & aïant
mittonné quelque tems, ſervez chaud, avec
un jaune d'œuf, & un jus de citron, ou
d'orange.

Poulets à la ſauſſe de Brochet.

Paſſez-les au brun, comme en fricaſſée ;
& mettez-y un anchois bien haché, avec
une échalote, un peu de capres, un filet
de vinaigre, poivre blanc & jus de citron
en ſervant.

Poulets mignons.

Aprés avoir farci vos Poulets, vous les piquez bien proprement, & vous les enve-lopez d'une bonne barde de lard & une fcüille de papier, & vous les faites cuire à la broche, & les fervez avec un bon degout.

Poulets à la Tartare.

Aïant plumé & n'étoïé vos Poulets, coupez-les en deux, trouffez-les, & les battez avec le plat d'un gros coûteau : met-tez-les enfuite dans une cafferole avec bon beurre & lard fondu, quelques tranches de citron, rocamboles, & toutes fortes de fines herbes, à l'exception du thim & du laurier ; faites cuire & mitonner le tout doucement à petit feu avec un peu de bon boüillon, enfuite vous y mettrez un verre de vin de Champagne, ou de bon vin blanc : quand ils feront prefque cuits, il faut les tirer de la cafferole, les bien paner & les faire griller, & les fervir à fec ou avec la Ramolade.

Poulets d'autres manieres.

On fert encore des boulets gras aux
Truffles ;

Truffles, d'autres à la Polacre, avec une
ramolade : & il y a d'ailleurs les Marinades de Poulets, comme on a vû lettre M.
les Poulets en Civet, lettre C. les Pâtez
& Potages de Poulets qui ont aussi été ex-
qliquez ci-devant ; & les Tourtes de Poulets, par où nous allons finir cet article.

Tourte de Poulets.

Il faut prendre les Poulets, & les couper comme pour faire une fricassée blanche. Passez-les avec toute sorte de bonnes
garnitures, & formez-en vôtre Tourte,
comme on verra celle des Pigeons, lettre
T. On y mettra un bon coulis auparavant
que de servir, le tout bien dégraissé.

Quand c'est la saison des jeunes Poulets,
il faut les bien éplucher & retrousser, comme si c'étoit pour boüillir, & ne les pas
blanchir. Il faut tirer l'estomac par le côté
du gosier, & aussi tous les os, si vous
voulez ; aïant soin que la peau reste entiere.
Prenez la chair avec quelques morceaux de
Veau, & hachez-les ensemble, avec un
peu de lard, moëlle, truffles, champignons, persil & ciboule ; le tout bien assaisonné, & lié d'un ou deux jaunes d'œufs.
Mettez cette farce dans la peau des Poulets,
afin qu'ils soient comme entiers ; & les

faites un peu blanchir à l'eau. Mettez-les
enfuite en pâte, avec toute forte de bonnes
garnitures. Cette pâte fe peut faire bien fine, avec bon beurre, farine, fel, & deux
ou trois jaunes d'œufs. Plufieurs appellent
cette forte de Tourte, une *Tourte à la Pa-
rifienne.* Pour ce qui eft du coulis, on le
fera fuivant fa commodité. Etant prêt à fervir, dégraiffez bien vôtre Tourte, & fervez
chaudement, garni de fa croûte.

POUPETON.

En parlant de la maniere de faire le Godiveau d'un Poupeton, lettre G. on a vû
auffi ce qu'il y avoit à obferver à l'égard de
tout le refte, pour des Poupetons farcis de
Pigeonneaux, ou autres pieces. Voici pour
les diverfifier, quand c'eft la faifon des petits pois.

Formez vôtre Poupeton à l'ordinaire; &
avant que de le couvrir de fa farce, mettez-
y deux ou trois poignées de pois paffez, &
fermez le tout avec vôtre Godiveau. On le
cuit à la braife; aprés quoi il faut le découvrir, & le mettre dans fon plat. Vous
y pouvez encore mettre quelques cuillerées
de pois par-deffus; & fervez chaudement.

Poupeton en maigre.

Prenez de la chair de Carpes & de Brochet, dont vous ferez un bon Godiveau bien affaisonné, avec mie de pain ou farine, aïant haché le tout enfemble. Vous y pouvez ajoûter quelque œuf, fi ce n'eft pas en Carême, & en former un Poupeton comme les precedens. Vous mettez au milieu, des Soles en filets, ou autres, que vous pafferez au bon beurre, avec toute forte de bonnes garnitures. Au milieu, il y faut un beau cu d'artichaut : aprés, vôtre ragoût & vos filets de poiffons ; & vous achevez enfuite de remplir, avec la fauffe de vôtre ragoût. Vous couvrez le tout de vôtre farce ou godiveau, & le faites cuire doucement à la braife. Etant cuit, renverfez-le fens deffus deffous ; & fervez avec jus de citron.

POUPIETTES.

Pour faire des Poupiettes, il faut prendre des bardes de lard qui foient un peu longues, mais pas trop larges, felon la groffeur dont vous fouhaitez les Poupiettes. Vous prendrez autant de tranches de Veau, que de bardes ; & les aïant bien battuës,

vous mettrez chaque tranche fur une barde.
Il faut faire une bonne farce, où il peut
entrer une pointe d'ail : Vous mettrez de
cette farce fur vos tranches, la quantité que
vous jugerez à propos, & vous les roulerez ferme. Etant roulées, aïez une brochette de fer, & les embrochez en travers;
& faites les rôtir, envelopées de papier.
Quand elles feront prefque rôties, ôtez le
papier, panez-les proprement, & leur
faites prendre couleur. Elle vous peuvent
fervir de plat, ou pour hors d'œuvres : ou
pour garnir. On en accommode auffi en
ragoût comme des Fricandeaux, avec un
morceau de citron en cuifant, & jus en
fervant.

Vous faites auffi des Poupiettes piquées,
& paffées au roux avec quelques morceaux
de truffles & morilles, & bon jus, ou un
peu de coulis, pour les bien nourrir, avec
jus de citron en fervant.

Q.

QUARLET,

ESt un poiffon de mer affez femblable
à la Limante ; on en fait des potages,
on les met en ragoût, & on les frit.

Potage de Quarlet.

Aïant bien lavé , vuidé & écaillé vos
Quarlets , faites-les cuire dans une cafferole avec du vin blanc & de l'eau ; ajoûtez-y beurre frais , champignons , mie de
pain , fel , poivre , laurier , thim , perfil ,
& un oignon piqué de clous ; étant cuits ,
tirez les grandes arêtes de vos Quarlets ,
agitez-les enfuite avec une cuillere , puis
paffez le tout en maniere de coulis : ajoûtez-y un jaune d'œuf mêlé avec du verjus ;
enfuite, faites mitonner vos croûtes feches
dans de bon boüillon d'herbes bien affaifonné : verfez vôtre coulis fur vôtre Potage , & garniffez de ragoût de champignons, laitances de Carpes , & pain frit;
puis fervez.

Quarlets en cafferole.

Les aïant habillez & effuïez, paffez-les un
peu dans de bon beurre roux, puis mettez-les
cuire doucement dans une cafferole , avec
beurre frais, perfil, ciboule, laurier, thim,
fel, poivre, clou, & un verre de vin blanc ;
prenez garde qu'ils ne s'attachent au fond
& ne fe brifent en les remuant ; étant prêt
de fervir, poudrez-les de chapelures de pain

aſſez fines, & jettez deſſus un jaune d'œuf mêlé avec du verjus, ou jus de citron, & ſervez : Ils ſe mangent auſſi frits avec ſel & jus de citron, ou jus d'orange.

R.

RAMEQUINS.

POur faire des Ramequins au fromage, on fait une farce de même qu'on verra ci-aprés pour les Talmouſes : il n'y a qu'à y piler un peu de perſil, de plus ; & y ajoûter, ſi l'on veut, de la levûre de biere pour les faire mieux enfler. Pour former les Ramequins, il faut trancher de la mie de pain en petit carrez, avec la pointe du coûteau, & à chaque tranche de pain, vous mettez un peu de vôtre farce deſſus. Il faut avoir quelque œuf foüetté, ou vous tremperez vôtre coûteau, afin que la farce ne s'y attache pas. Vos Ramequins ſeront formez d'une hauteur ronde, ou carrée. Vous les ferez cuire dans une tourtiere, aïant mis un peu de beurre au-deſſous : prenez garde qu'ils ne prennent trop de couleur. Ils vous ſerviront pour garnir des Pois à la crême, & toute autre choſe que vous jugerez à propos, & même pour hors-d'œuvres d'Entremets.

On peut auſſi prendre un morceau de

fromage affiné, un morceau de beurre, deux pincées de farine, & trois jaunes d'œufs, un peu de poivre & du jus de citron : le tout bien pilé ensemble, vous l'étendez sur une assiette : & vous le faites cuire sous le couvercle d'une tourtiere, feu dessus, prenant garde qu'il ne brûle.

RIS-DE-VEAU.

Le Ris-de-Veau est un morceau fort délicat, qui se prend à la gorge de cet animal, tenant d'un bout à la partie superieure de la poitrine.

Outre la part qu'ont les Ris-de-Veau dans tout ce qu'il y a de meilleurs ragoûts, comme on l'a assez pû voir ; on en fait encore divers plats ou hors-d'œuvres, pour Entrée & Entremets, dont voici l'un des plus considerables.

Ris-de-Veau farcis, à la Dauphine.

Il faut avoir de bons Ris-de-Veau, les faire un peu blanchir, & les piquer d'un peu de jambon cuit. Faites une farce délicate & un peu liée ; & avec la pointe du coûteau, faites un trou à vos Ris-de-Veau par le côté, qui ne passe pas de part en part : il faut les farcir par là

proprement, & les mettre à la braise à petit feu. Etant cuirs, faites un bon ragoût,
composé de champignons, truffles, artichaux & mousserons. Le tout étant bien
passé, il faut y mettre des crêtes farcies
de la même farce, & un peu de coulis
de Poulet, afin que la sausse ne soit point
noire. Dégraissez-bien vos Ris de-Veau,
les aïant tirez ; & mettez-les ensuite dans
le ragoût, où vous les laisserez cuire encore
un peu. Dressez ensuite le tout dans son
plat ; pressez-y un jus de citron, & servez
chaudement.

Les autres manieres sont, de piquer les
Ris-de-Veau de menu lard ; & étant cuits
à la broche, les servir avec un ragoût ou
sausse par-dessus ; ou bien de les frire,
les aïant marinez, coupez par tranches &
farinez, pour les servir avec persil frit &
jus de citron : ou enfin d'en faire differens ragoûts, tantôt au blanc, tantôt avec de champignons & morilles, & tantôt aux truffles ;
le tout servi pour Entremets.

RISSOLES.

Les Rissoles sont encore une piece d'Entremets. Pour les rendre plus délicates, on
les fait avec du blanc de Chapon ; du reste,
on les assaisonne & on les forme à peu prés

comme on a vû pour les Boüillans, lettre B. & on les frit en grande friture, de belle couleur.

Il s'en peut faire en maigre, d'une bonne farce de poisson bien délicate; & même, de mousserons & épinars, pour le Repas en Racines. Pour les mousserons, on les fait cuire auparavant avec beurre, fines herbes & épices, un jus de citron & un peu de farine frite, après quoi on en forme des Rissoles : Et à celles d'épinars ; étant cuits, vous les hachez menu, & vous les assaisonnez de sel, canelle, sucre, écorce de citron pilée ou râpée ; & servez ces Rissoles cuites au four, avec sucre & eau de senteur.

Roignons de Mouton en ragoût & à la broche.

A'iant fait blanchir vos Roignons, ôtez-en la petite peau, piquez-les ensuite de gros lard, & les passez à la poële avec bon beurre, persil & ciboule: empotez-les avec bon boüillon, sel, poivre, clous, champignons, morilles, palais de Bœuf, marons, & un bouquet de fines herbes ; & servez chaud pour Entremets.

On les peut aussi rôtir à la broche, les aïant blanchis & piquez de menu lard, comme les Alloüettes ; & servir de-même.

Rôties.

On en peut servir en gras & en maigre, & c'est une chose assez commune. En gras, on en fait de roignons de Veau cuits, hachez bien menu, avec cerfeüil, sel, canelle, un jaune d'œuf, & sucre. On met cela sur des Rôties de pain ; & pour les servir, on les poudre encore de pain, ou bien on les glace proprement.

Pour celles de Becasses, hachez aussi la chair & le dedans des Becasses fort menu, hors le jusier : assaisonnez de sel, poivre blanc, & lard fondu ; & aïant mêlé le tout ensemble, faites vos Rôties, & les faites cuire à petit feu dans une tourtiere. Vous servirez sans sucre, & seulement avec du jus de mouton & d'orange, où vous aurez passé une échalote.

On fait encore de semblables Rôties avec des foies gras passez à la poële, avec lard pilé, trois ou quatre champignons, fines herbes, & assaisonnement ci-dessus.

En maigre, on en fait au beurre, à l'huile d'olive, & à l'hipocras ; ce qui ne merite pas de nous arrêter plus long tems, n'y aïant rien que de tres-facile & tres-connu.

Rôti.

Quoiqu'il femble qu'il n'y ait rien que
de facile dans ce qui regarde le Rôti, nous
avons crû qu'il ne falloit pas laiffer d'en
dire quelque chofe : non pas pour marquer
le degré de cuiffon neceffaire , ou le tems
qu'il faut à chaque piece pour être rôtie
bien à propos , parce qu'on en juge
affez à l'œil , & fuivant la groffeur & la
folidité des viandes ; mais bien pour expliquer la maniere de les apprêter avant que
de les mettre à la broche ; & les fauffes
qui leur conviennent le mieux. Par exemple :

Vuidez les Cailles & Cailleteaux , & les
mangez bardez , avec poivre ; ou piquez ,
à l'orange.

Les Faizans & Faizandeaux fe doivent
plumer à fec , & vuider : on les pique de
menu lard , & on les mange au verjus , fel
& poivre , ou à l'orange.

Piquez & mangez de même les Perdrix & Perdreaux , auffi-bien que les Gelinotes.

Les Becaffes & Becaffines ne fe vuident
point ; on les pique bien menu , on les fait
rôtir avec rôties de pain deffous : &
étant rôties , on y fait une fauffe avec

orange, fel, poivre blanc, & une ciboulette.

Les Pluviers s'apprêtent & se mangent de même.

Arrosez les Poulets d'Inde & Dindonneaux en rôtissant, avec un filet de vinaigre, ciboules, un peu de sel, & poivre blanc.

Servez les Ramiers & Ramereaux avec verjus de grain, ou orange; ou bien au vinaigre rosat, avec sel, & poivre blanc.

Les Tourterelles se mangent de même: il les faut vuider, & piquer de menu lard, comme ceux-là, aussi-bien que les Bizets, qui sont une espece de Pigeons.

Les Canards, Sarcelles, & autres Oiseaux de Riviere, se doivent vuider, & être mis à la broche sans larder. Etant à demi cuits, on les flambe avec du lard; & on les mange tout sanglans, avec sel, poivre blanc, jus d'orange; ou poivrade naturelle. Pour ce qui est des Canards de pailler, on y peut mettre quelques rangées de lard, & les faire cuire un peu plus que les autres.

Les Oies sauvages & privées se vuident; & si elles sont grasses on ne les larde point. Flambez-les de lard, & les mangez à la poivrade; ou au sel & à l'orange.

Vuidez & bardez les Oisons; & faites

farce avec les foies, lard, herbes hachées,
ciboulettes, fel, poivre, muscade ; jus de
Mouton & de citron en fe vanr : ou les
mangez au verjus de grain ou vinaigre,
avec poivre & fel.

On flambe les Grives, & on les poudre
de pain & fel, pour les manger avec verjus
& poivre aïant frotté le plat d'une échalote ; & un peu de jus d'orange.

Les Alloüettes fe mangent de même,
hors qu'on peut mettre un peu de fauge dans
la faufle.

Les Chapons gras fe doivent vuider &
barder : on met dans le corps un oignon
piqué de clous, avec fel & poivre blanc.
Etant cuits, ôjez la barde, panez-les, &
les mangez avec creffon amorti dans le vinaigre & fel : ou bien avec l'orange & fel ;
ou huîtres amorties dans le degout. Et
quant aux autres Chapons, on les peut piquer de menu lard, & les manger de même que les autres ; auffi-bien que les Poulardes.

Vuidez, & embrochez les Ortolans
dans une brochette, & les arrofez d'un
peu de lard fondu. On les fraife, ou poudre de pain & fel : & on les mange avec
fel & orange.

On ne vuide point les Mauviettes ; on
laiffe les pieds, & on les pique de menu

lard. Faites fauffe dans le degout , avec verjus de grain, fel & poivre blanc; ou les mangez au fel & à l'orange.

Les Becfigues ne veulent être que plu-mées : on coupe la tête & les bieds ; & en cuifant dans une brochette , on les poudre de pain râpé & fel. Mangez-les à l'orange, ou au verjus de grain & poivre blanc.

Les Liévres & Levraux fe doivent enfan-glanter de leur fang : on les pique de menu lard , & on les mange à la poivrade , ou à la fauffe douce, avec fucre, vin , vinaigre, canelle & poivre.

Les Lapins & Lapreaux fe mangent à l'eau & au fel & poivre blanc, ou à l'o-range.

On fait blanchir l'Agneau & le Chevreau dans l'eau , ou fur la braife : on les pique de menu lard , & on les mange à la fauffe ver-te ; ou à l'orange, fel & poivre blanc ; ou au vinaigre rofat.

Le Cochon de lait doit être bien échau-dé à l'eau chaude : on ôte le dedans, on y met fel , poivre , ciboules , & un morceau de lard pilé : On le met à la broche , & quand il eft un peu échaufé, on l'arrofe par-tout d'huile d'olive avec une plume , cela lui fait prendre une peau croquante. Etant prefque cuit, flambez-le, & l'arrofez d'eau

& fel. On le mange avec fel, poivre blanc, & orange.

On peut piquer le Marcaſſin de menu lard, ſans ôter la tête ni les pieds : & étant rôti bien à propos, mangez-le à la poivrade; ou avec orange, fel & poivre.

Le Sanglier s'apprête de même ; & on le mange à la poivrade, ou à la ſauſſe-Robert.

On pique auſſi le Chevreüil de menu lard; & étant rôti, on fait une ſauſſe avec oignons paſſez à la poële avec lard & par l'étamine, avec vinaigre, un peu de boüillon, fel, poivre blanc; ou à la ſauſſe douce.

Le Cerf & la Biche doivent être piquez de menu lard, & ſe manger à la poivrade.

Les Daims & Fans ſeront piquez de même, étant blanchis ſur le feu : on les arroſe de fel, vinaigre, citron verd, un paquet de fines herbes, & poivre; & on les mange auſſi à la poivrade.

De la Sauſſe nouvelle & toûjours prête, ou Sauſſe à tous Mets.

Aïez du verjus, du vinaigre & du vin ; ſçavoir un poiſſon de verjus, un verre de vinaigre & un demi-ſeptier de vin ; mettez

le tout enfemble dans un vaiffeau de terre
neuf que vous puiffiez boucher ; jettez-y
une demie livre de fel auparavant feché
fur la pêle chaude , deux onces de poivre
noir , deux gros de mufcade en poudre ,
autant de clous de girofle , un demi gros
de ginjembre , un morceau d'écorce d'o-
range feche ; une once de graine de moutarde un peu broïée , une demi douzaine
d'échalottes un peu froiffées , dix feüilles
de laurier , une pincée de bafilic , un
petit rameau de thim, & un peu de canelle;
aïant bien bouché vôtre vaiffeau , vous
laifferez infufer le tout fur cendre chaude
pendant vingt-quatre heures, aprés lefquelles vous pafferez vôtre compofition dans
un linge ferré , en exprimant le plus que
vous pourrez : Elle fe garde à la cheminée,
dans une bouteille de grés bien bouchée,
plus d'un an dans fa bonté , & fe peut
porter en campagne , ou à l'armée , où on
bien-aife de la trouver, pour en affaifonner
en un moment toutes fortes de ragoûts &
de viandes.

Ceux qui aimeront l'ail & l'oignon y
en pourront mettre ; & ceux au contaire,
qui n'aiment pas ces fortes de chofes , les
retrancheront.

Vous la pouvez faire avec l'eau feule ,
ou avec le verjus ou le vin , ou du jus
d'orange

d'orange ou de citron.

Avec l'eau feule, elle fe garde un mois bonne.

Avec le verjus, trois mois.

Avec le vinaigre, un an ; & avec le vin autant.

Avec le jus d'orange ou de citron, un bon mois.

On en met peu à la fois, & on obferve en la mettant dans les viandes de les remuer.

Elle convient à toutes fortes de ragoûts, en gras & en maigre ; & augmente merveilleufement la bonté des legumes.

Autres Sauffes qui fe peuvent fervir au Rôti.

Sauffe au jus de Canard.

Sauffe de Becaffes.

Sauffe au jus d'Eclanche, à l'échalote.

Sauffe au jus de Veau, à l'orange.

Sauffe au jus de Veau, à l'échalote.

Sauffe aux truffles hachées & herbes fines.

Sauffe au jambon crud, & huîtres.

Sauffe à l'Oignon ; & jus de Veau.

Sauffe au coulis de Perdrix, & capres.

Sauffe aux Anchois, & échalotes.

Sauffe à l'Efpagnol, à l'huile & moutarde.

Sauffe à la ciboulette, au roux.

Sauſſe au verjus de grain entier , au jus de Veau.

Sauſſe aux mouſſerons nouveaux, hachez.

Sauſſe au Pauvre-homme , à l'ail.

Sauſſe au Pauvre-homme , à l'huile.

Sauſſe de jus d'Aloïau, à l'ail.

Sauſſe au verjus nouveau, à l'échalote.

Sauſſe au fenoüil & groſeilles vertes.

Sauſſe aux huîtres vertes,& jambon haché.

Sauſſe aux Ramiers, & grenade.

Sauſſe aux froies gras.

Sauſſe au bled verd.

On trouvera beaucoup d'autres Sauſſes en ſon lieu , par le moïen de la Table.

ROUGETS,

Sont des petit poiſſons de mer, qui s'accommodent de differente maniere.

Entrée de Rougets marinez.

Vous les faites mariner dans l'huile ; & au vin & jus de citron, & autres aſſaiſonnemens ordinaires. Etant marinez , vous les panez bien, & les faites cuire au four doucement; qu'ils prennent belle couleur. Vous les dreſſez enſuite dans un plat proprement, & garniſſez de pain frit & perſil verd.

Rougets en ragoût, de plusieurs manieres.

On en peut faire un autre ragoût, en les faisant cuire sur le gril, après les avoir trempez dans du beurre : & l'on passe les foies par la poële avec un peu de beurre, pour les piler & passer ensuite par l'étamine, & mettre ce coulis avec vos Rougets, assaisonnez de sel, poivre blanc, & jus d'orange ou de citron ; frotant, avant que de les dresser, l'assiette ou le plat, d'une échalote ou gousse d'ail.

Vous pouvez aussi servir des Rougets farcis, comme beaucoup d'autres poissons; & d'autres en Casserole & en Pâté, surquoi voïez lettre P. pour le Pâté.

ROULADES.

Prenez de la roüelle de Veau avec de la graisse de Bœuf, que vous hacherez bien menu, comme un Godiveau ; mettez-y deux œufs avec les blancs, & du sel. Aïez un peu d'Eclanche, où de Veau, ou toilette de Veau, que vous poudrerez de persil, & sept ou huit tailladins de citron par intervalles. Vous aurez une langue de Veau ou de Mouton cuite, que vous couperez par petites tranches déliées, avec de petites

Pp ij

bardes de lard. Vous étendez vôtre Godiveau fur tout cela : du perfil par deffus,
avec fel, & poivre. Roulez le tout enfemble & le liez, pour le mettre cuire dans
une marmite comme un bon court-boüillon, avec un morceau ou bardes de lard.
Servez avec jus pour Hors-d'œuvres ; ou
pour Entrée, l'aïant garni de tout ce
que vous jugerez à propos

Voïez l'article des Tranches de Bœuf
roulées, lettre B. & ci-devant les Poupiettes, lettre P.

S.

SALPICON.

LE Salpicon eft un ragoût que l'on fait
à de grandes pieces de Bœuf, Veau,
ou Mouton, qu'on veut fervir étant rôties,
pour principales Entrées. Pour cela, coupez
des concombres en dez, du jambon cuit,
des foies, des truffles, champignons, cus
d'artichaux, filets de Poularde ; le tout
coupé en dez. Il faut prendre les concombres a part, & les paffer avec du lard ;
enfuite on ôte la graiffe, on y met un brin
de farine, & on les paffe encore un peu ;
mettez-les aprés avec tout le refte ci-deffus,
& bon jus ; & laiffez cuire le tout. Si
vous avez de l'effence de jambon, mettez

y-en une cuillerée. Pour lier la fauſſe, il faut avoir un bon coulis, y mettre ſur la fin un filet de vinaigre. On fait un trou à l'Aloïau, ou quartier de Veau ſur la cuiſſe: on leve toute cette viande, qui ſervira à d'autres farces ; & l'on met à la place, le ragoût que nous venons de marquer.

On peut auſſi ſervir le Salpicon ſeparé-ment, pour Entrée.

S A U C I S S E S.

Pour faire des Sauciſſes, il faut prendre de la chair & panne de Cochon, le hacher, l'aſſaiſonner, & y mêler un peu de perſil, & autres fines herbes, & quelque écha-lote. Quand on les veut rendre plus déli-cates, il y faut hacher auſſi quelque eſto-mac de Chapon ou de gros Poulets ; un peu de jambon crud & de l'anis, de même qu'au Boudin Blanc : le tout bien haché & bien aſſaiſonné, avec un peu d'eſſence de jambon, vous le pouvez lier de quelque jaune d'œuf. Il faut avoir des boïaux de Mouton, ſelon la groſſeur dont vous vou-lez vos Sauciſſes: il les faut bien nettoïer, former vos Sauciſſes de la longueur que vous ſouhaiterez ; & pour les ſervir, les griller ſur du papier, ou les paſſer à la poële.

Vous pouvez auſſi enveloper vôtre compoſition dans des crêpines ; & alors c'eſt de la Farce à la Crêpine , comme on a vû pour les Foies gras, lettre F.

Les Sauciſſes de Veau ſe font de la même maniere ; hachant de la roüelle de Veau , avec la moitié autant de lard , aſſaiſonné de ſel , poivre muſcade , & fines herbes bien menuës. On les fait auſſi cuire ſur le gril, avec papier gras ; & on les ſert avec moutarde , comme les precedentes ; le tout pour Entrée.

Sauciſſon Roïal.

Il faut prendre de la chair de Perdrix cruë, de la chair de Poularde ou Chapon cruë auſſi , un peu de jambon crud , un peu de cuiſſe de Veau & de lard crud , du perſil & de la ciboule ; le tout bien haché, avec des champignons & des truffles , & aſſaiſonné d'épiceries fines , d'une pointe d'ail, ſel & poivre , deux œufs entiers , & trois ou quatre jaunes, & un filet de crême de lait. Roulez cette farce en gros morceaux , ſelon la quantité que vous en aurez ; & pour les faire cuire ſans que la farce ſe défaſſe , coupez des tranches bien minces de roüelle de Veau , & les applatiſſez ſur la table : enfermez avec cela vôtre farce ; qu'elle soit de la grosseur du bras, pour le moins, & d'une longueur raisonnable. Les aïant ainsi accommodées, il faut avoir une casserole ovale, avec beaucoup de bardes de lard au fond, & ranger les Saucissons dans la casserole, qu'ils soient bien enfermez ; couvrez les de tranches de Bœuf & bardes de lard, & les faites cuire à la braise, prenant garde que le feu ne soit pas trop ardent : il faut qu'ils cuisent environ huit a dix heures. Etant cuits, tirez-les en arriere hors du feu ; laissez-les refroidir dans la même casserole : & quand on sera prêt de servir, ôtez la graisse avec la main proprement ; tirez vos Saucissons, prenez garde de les rompre : ôtez toute la viande qui est autour, & qu'il n'y reste point de graisse. Ensuite, avec vôtre coûteau ou tranche-lard qui coupe bien, coupez-les par tranches, & les rangez proprement dans son plat ou assiette ; & servez froid. S'il se presente occasion de faire de la Galantine en même tems que du Saucisson Roïal, on le peut faire cuire dans la même casserole.

SAUMON,

Est un poisson de mer que chacun con

noît ; il y en a de salé & de frais : le salé
se mange ordinairement à l'huile ; pour le
frais on le sert en ragoût passé au roux ,
comme des fricandeaux , avec ris-de veau,
truffles , champignons , & bon bouillon
ou jus de Bœuf en cuisant , & jus de
citron pour servir. On peut aussi observer
ce qui sera dit ci-aprés , pour la Truite
en gras : ou bien le larder de moïen lard
bien assaisonné , & le faire cuire à la broche à petit feu , l'arrosant de vin blanc
& verjus; un bouquet de fines herbes , &
un morceau de citron verd dans la sausse.
Ajoûtez dans le degout , des huîtres, champignons cuits , capres , farine frite & le
foie du Saumon ; poivre blanc & jus de citron en servant : le tout pour Entremets.

Queuë de Saumon en Casserole.

Voïez ce qui a été dit pour la queuë
de Moruë , lettre M. & aïant farci celle-
ci de la même maniere, panez-la , & la
faites cuire au four, avec sel , vin blanc ,
cibouble , thim , laurier , & écorce de citron. Etant cuite , aïez un ragoût, que vous
jetterez par-dessus ; & servez , garni de ce
que vous voudrez.

Saumon

Saumon en ragoût.

Prenez une hure , ou ce que vous vou-drez de Saumon ; & l'aïant incifé ou mis par tranche, faites-le cuire au four , avec un peu de vin , verjus , fel, poivre , clous, fines herbes en paquet , mufcade , laurier , citron verd , & un peu de boüillon de poif-fon ; il faut que vôtre plat ou baffin foit couvert. Faites cependant un bon ragoût d'huîtres , capres , farine frite , champi-gnons , & le foie du Saumon ; & mettez le tout par-deffus en fervant , avec jus de citron.

Saumon à la fauße douce.

Coupez-le par tranches ; & l'aïant fari-né , faites-le frire en beurre affiné. Etant frit, mettez-le un peu mitonner dans une fauce douce , faite avec vin vermeil , fu-cre , canelle , fel , poivre, clous , citron verd ; & fervez avec telle garniture que vous voudrez.

Voïez pour la Salade de Saumon , page 65. & pour le Pâté de Saumon , ci-de-vant lettre P.

Qq

S O L E S,

Est un poisson de mer qui a la chair fort
ferme & blanche , & est d'un bon suc ;
on le mange ordinairement frit , avec jus
de citron ; on l'accommode aussi d'autres
manieres.

Soles à l'Espagnol.

Faites frire des Soles , & les coupez ensuite par filets. Vous faites une sausse avec
de bon vin de Champagne , deux gousses
d'ail, sel, poivre, thim, une feüille de laurier : Vous mettez vos Soles mitonner doucement dans cette sausse , qui soit de bon
goût ; & vous garnissez de ce que vous
voudrez.

Entrée de Soles frites.

Vous ouvrez le dos d'un côté & d'autre , & vous ôtez l'arête ; que l'on voïe
la chair blanche. Vous prendrez la chair
de quelques autres , pour garnir ; & vous
ferez une sausse blanche avec un anchois
& des capres; ou bien une sausse-Robert ;
ou bien un ragoût de champignons & de
foies de Brochet, quelques morceaux de

cus d'attichaux coupez fort mince , & quelque laites de Carpes ; & jus de citron en fervant.

Soles en filets aux Concombres.

Vos Soles étant frites , coupez-les en filets , & les mettez dans vôtre concombre, accommodé de la maniere qui. fuit. Vous couperez des concomb es, que vous ferez mariner : vous les pafferez , & les moüillerez avec du jus ou boüillon , dans lequel vous les ferez cuire , bien affaifonnez ; prenez garde qu'ils ne s'attachent. Vos filets étant dedans , fervez un peu aprés ; & garniffez de ce que vous voudrez.

Soles farcies aux fines herbes , & autrement.

Laiffez refroidir vos Soles aprés qu'elles feront frites: Faites une farce de fines herbes, perfil , ciboule , thim, farriette, bafilic , le tout haché enfemble , clous, fel , poivre, mufcade. Vous manierez tout cela avec un bon morceau de beurre , & farcirez vos Soles en leur tirant l'arête par-deffus le dos. Moüillez-les enfuite dans du beurre fondu ; & les aïant panées , mettez-les fur le gril au feu, & leur donnez couleur avec la pêle

rouge. Vous les fervirez avec des citrons
coupez par moitiez.

On farcit d'autres Soles, de mie de pain
& d'anchois, perfil & ciboules bien menus, & bon beurre, bien haché, bien
pêtri, & bien affaifonné. Etant farcies
comme deſſus, trempez-les dans de l'huile,
panez-les, & les faites cuire comme des
pieds de cochon à la Sainte-Menehour.
Vous y faites une petite fauffe rouffe ; &
jus de citron en fervant.

Voïez d'autres manieres de farcir des
Soles pour le Potage, lettre P. Vous
en pouvez faire autant d'Entrées, les
enrichiffant de champignons, huîtres, é-
crevices & capres, avec jus de citron en
fervant.

Hors du Carême, vous pouvez mêler
trois ou quatre œufs dans la farce, que
vous faites avec la chair de vos Soles def-
offées quand elles font frites à demi, avec
fines herbes, & mie de pain trempée dans
du lait ; & aïant garni les arêtes de vos
Solés avec cette farce, qui faffe le même
deffein, vous les faites cuire au four de belle couleur, & garniffez de citron, ou
autre chofe.

Soles en filets, avec coulis de nantilles.

Aprés que vos Soles sont fiites & coupées en filets, il faut avoir un bon ragoût
de nantilles pour les y mettre, tel qu'on
peut voir au Potage de nantilles, & les
faire boüillir un peu sur le feu doucement. Etant prêt à servir, dressez vos
filets avec le ragoût ou coulis, & garnissez de ce que vous voudrez, pour Entrée.

On peut y mettre des Vives, de même
que des Soles. La Perche s'y peut mettre
aussi, mais il la faut manier plus doucement ; vous pouvez y mettre encore la
Barbüë.

Autres manieres.

On sert encore des fielets de Soles au
coulis de capres, d'autres aux truffles, &
d'autres à la sausse-Robert, au basilic &
aux écrevices. On fait aussi un Pain & des
Gâteaux de Soles : on en met au court-
boüillon & en marinade, comme on a remarqué la marinade de poisson, lettre M.
& pour celles que l'on sert frites, on les
mange avec sel & jus d'orange.

S O U S C E.

Pour faire un Entremets de Sousce, prenez des oreilles & pieds de Cochon, &
les faites cuire comme à l'ordinaire. Etant
cuits, il les faut tirer, & les laisser refroidir. Coupez-les ensuite par petites tranches bien menuës ; & ôtez tous les os.
Après il faut prendre une casserole, & du
meilleur vinaigre qu'il se puisse, & du
sucre à proportion, selon la quantié de vos
chairs. Il faut faire boüillir le vinaigre &
le sucre, de la canelle en bâton, trois ou
quatre clous de girofle, un brin de poivre
& de sel, & deux ou trois tranches de citron. Quand il est bien cuit, passez le tout
par l'étamine : étant passé, mettez y vos
viandes coupées en menus-droits, & faites
boüillir le tout ensemble, jusqu'à ce que
la sausse devienne liée comme si c'estoit des
Menus-droits à la moutarde. Tirez alors
la casserole hors du feu : aïez de petites
boëtes carrées, de telle grandeur que
vous voudrez ; & aïant bien dégraissé avec
la cuiller, mettez-en dans vos boëtes, &
des petits lardons parmi qui soient un peu
longs, & de la longueur des boëtes. Quand
elles en seront remplies, ne les couvrez
point, que le tout ne soit bien pris : ensuite

couvrez-les avec du papier, & le couvercle de la même boëte. Ceci se gardera des quatre à cinq mois ; quand il est plus frais, il en est meilleur. On le sert par belles tranches bien minces, rangées proprement sur vôtre plat ou assiette, & quelque belle serviette dessous.

T

TALMOUSES.

POur faire des Talmouses, prenez du fromage blanc qui soit bien gras, & le pilez bien dans un mortier, avec gros comme un œuf de beurre, & un peu de poivre. Etant bien pilé, il y faut mettre une poignée de farine, un peu de lait, & deux œufs ; & prendre garde que la farce ne soit pas trop déliée. Il faut faire une pâte fine, & en tirer de petites abaisses, suivant la grandeur dont vous voulez vos Talmouses : mettez de cette farce sur vos abaisses, & relevez-en les bords de trois côtez, comme en maniere de bonnets de Prêtres ; pinçant bien les coins avec les doigts, afin qu'en cuisant ils ne se lâchent point. Il les faut dorer d'un œuf battu, & les faire cuire au four, & elles vous serviront pour garnir.

TANCHES,

Sont poiſſons de riviere & d'étang.
Vous pouvez les couper par morceaux,
& en faire une fricaſſée blanche ou brune,
avec mouſſerons ou champignons, truffles,
cus d'artichaux & fines herbes ; & jus de
citron en ſervant, & une liaiſon comme
aux Poulets. Vous y hachez un anchois
bien menu , & garniſſez de marinade.

On en fait auſſi un hachis, que l'on garnit
de têtes frites marinées.

Ou bien, on les accommode en caſſerole,
les paſſant à la poële au beurre roux, aprés
les avoir inciſées ; enſuite on les met achever de cuire avec le même beurre, vin
blanc, verjus, un paquet, ſel, poivre,
muſcade, laurier & un peu de farine : &
quand elles ſont cuites, mettez-y huîtres,
capres, jus de champignons & un citron ;
& ſervez garni de pain frit.

On peut encore les farcir comme les
Carpes ; ou en faire un ragoût, les coupant
par morceaux, que l'on fait frire en beurre affiné, où enſuite l'on fait fondre un
anchois ; & l'on y ajoûte jus d'orange,
ſel, poivre, muſcade & capres. Servez
avec perſil frit & tranches de citron.

Pour celles qu'on veut frire, on les fend

par le dos, & on les poudre de fel & farine : étant frites, fervez avec jus d'orange.

TERRINE.

Ce qu'on appelle Terrine, eſt une Entrée fort confiderable : voici ce que c'eſt.
Il faut avoir ſix Cailles, quatre Pigeonneaux, deux Poulets & un Carré de Mouton coupé par morceaux. Mettez cuire le
tout à la braiſe dans une terrine, à petit
feu, avec des bardes de lard au fond, de
peur qu'il ne brûle ; ou du petit lard coupé
par morceaux. Etant cuit, ôtez la graiſſe,
& mettez en ſa place de bon jus de Veau,
des cœurs de laituës blanchis & cuits, ùn
peu de purée de pois verds, avec de petits
pois ou des pointes d'aſperges. Laiſſez-les
cuire encore quelque tems enſemble, & ne
ſervez qu'aprés avoir bien dégraiſſé. Voïez
ce que l'on a déja remarqué là-deſſus, au
ſujet des Mirotons, lettre M.

THON,

Eſt un gros poiſſon de mer, qui ſe peut
ſervir par tranches ou filets à la ſauſſe au
Pauvre-homme ; & en Salade, avec la ra-
molage qu'on a remarquée page 65. On
peut auſſi, étant frit par roüelle, le ſervir

avec une maniere de marinade , comme or
a dit à la marinade de poiſſons , lettre M.
ou bien vous le faites griller , l'aïant froté
& poudré de ſel, poivre & beurre ; & on
le mange à l'orange , & au beurre roux.
On en fait encore un Poupeton ; & on les
met en Pâté-en-pot , le faiſant cuire , aprés
en avoir haché la chair , dans un pot ou
terrine, avec beurre roux & vin blanc, un
morceau de citron verd, ſel, poivre, champignons ou marons, & capres : Garniſſez
de pain frit , huîtres frites , & tranches
de citron. Voïez les autres Pâtez de Thon,
de même que des Poiſſons precedens ,
lettre P.

TORTUES,

Eſt une maniere de poiſſon de mer qui
naît dans une écaille ; il y a auſſi celle de
terre.

On peut les mettre en fricaſſée de Poulets ; & pour cela , aprés avoir coupé la
tête , les pieds & la queuë , faites-les
boüillir dans une marmite juſqu'à ce
qu'elles ſoient cuites , avec ſel , poivre,
oignon ; clous , thim & laurier. Etant cuites , coupez vos Tortues par morceaux ,
& prenez garde à l'amer. Vous les paſſerez
avec fines herbes , ciboules , ſel, poivre ,

champignons, cus d'artichaux, morilles, truffles & moufferons. Si vous la voulez rouffe, moüillez-la avec jus d'oignon ; ou prenez de bon boüillon de poiffon, & un peu de farine frite : & pour les mettre en fricaffée blanche, liez la fauffe avec des jaunes d'œufs, verjus, & jus de citron en fervant. Garniffez de laites, tranches de citron, & huîtres frites ou cruës, fuivant vôtre fricaffée.

Vous pouvez auffi faire un Poupeton de Tortuës, ou bien les mettre tremper quelque tems dans du vinaigre, fel, poivre & ciboules : enfuite vous les farinerez ; & les aïant frites, vous fervirez avec perfil frit, oranges & poivre blanc.

TOURTES.

Il fe fait de deux fortes de Tourtes, comme de Pâtez, tant en gras qu'en maigre ; les unes pour Entrée, & les autres pour Entremets. On a déja parlé de quelques-unes de ce premier Service, comme des Tourtes de Poulets & Pigeons. Et pour ce qui eft de l'Entremets, on a vû les Tourtes d'Amandes, de Crême, & de Marmelade de Fruits ; & de même de ce qui regarde le Poiffon. Appliquons-nous maintenant aux plus confiderables qui reftent.

Tourte de chair de Veau avec Beatilles.

A'iant fait blanchir vôtre veau , hachez-
le avec graisse de Bœuf ou de Veau , &
un peu de beurre frais, blanc de Chapon
& de Perdrix , un peu de perfil haché ,
avec champignons: assaisonnez bien de sel,
poivre , clous battu , canelle en poudre ;
ajoûtez-y un peu de lait ou de vin blanc :
mettez cette farce dans vôtre abaisse au milieu de vos beatilles : donnez-lui la cuisson
convenable , & servez chaudement , avec
jus de citron.

Tourte de Cailles.

A'iant bien nettoïé & troussé vos Cailles
proprement , empâtez-les comme les premieres qu'on vient de specifier , en pâte
brisée , assaisonnées de sel , poivre , muscade, & un paquet de fines herbes : garnissez la Tourte , de ris-de-veau , champignons , & truffles par morceaux , lard pilé
ou fondu au-dessous de vos Cailles , &
moëlle de Bœuf ; puis couvrez-la , & la
faites cuire deux heures : Mettez jus de citron, en servant chaudement pour Entrée.

Toute à l'Espagnol pour Entrée.

Prenez de toute forte de Volailles, Cailles, Pigeons, Mauvittes, Ortolans; l'un
ou l'autre, pourvû que ce foit de toutes petites Volailles & tendres. Si ce font des
Pigeons, par exemple ; aprés les avoir bien
retrouffé, il y faut faire une farce, compofée d'un peu de moëlle, de champignons, de truffles, un petit morceau de
lard blanchi, le tout bien affaifonné d'é-
pices & fines herbes de toutes fortes. Fendez vos Pigeons fur le dos feulement, pour
y faire entrer cette farce ; & au cas qu'ils
foient un peu durs, paffez-les auparavant
que de les farcir. Etant farcis, il faut avoir
des ris-de-veau, des champignons, des
crêtes, des cus d'artichaux coupez en quatre, le tout affaifonné & paffé à part. Tenez vos Pigeons prêts : faites cependant
de la pâte avec de l'eau, de la farine, un
jaune d'œuf, un peu de fel & de beurre,
& qu'elle ne foit pas trop dure. Laiffez-la
repofer un peu ; enfuite battez-la avec le
rouleau, & la feparez en huit morceaux
felon la grandeur de vôtre tourtiere. De ces
huit morceaux, prenez-en quatre pour
les mettre deffous : tirez chaque abaiffe
bien mince comme du papier : engraiffez

vôtre tourtiere de sain-doux ou de lard ; &
y aïant mis une abaisse, engraissez cette
abaisse de même que la tourtiere, pour y
mettre la seconde ; & ainsi des autres. Il
faut aprés cela ranger proprement vos Pigeons, ou autres petites Volailles, avec le
ragoût, & les couvrir de bardes de lard.
Prenez ensuite les quatre morceaux de pâte qui vous restent, & faites de même qu'on
a fait aux abaisses de dessous ; c'est-à-dire,
les engraissant avant que de les mettre les
unes sur les autres. Vôtre Tourte étant ainsi
couverte, il la faut encore engraisser par-
dessus, & la faire cuire, prenant garde
qu'elle ne prenne trop de couleur. Étant
cuite avec adresse, dressez-la dans un plat
ou assiette : lavez proprement son couvert
& les bardes, & y mettant quelque bon
coulis blanc, ou de champignons, selon
les Volailles que vous aurez prises ; le tout
servi chaudement.

Tourte de blanc de Chapon, pour Entremets.

Prenez du blanc de Chapon ou de Poulet, & pilez-le bien dans un mortier,
avec un peu de citron râpé, un massepin,
trois jaunes d'œufs, & de l'eau de fleur
d'orange, avec un peu de canelle en pou-

dre ; que le tout foit bien lié. Vous l'é-
tendrez fur une abaiffe de pâte brifée fans
couvrir, & vous la ferez cuire doucement.
Glacez-la avec du fucre en poudre, & faites bien chaufer un couvercle de tourtiere,
que vous mettrez deffus pour lui donner
couleur, étant prêt à fervir ; un peu d'eau
de fenteur par-deffus, & jus de citron.

Autre maniere.

Il faut hacher un blanc de Chapon crud,
avec autant de moëlle ou graiffe de Bœuf.
Vous en formerez enfuite vôtre Tourte
en pâte brifée, & vous la garnirez de
champignons, truffles, crêtes, ris-de-
veau, un peu de lard pilé, fel, poivre &
mufcade : couvrez vôtre Tourte d'une a-
baiffe de même pâte, dorez-la, & la faites
cuire une heure & demie. Mettez piftaches, & jus de citron & de mouton en
fervant, garni de Tartelettes, ou autre
chofe.

Tourte de Foies gras.

Paffez les Foies dans de l'eau chaude, &
les rangez enfuite dans une tourtiere avec
pâte fine : garniffez de champignons hachez, fines herbes, ciboule, lard pilé ; &

affaisonnez de sel , poivre , muscade ,
clous , & un morceau de citron verd.
Couvrez-la de la même pâte ; & l'aïant
doré , faites-la cuire une bonne heure. Prenez un des mêmes Foies que vous aurez
gardé , & passez-le par la poële avec un
peu de lard fondu & farine ; puis vous le
pilerez , & le passerez par l'étamine avec
jus de mouton & de citron , ayant frotté le
fond du plat d'une échalote ; & mettez le
tout dans vôtre Tourte en servant.

Tourte de Jambon.

Vous pouvez couper un morceau de Jambon de Mayence cuit , par petites tranches ,
& les ranger dans vôtre tourtiere sur une
abaisse de pâte fine , avec fines herbes menuës , poivre , canelle , muscade , bon
beurre frais , & une feüille de laurier. On
la couvre & dore comme les precedentes ,
& on ne la fait cuire que demi-heure. Etant
cuite , mettez-y jus de citron & de mouton , & un peu d'échalote.

Si l'on veut , on peut hacher le Jambon ,
pour en faire une semblable Tourte , &
y mettre du sucre , de la canelle , poivre
blanc , écorce de citron confite , & un
peu de lard pilé. Etant dressée & cuite comme ci-dessus, mettez-y jus de citron & sucre
en servant.

Tourte

Tourte de Langues de Mouton.

Coupez-les par tranches, que vous rangerez dans vôtre tourtiere, avec écorce de citron confite, raifins de Corinthe, datte, fel, poivre, canelle, fucre, deux macarons pilez, du lard fondu, & un morceau de citron verd. Couvrez vôtre Tourte & la dorez, & la faites cuire une heure ; & en fervant, mettez-y jus de citron, fucre, & eau de fenteur.

Tourte de Langue de Bœuf.

Vous coupez une Langue de Bœuf falée, par tranches bien déliées, comme les precedentes : enfuite, vous les rangez fur une abaiffe dans une tourtiere, affaifonnées de canelle, poivre, fucre, & lard fondu. Vous la recouvrez de même pâte ; & étant à demi cuite, qui eft environ demi-heure aprés que vous l'avez mife au feu, vous y mettez un demi-verre de bon vin ; aprés quoi vous la laiffez cuire tout-à-fait : & en fervant, vous y mettez fucre, jus de citron & grains de grenade.

R r

Tourte de Ris-de-Veau.

Faites-les blanchir dans de l'eau bien chaude, & les mettez en pâte fine, garnis de petits champignons, foies gras, truffles, sel, poivre, muscade, citron verd, & lard pilé. Couvrez vôtre Tourte d'une autre abaisse semblable ; dorez-la, & la faites cuire une heure ; & quand elle le sera, mettez-y jus de Veau ou de Mouton; & jus de citron & pistaches en servant.

Tourte de Beatilles.

Vous les nettoïez bien dans de l'eau chaude ; aprés quoi vous les rangez dans vôtre tourtiere, avec champignons, truffles, ris-de-veau, cus d'artichaux, & moëlle de Bœuf, le tout assaisonné de sel, poivre muscade, un paquet de fines herbes, & lard pilé ou fondu. Couvrez & dorez-la comme les autres ; & l'aïant fait cuire environ deux heures à petit feu, vous y mettez jus de citron & de mouton en servant.

Tourte de Roignons de Veau.

Vous la pouvez faire de deux façons ;

Pour l'une, hachez vos Roignons de Veau avec un peu de lard, assaisonnez de sel, poivre, muscade, canelle, ciboule, fines herbes, champignons & ris-de-veau : Faites-en vôtre Tourte en pâte brisée, & la couvrez & faites cuire comme ci-devant, pendant une bonne heure.

De l'autre maniere, vôtre Roignon de Veau étant cuit, hachez-le, & le mettez de même entre deux pâtes fines, avec sucre, canelle, écorce de citron, dattes, un peu de beurre, deux macarons, & les autres assaisonnemens. Trois quarts d'heure suffisent pour cuire une semblable Tourte : en la servant, mettez-y jus de citron, sucre & eau de fleur d'orange.

Tourte de Pêches grillées.

Prenez des Pêches qui soient mûres, & les pelez proprement ; ôtez-en le noïau, & les laissez par gros morceaux : aprés il faut avoir du sucre, de l'écorce de citron confite hachée, le tout dans un plat. Formez une pâte fine, avec un peu de beurre, farine, sel, eau, & un jaune d'œuf; qu'elle soit un peu ferme, & point brûlée. Tirez-en une abaisse rondement, selon la grandeur de vôtre plat, & qu'elle soit bien mince. Dressez un petit bord de vôtre pâte, de la hauteur de deux doigts : Aprés il faut ranger toutes les Pêches dedans proprement, mettre la Tourte au four, & la faire cuire. Etant cuite, il faut, avec la pêle du feu bien chaude, lui faire prendre couleur, l'aïant poudré de sucre. Cela s'appelle une *Tourte grillée*. Servez chaudement.

On peut faire de semblables Tourtes de Pommes & autres Fruits ; & si vous y voulez prendre de la peine, vous pouvez faire une abaisse de pâte croquante, la bien découper, & la faire sécher au four, & aprés qu'elle sera sèche, vous y pouvez faire une glace d'un blanc d'œuf, de sucre fin en poudre, un peu de citron confit, le tout délaïé ensemble. Masquez avec cela vôtre abaisse, & la faites glacer au four, qu'elle soit bien blanche : & un peu avant que de servir, vôtre Tourte étant dressée dans le plat, vous pouvez mettre l'abaisse dessus, & garnir de meringues.

Tourte de Cerises, & autres Fruits.

Il faut avoir des Cerises confites, & faire une pâte à demi feüilletée ; sur-tout qu'elle soit bien faite. Il faut en tirer une abaisse bien mince, la mettre sur la tourtiere, & y ranger ses Cerises confites. Faites de petites bandes de vôtre pâte ; on ne sçauroit les faire trop petites. Vous pouvez bandeïer vôtre Tourte en étoile, en corbeille, en Banniere roïale, & en plusieurs autres manieres, selon le goût d'un chacun. Façonnez-la avec la pointe de vôtre coûteau ; faites-la cuire, & la glacez ensuite avec du sucre fin, & y passez la pêle du feu rouge. Vous pouvez garnir de feüillantines, ou de petits fleurons de toute sorte de fruits. Il s'en peut faire de même d'autres Fruits, & aussi pour les Tourtes à la Crême. Dans la saison des Abricots, Verjus, &c. elles sont naturelles : aux autres tems, on prend de la Marmelade. En l'un & en l'autre, elles en sont toûjours meilleures, faisant l'abaisse d'une pâte d'amande bien faite, ou d'une pâte croquante telle qu'on a vû ci-devant, page 354.

Tourte de Beurre, de Lard, & de Moëlle.

Pour la Tourte de Beurre, prenez du beurre le plus frais, la quantité de huit onces, selon la grandeur de vôtre Toute : mettez vôtre beurre rafiner, afin qu'il jette bien son écume. Si c'est un jour gras, hachez-y un peu de moëlle : pour les jours maigres, on n'y en met point. Vôtre beur-

re étant affiné , tirez-le hors du feu , & le
laissez reposer. Prenez trois œufs frais ;
retirez-en les blancs , & faites de la neige
avec : après, mettez-y du sucre fin, quatre
jaunes d'œufs , des écorces de citron confites bien hachées, de l'écorce de citron verte , râpée , & un peu d'eau de fleur d'o-
range , le tout battu à proportion. Egoutez ensuite le beurre dans la même farce ,
& foüettez-bien tout ensemble ; après
laissez-le reposer. Il faut avoir une pâte
fine qui soit bien faite ; en tirer une abaisse
bien mince , la mettre sur vôtre tourtiere
engraissée avec un peu de beurre , & façonner le bord de vôtre pâte avec la pointe
de vôtre coûteau. Quand on est prêt de faire
cuire la Tourte , on y verse la farce : on
la fait cuire , peu de feu dessus , mais seulement au milieu de votre tourtiere , de-
peur qu'elle ne prenne trop de couleur.
Pour connoître quand vos Tourtes sont
cuites, il faut voir si elles se détachent bien
des tourtieres. Etant prêt à servir , poudrez-les de sucre fin , & les glacez avec
la pêle rouge. Garnissez de Rissoles , de
Beignets de pomme , ou autre chose semblable.

La *Tourte de Lard* se fait de la même
maniere : à la place du beurre , on y met
seulement du lard affiné ; mais que le lard

n'ait aucun mauvais goût, & que les œufs
foient toûjours bien frais. Si les Tourtes
font grandes, il y faut davantage d'œufs.

Pour la *Tourte de Moëlle*, on la peut
faire auffi de la même maniere que celles
ci-deffus. Quand la moëlle eft affinée &
bien fonduë, l'on bat des œufs de la
même façon ; & l'on y met les mêmes
écorces de citron, & le refte. D'autres
pilent la moëlle, le fucre, & l'écorce de
citron tout enfemble dans le mortier, avec
un peu de farine, & de l'eau de fleur d'o-
range: on foüette enfuite les blancs d'œufs,
& trois ou quatre jaunes ; & l'on mêle cela
avec le refte dans le mortier. On fait une
bonne pâte fine, comme pour les autres
Tourtes precedentes. Chacun les travaille
differemment ; mais pourvû que cela aille
bien, n'importe.

Tourte fucrée, pour Entremets.

Prenez cinq ou fix bifcuits, maffepains
ou macarons, du fucre, & quatre ou cinq
jaunes d'œufs ; pilez le tout enfemble dans
un mortier, un peu d'eau de fleur d'orange; & mettez tout vôtre appareil deffus une
abaiffe feüilletée. Faites-la cuire fur une
braife bien doucement, & glacez la ; qu'elle foit de belle couleur.

Tourte d'aigre-doux.

Mettez un verre de verjus ou jus de citron, avec un quarteron de sucre; & quand il sera boüilli à moitié, ajoûtez-y de la crême, avec six jaunes d'œufs, un peu de beurre, fleur d'orange, écorce de citron confite râpée, canelle pilée; & mettez le tout en pâte fine, sans le couvrir.

Tourtes d'Artichaux.

Vos cus d'Artichaux étant bien cuits & bien blancs, empâtez-les avec fines herbes, ciboules menuës, poivre, muscade, sel & beurre: couvrez vôtre Tourte; & en servant, mettez-y une sausse blanche, avec un filet de vinaigre.

Ou bien, pilez vos cus d'Artichaux, & les passez par l'étamine, avec beurre ou lard fondu, pour en faire comme une crême: ajoûtez-y deux jaunes d'œufs cruds, sel & muscade, & mettez le tout en pâte bien mince & bien délicate. Etant cuit, servez, avec jus de Mouton & de citron.

Vous pouvez aussi mettre dans cette crême d'Artichaux, un macaron pilé, du sucre, canelle, écorce de citron confite, un peu de crême & de sel; & en faire
vôtre

vôtre Tourte fans couvrir : mais la glacer
quand vous voudrez la fervir , avec fucre,
& eau de fleur d'orange.

Autres Tourtes.

Il fe peut faire de fembables crêmes ou
marinades de Pommes , de Betteraves , de
Melon , & autres ; les faifant cuire avec
vin blanc , & les pilant enfuite avec fucre,
canelle, fleur d'orange & écorce de citron.
Vous les paffez enfuite par l'étamine , &
les mettez en abaiffe bien déliée , avec un
peu de beurre ; & fervez avec fucre muf-
qué , & fleur d'orange.

Tourtes d'Afperges.

Coupez le tendre de vos Afperges , &
gardez le bout pour garnir ; Faites - les
blanchir en eau , & les dreffez enfuite
dans vôtre tourtiere , avec lard fondu,
moëlle , ou beurre , fines herbes , ciboules, fel , poivre , mufcade ; & couvrez
vôtre Tourte. Etant cuite , mettez-y de
la crême , ou jus de Mouton & un jaune
d'œuf.

Tourte d'Epinars.

Prenez des feüilles d'Epinars, & les faites blanchir dans de l'eau, ou amortir dans un pot de terre, avec demi-verre de vin blanc. Le vin étant consommé, hachez vos épinars égoutez, bien menu; & les aïant affaisonnez d'un peu de sel, canelle, sucre, écorce de citron, deux macarons, & de bon beurre, mettez-les en pâte fine, & la couvrez en bandes : mettez sucre & fleur d'orange en servant.

Tourte de Truffles.

Coupez-les par tranches, les aïant bien pelées, & les rangez sur une abaisse bien fine : passez du beurre par la poële avec un peu de farine, fines herbes menuës, une ciboule entiere; & mettez le tout dans vôtre Tourte, affaisonné de sel, poivre, & muscade : ne la couvrez point, & servez avec jus de citron.

Tourte de Champignons, Mousserons & Morilles.

Mettez vos Champignons par morceaux, en abaisse de pâte fine, avec fines herbes,

ciboules, fel, mufcade, farine cuite, &
beurre : couvrez vôtre Tourte d'une autre
abaiſſe ; dorez-la : & étant cuite, ſervez
avec jus de citron & de Mouton, aïant
ôté les ciboules. On peut auſſi y ajoûter
une liaiſon avec beurre roux.

Les Tourtes de Morilles & Mouſſerons
ſe font de la même maniere.

Tourte d'Oeufs.

Prenez des jaunes d'Oeufs, un morceau
de ſucre, de l'eau de fleur d'orange, &
un peu de beurre : faites-en comme une
crême, & la mettez en pâte fine bien déliée, & à petit bord ; râpez de l'écorce de
citron par-deſſus ; faites-la cuire, & la
glacez en ſervant.

Tourte de jus d'Oʒeille.

Pilez de l'Ozeille pour en tirer le jus,
& le mettez dans un plat avec ſucre, canelle, macarons, un morceau de beurre,
trois jaunes d'œufs, écorce de citron confite râpée, & fleur d'orange : Faites cuire
le tout en maniere de crême, & le dreſſez
enſuite ſur vôtre tourtiere, dans une abaiſſe
bien deliée : étant cuit, ſervez avec ſucre.

Tourte de Couleurs.

On peut faire une Tourte en maniere de Crême verte ; pour cela pilez des pistaches & amandes pelées, passez-les par l'étamine avec jus de poirée, deux macarons, deux jaunes d'œufs, un peu de sel & de beurre frais, du sucre à discretion ; faites cuire le tout en maniere de crême, & le dressez en pâte fine dans une tourtiere ; étant cuite, servez avec eau de fleur d'orange, & sucre en poudre musqué ; & pour toutes les autres couleurs de toutes sortes, voïez ce qui a été dit pour la gelée, lettre G.

Tourte de Franchipanne.

Aïez une chopine de crême douce ; mettez dedans un quarteron de pistaches pilées, deux onces d'écorce de citron confite aussi pilée, deux jaunes d'œufs frais, deux macarons, un peu de canelle battuë, du sucre à discretion, un peu d'eau de fleur d'orange, mêler le tout ensemble, & passer à l'étamine ; la faire cuire, & la mettre en pâte feüilletée, avec un peu de beurre frais par-dessus, & la couvrir de la même pâte, coupée par petites bandes : ensuite dorez-la & la faîte cuire ; & servez, l'aïant poudrée de sucre musqué.

Autres manieres de Tourtes.

Il se fait encore de beaucoup d'autres sortes de Tourtes pour servir comme les precedentes en Entremets, tant en gras qu'en maigre. On fait entr'autres, des Tourtes de chair d'Oranges coupées par tranches, les mettant en pâte délié, avec sucre, macaron pilé, canelle, & quelques pistaches ; & de même des Citrons verds, hors qu'au lieu de pistaches, on y met de l'écorce de citron confite râpée ; & on les sert toutes deux avec sucre musqué.

On en fait d'autres de grains de Grenades, d'écorces de citron confite, de pistaches coupées, de prunes, &c. Et pour celles d'amandes, voïez ce qui a été dit, tant pour les abaisses qui y sont les plus convenables, que pour le reste, à l'article des amandes, lettre A. comme aussi les differentes sortes de crêmes qu'on a marquées, lettre C.

Voici encore quelques Tourtes de Poisson, que l'on sert pour Entrées dans les jours maigres.

Tourte d'Ecrevices

Faites cuire les Ecrevices avec un verre

de vin blanc , aprés les avoir bien lavées.
Prenez les pattes & les queuës , & pilez
tout le reste dans un mortier , pour le paffer par l'étamine avec un peu de boüillon
& de beurre chaud. Rangez enfuite le tout
dans vôtre tourtiere , avec fel , poivre ,
mufcade , ciboulettes , champignons par
morceaux ; & aïant mis l'autre abaiffe par-
deffus , dorez-la & la faites cuire , & fervez avec jus de citron.

Vous pouvez auffi hacher vos Ecrevices,
& les empâter avec laites de Carpes ,
champignons , foies de Brochet, morilles,
truffles, beurre , & autres affaifonnemens ;
& fervir de même , avec jus de citron
ou d'orange.

Tourte de laites & langues de Carpes.

On les range dans une abaiffe de pâte fine, affaifonnées de fel, poivre & mufcade,
fines herbes , ciboule, champignons, morilles , truffles , & bon beurre. Couvrez
le tout d'une autre abaiffe : faites cuire
vôtre Tourte à petit feu , & fervez avec
jus de citron.

Tourte de foies de Brochet.

Vous les affaifonnez comme pour la

Tourte ci-deſſus , hors qu'il faut le beurre roux ; & on y met un anchois fondu avec capres , & jus de citron en ſervant.

Tourte de Saumon.

Vous le mettez par tranches ou filets ; aprés l'avoir fait un peu cuire avec vin clairet; & vous les dreſſez pour vôtre Tourte , avec écorce de citron confite , dattes , ſucre , canelle , un peu de poivre , ſel & beurre. Etant à demi cuite , mettez-y le vin où le Saumon aura cuit : couvrez & glacez-la ; & ſervez avec jus de citron.

Ou bien , hachez vôtre Saumon avec champignons , fines herbes , ciboules, ſel , poivre , muſcade , & cus d'artichaux ; & ſervez de même.

Tourte d'Eperlans, Brochets, Soles , & autres.

Mettez-les par filets, avec champignons, morilles & truffles hachées, pour mettre au fond ; aſſaiſonnez de ſel , poivre, muſcade , fines herbes, ciboules , & morceaux de champignons : Ou bien deſoſſez vos Poiſſons , ôtant les arêtes & les têtes , que vous ferez frire pour garnir ; & ſervez toûjours avec jus de citron ou d'orange.

Tourte d'Huîtres.

Elle se fait de même, hors qu'on y ajoûte un peu de chapelûre de pain. capres, & une tranche de citron verd; & l'eau des huîtres, avant que de servir.

Tourte de Moules.

Vos Moules étant bien mondées & lavées, passez-les à la poële, & les tirez de de leurs écailles : dressez-en vôtre Tourte, avec champignons par morceaux, morilles, sel, poivre, muscade, thim & beurre. Etant à demi cuite, mettez-y de l'eau des Moules, avec chapelûre de pain, & jus de citron en servant.

Tourtes de Tanches farcies.

Vos Tanches étant limonnées, fendez-les par le dos; tirez-en la chair, & faites que la tête & la queuë tiennent à la peau. Hachez cette chair avec champignons, laites de Carpes, fines herbes, sel, poivre, muscade, & clous pilez : & aïant farci avec cela vos Tanches ou arêtes, dressez-en vôtre Tourte, avec huîtres, champignons, laites de Carpes, foies de Brochet,

beurre ; & un demi-verre de vin blanc
quand elle fera à moitié cuite. Servez avec
jus de citron.

Autres Tourtes.

On fait encore des Tourtes de Perches,
de Tortuës , & beaucoup d'autres , pour
lefquelles il eft aifé de fe regler fur les
precedentes , ou fur ce qui a été marqué
en fon lieu , touchant la maniere d'accommoder ces Poiffons : Comme auffi
des Tourtes de Beatilles , & manieres de
Pigeons faits avec une bonne farce de
Poiffon , compofée de chair d'Anguille ,
de Brochet , de Carpes , & laites pilées.
On vuide le cu de ces Pigeons avec quelque chofe , & on y met un morceau de
foie de Brochet ou autre. On les fait
blanchir dans un beurre chaud , & on les
empâte avec crêtes & ris-de-veau formez
de la même compofition , & blanchis
feparément dans une cuillere : affaifonnez de fel , mufcade , poivre , champignons , laites, morilles & bon beurre ; un
peu de vin blanc fur la fin , & jus de citron en fervant.

TRUFFLES.

La maniere de les servir qui est la plus
en vogue, est au court-boüillon ; les faisant cuire avec vin blanc ou clairet, assaisonnées de sel, laurier, & poivre.

On les peut aussi mettre à la braise, les
ouvrant à moitié, pour y mettre un peu
de sel & poivre blanc; & les aïant refer-
mées, on les fait cuire envelopées d'un papier moüillé, en une braise qui ne soit pas
trop ardente. Servez-les de la sorte, sur
une serviette pliée.

Ou bien, aïant mondé vos Truffles,
coupez-les par tranches, & les passez avec
lard fondu ou beurre, & farine. Faites-les
cuire avec fines herbes, sel, muscade, poivre,
& un peu de boüillon ; & aïant ainsi mitonné dans un plat, que la sausse soit
courte, servez avec jus de Mouton & de
citron.

On fait d'ailleurs des ragoût de Truffles
& foies gras, & des Tourtes, comme on
a remarqué ci-devant : & pour le Repas
en Racines, ou Collation en Carême, on
les peut manger seches à l'huile ; le tout
pour Entremets.

TRUITES,

Eſt un poiſſon d'eau douce, qui ſe plaît ſur tout dans les ſources froides, & parmi les pierres.

Entrée de Truites grillées.

Vous les pouvez paner, ou non. Sur celles qui ne ſont pas panées, vous y jettez un ragoût de mouſſerons, truffles, laites, foies de Brochet paſſez au brun, avec un anchois, fines herbes, & un peu de capres. Vous faites un peu mitonner vos Truites dedans, & vous ſervez enſuite avec jus de citron.

Pour les autres que vous voulez paner, faites-les mariner dans une bonne marinade, les ayant découpées, afin qu'elles en prennent le goût : vous les y laiſſez une bonne heure, & les faites cuire enſuite à petit feu. Garniſſez de petits Pâtez de poiſſons, ou de marinade ; & jus de citron en ſervant.

Entremets de Truites en gras.

Aïez deux ou trois Truites d'une belle qualité : vuidez-les du côté de l'oreille proprement. Il les faut ratiffer ; & les aïant bien effuïées, avoir la pêle du feu rougie, & que vos Truites foient bien étenduës fur la table : paffez la pêle tout contre , & qu'elle n'y touche pas ; & réïterez de tems en tems. Quand elles fe trouvent affez blanchies pour les pouvoir piquer, piquez-les à petit lard par rangées. Il faut avoir un vafe ovale, une quantité de belles bardes de lard au fond ; y ranger enfuite vos Truites piquées, mettre un peu de feu deffous ; & avoir un couvercle & de la bonne braife deffus , pour leur faire prendre couleur. De-peur qu'elles ne s'attachent au fond , remuez de tems en tems. Etant bien colorées, égoutez tout le lard , & arrofez vos Truites de bon jus , un peu de bon vin de Champagne ; un oignon piqué de clous de girofle : faites cuire doucement dans la même cafferole, bien affaifonnée. Quand elle eft prefque cuite , & qu'il n'y a pas trop de fauffe, il faut avoir un peu d'effence de jambon ; dans cette effence y mettre des truffles , des champignons , & toute forte de garnitures felon la faifon, en forte que ce foit un bon ragoût , & un peu lié. Dreffez vos Truites dans un grand plat, ovale ou rond ; verfez vôtre ragoût autour , le tout bien dégraiffé. Vous pouyez garnir , fi vous voulez, de cus d'arti-

ehaux, andoüillettes, ou petits fricandeaux
de Truite bien piquez , & faits comme ceux
de Sole.

Pour les gros Poiſſons de Mer , on les
larde à gros lard ; & quand ils ſont bien
ficelez , on y fait un bon court-boüillon
gras qui ſoit bien aſſaiſonné , & nourri
de toutes ſortes de bonnes choſes : qu'il
y entre du vin de Champagne. Aprés qu'il
eſt bien cuit , dreſſez vos gros Poiſſons
dans des plats ovales : le ragoût par-deſſus,
compoſé de toute ſorte de garnitures. On
y met auſſi des huîtres fraîches avec leur
eau ; ou bien on y fait des ſauſſes à la Carpe , & de bonne eſſence de Jambon : le tout
ſervi chaudement , & bien dégraiſſé.

T U R B O T ,

Eſt un Poiſſon de Mer plus commun
en Bretagne qu'ailleurs.

Entrée de Turbot au Court-boüillon.

Vous faites un bon Court-boüillon bien
aſſaiſonné de ſel , poivre , clous , thim,
oignons , vinaigre , verjus , citron , vin
blanc & laurier : vous y mettez auſſi un
peu d'eau ; & pour le rendre bien blanc ,
vous y ajoûtez du lait ſur la fin. Il le faut

faire cuire doucement & à petit feu ; & garnir de persil , tailladins de citron par-deffus, & violettes dans la faison.

Turbot en gras , pour Entremets.

Aïant écaillé & lavé vôtre Turbot, mettez-le dans un baffin avec des bardes de lard ; affaifonnez de lard fondu , vin blanc, verjus , un paquet de fines herbes , fel , poivre , clous entiers , feüille de laurier, citron verd & mufcade ; couvrez-le d'autres bardes de lard , & le mettez cuire à la braife , ou au four. Pour le fervir , ôtez les bardes , dreffez-le dans fon plat , & par-deffus un bon ragoût de champignons fait avec la fauffe de Turbot , & tranches de citron pour garnir.

V.

VEAU.

ON a pû voir en plufieurs endroits de ce Livre , comment on peut tirer du Veau dequoi faire un grand nombre d'ap-prêts & de plats, pour chaque Service. Il y a des Tranches de Veau pour Entrées, des Cotelettes de Veau , de Ris-de-Veau, des Pâtez de Roüelle de Veau, des Langues & des Oreilles de Veau farcies ; fans par-

ler d'une infinité d'autres choſes qui ſe font
avec du Veau, ou du moins où il y en
entre. Il nous reſte à parler de quelques
autres manieres d'accommoder du Veau
ſeul, & premierement du Veau à l'Italienne.

Entrée de Veau à l'Italienne.

Il faut prendre des tranches de Roüelles
de Veau qui ſoient bien tendres, & coupées comme ſi c'étoit pour faire des fricandeaux : battez-les un peu avec le coûteau.
Prenez une caſſerole ; rangez au fond de
bonnes bardes de lard ; aprés vous y mettrez les tranches de Veau bien arrangées,
& bien aſſaiſonnées. Il faut qu'il y en ait
ſuivant la grandeur de vôtre plat ou aſſiette. On les couvre par-deſſus, d'autres bardes de lard ; on les met à la braiſe. Etant
cuites, tirez toutes les bardes, & la viande
à part ; égoutez la graiſſe, & en laiſſez
ſeulement pour pouvoir faire un roux d'une
pincée de farine, que vous ferez rouſſir
dans la même caſſerole ; mais qu'elle ne
le ſoit pas trop. Moüillez enſuite avec de
bon jus ; remettez-y vos tranches de Veau;
achevez-les de faire cuire dans la même
caſſerole : mettez-y des ris-de-Veau, des
truffles en tranches, des champignons,
quelques crêtes de Coq cuites, deux tran-

ches de citron , un filet de verjus , un bouquet de fines herbes, un brin d'échalote,
un peu de coulis de pain pour lier la sauffe;
le tout bien dégraiffé , & fervi chaudement.

Pour faire du Veau à la Bourgeoife.

Coupez des tranches de Veau qui foient
un peu épaiffes, & les lardez avec une
petite lardoire de bois : les lardons feront
affaifonnez d'un peu de perfil & de ciboules, avec de fines épices , fel & poivre.
Etant bien lardées, il faut avoir une caffe-
role ; mettre quelques petites bardes de lard
dedans, & bien ranger vos tranches par-
deffus. Le feu doit être tres-moderé dans
le commencement, afin que la viande fuë:
Aprés qu'elle a fué , il lui faut faire prendre couleur des deux côtez, y mettre un
peu de farine ; & aïant pris couleur, moüiller de bon boüillon clair, & le faire cuire
doucement. Etant cuit, il faut lier un peu la
fauffe, & la dégraiffer ; y mettre un filet de
vinaigre ou de verjus ; le tout dreffé dans
fon plat, & fervi chaudement.

Longe de Veau en ragoût.

Vous la lardez de gros lard , affaifonné
de fel, poivre & mufcade ; & étant prefque
cuite

cuite à la broche, mettez-la dans une casserole couverte, avec boüillon, un verre de
vin blanc, un paquet de fines herbes,
champignons, & le degout de la longe ;
farine frite, & un morceau de citron verd.
Servez à courte fauffe, aïant un peu dé-
graiffe ; & garniffez de ris-de-Veau piquez,
cotelettes, ou autre chofe.

Autres manieres.

Pour le Quartier & Longe de Veau.

On le peut piquer de petit lard, à la re-
ferve du gros bout, que l'on pane bien ;
qu'il foit de bon goût. On le garnit de riffoles de blanc de Chapon, & jus de Veau
par-deffus en fervant.

Vous pouvez auffi le faire mariner dans
une cafferole ovale, bien affaifonné : &
éant cuit à la broche, vous prenez le roignon pour en faire des rôties farcies, dont
vous garnirez vôtre Quartier de Veau ; ou
bien une omelette : & vous garnirez de
marinades, foit Cotelettes ou Poulets, ou
de Cotelettes farcies & perfil frit.

On fait une autre moïenne Entrée, d'une
demi Longe de Veau cuite dans un bon
court-boüillon bien affaifonné & bien
nourri, l'envelopant dans une ferviette,

Tt

de-peur qu'elle ne se rompe. Vous garnissez
de pain frit , persil , citron en tailladins.

Grande Entrée , de Quartier ou Croupe de Veau gras , farci sur la Cuisse.

Voïez en l'article du Salpicon , où l'on
marque la maniere du ragoût dont on le
peut farcir : ou bien , faites un hachis de
la chair que vous en tirez , qui soit bien
assaisonné ; & recouvrez bien proprement,
de la peau que vous avez levée : panez de
mie de pain ce qui n'est pas lardé ; & garnissez de Cotelettes farcies ou non farcies,
ou de rissoles & croûtons de pain frit ; le
tout de belle couleur. On peut aussi le piquer de Hattelettes.

Poitrine de Veau.

Vous pouvez faire une Entrée de Poitrine
de Veau farcie , & garnie de Poupiettes en
façon de Cailles , cuites à la broche , &
un bon ragoût par dessus. Vous la passez
au roux , & la faites cuire dans une marmite. Vous y mettez un morceau de tranche
de Bœuf en cuisant , pour lui donner nourriture ; & une liaison rousse & jus en servant. Pour la farce , vous la composez d'autre chair de Veau , graisse ou moëlle de

Bœuf, lard, fines herbes, champignons, ris-de-Veau, & l'assaisonnez de sel, poivre & muscade. On peut aussi faire cuire la Poitrine de Veau dans une terrine ou casserole, avec boüillon & un verre de vin blanc : & étant cuite, on passe des champignons par la poële, avec le même lard où on l'a passé, & un peu de farine ; & on met le tout ensemble.

On fait une autre Entrée de Poitrine de Veau en Tourte, avec bon Godiveau & bonnes garnitures, comme à une autre Tourte ; & une bonne liaison en servant avec jus de citron. Et une autre, d'une Poitrine de veau farcie, ou non, cuite à la broche & mise en ragoût, avec jus de citron en servant ; garni de ris-de-Veau, crêtes & champignons frits : Ou bien, étant à demi cuite dans le pot, mettez-la mariner avec vinaigre, sel, poivre & laurier : farinez-la, & la faites frire en bonne friture ; & servez avec persil frit, & le reste de la sausse.

V i v e s.

Vous les pouvez mettre en ragoût, après les avoir fait frire : le ragoût composé de champignons, morilles, mousserons & cus d'artichaux ; garni de ce que vous voudrez.

On peut auſſi ne les pas frire ; mais les faire griller, avec une ſauſſe de capres & anchois.

Pour les Vives en filets aux concombres & mouſſerons ; faites-les cuire au court-boüillon, & les coupez comme les Perches ou les Soles : on les accommode de même.

Pour les Vives en filets au blanc, qui eſt encore le même que pour les Perches : Voïez comme on accommode les Perches, lettre P.

On met encore des filets de Vives aux capres : on met les Vives en fricaſſée de Poulets ; & l'on en fait un hachis avec anchois hachez & capres entieres, le tout de bon goût ; garni de croûtons de pain frit, & jus de citron en ſervant.

F I N.

TABLE
DES METS
dont la maniere est contenuë
dans ce Livre.

A.

Table

B.

Blanc-

Table

C.

Table

D.

Table

E.

H.

I.

L.

Table

N.

O.

P.

Y y

Y y iiij

des Mets, &c.

Table

R.

. S.

Table

Tourte

V.

Z z

Table

Fin de la Table des Mets.

Privilege du Roy.

LOUIS par la grace de Dieu, Roy de France
& de Navarre; A nos amez & féaux Conseillers
les Gens tenans nos Cours de Parlement, Maîtres
des Requestes Ordinaires de nôtre Hôtel, Grand
Conseil, Prevost de Paris, Baillifs, Senéchaux,
leurs Lieutenans Civils, & autres nos Justiciers
qu'il appartiendra, Salut. CLAUDE PRUDHOMME
Libraire à Paris, Nous ayant fait exposer qu'il a
acquis de feu Charles de Serey son Oncle, Libraire
à Paris, le droit de Privilege à luy accordé le vingt-
cinquiéme de Septembre 1697. pour huit ans, pour
un Livre intitulé *Le Cuisinier Royal & Bourgeois,
& La nouvelle Instruction pour les Confitures, les
Liqueur & les Fruits*, deux Volumes in-douze:
Mais que ledit temps étant prest à expirer, il Nous
supplie de luy accorder de nouvelles Lettres de Privilege en faveur d'une nouvelle Edition consídera-
blement augmentée qu'il en veut donner au Public:
Nous avons permis & permettons par ces Presentes
audit Prudhomme de faire réimprimer ledit Livre
intitulé *Le Cuisinier Royal & Bourgeois, & Le Confi-
turier*, en un ou plusieurs Volumes, conjointement
ou separémens, en telle forme, marge, caractere,
& autant de fois que bon luy semblera, & de le
vendre, faire vendre & debiter par tout nôtre
Royaume pendant le temps de quatre années con-
secutives, à compter du jour de la date desdites
Presentes. Faisons défenses à toutes Personnes, de
quelque qualité & condition qu'elles puissent être,
d'en introduire d'impression étrangere dans aucun
lieu de nôtre obeïssance: & à tous Imprimeurs,
Libraires & autres d'imprimer, faire imprimer &
contrefaire ledit Livre en tout ni en partie, sans
la permission expresse & par écrit dudit Exposant,
ou de ceux qui auront droit de luy; à peine de
confiscation des Exemplaires contrefaits, de quinze cens livres d'amende contre chacun des contre-
venans, dont un tiers à Nous, un tiers à l'Hôtel-
Dieu de Paris, l'autre tiers audit Exposant, & de
tous dépens, dommages & interests: A la charge

que ces Prefentes feront enregiftrées tout au long
fur le Regiftre de la Communauté des Imprimeurs
& Libraires de Paris, & ce dans trois mois de la
date d'icelles; que l'impreffion dudit Livre fera
faite dans nôtre Royaume, & non ailleurs, &
ce en bon papier & en beaux caraﬅeres, conformement, aux Reglemens de la Librairie; & qu'a-
vant que de l'expofer en vente il en fera mis deux
Exemplaires dans nôtre Bibliotheque publique, un
dans celle de nôtre Château du Louvre, & un dans
celle de nôtre tres-cher & féal Chevalier Chancelier de France le Sieur Phelypeaux, Comte de
Pontchartrain, Commandeur de nos Ordres; le
tout à peine de nullité des Prefentes; du contenu
defquelles vous mandons & enjoignons de faire
jouïr l'Expofant ou fes ayans caufe pleinement &
paifiblement, fans fouffrir qu'il leur foit fait aucun
trouble ou empêchement. Voulons que la Copie
defdites Prefentes qui fera imprimée au commencement ou à la fin dudit Livre, foit tenuë pour dûe-
ment fignifiée; & qu'aux Copies collationnées par
l'un de nos amez & féaux Confeillers & Secretaires,
f y foit ajoûtée comme à l'Original. Commandons
au premier nôtre Huiffier ou Sergent de faire pour
l'execution d'icelles tous Aﬅes requis & neceffaires
fans demander autre Permiffion, & nonobfant
Clameur de Haro, Charte Normande & Lettres
à ce contraires; C A R tel eft nôtre plaifir.
D O N N E' à Verfailles le vingt-fixiéme jour de
Juillet l'An de Grace mil fept cent cinq, & de
nôtre Regne le foixante-troifiéme Signé, Par le
Roy en fon Confeil, L E C O M T E. Et feellé.

*Regiftré fur le Regiftre N°. 2. de la Communauté des
Libraires & Imprimeurs de Paris, page 19. N°. 30.
conformement aux Reglemens, & notamment à l'Arreft
du Confeil du 13. Aouft 1703. A Paris ce vingt-
neuviéme Juillet mil fept cent cinq.*

Signé, G U E R I N *Syndic.*